Arctic Fisheries, Arctic Fisheries Management and China's Response

北极渔业及渔业管理与中国应对

邹磊磊 著

中国海洋大学出版社
·青岛·

图书在版编目(CIP)数据

北极渔业及渔业管理与中国应对 / 邹磊磊著. —青岛:中国海洋大学出版社,2017.7
ISBN 978-7-5670-1504-3

Ⅰ.①北… Ⅱ.①邹… Ⅲ.①北极－海洋渔业－渔业管理－研究 Ⅳ.①F316.4

中国版本图书馆 CIP 数据核字(2017)第 168738 号

出版发行	中国海洋大学出版社			
社 址	青岛市香港东路 23 号	邮政编码	266071	
出 版 人	杨立敏			
网 址	http://www.ouc-press.com			
电子信箱	pankeju@126.com			
订购电话	0532－82032573(传真)			
策划编辑	潘克菊			
责任编辑	刘宗寅	电 话	0532－85902533	
印 制	青岛正商印刷有限公司			
版 次	2017 年 8 月第 1 版			
印 次	2017 年 8 月第 1 次印刷			
成品尺寸	160 mm×218 mm			
印 张	15			
字 数	210 千			
印 数	1～1000			
定 价	38.00 元			

发现印装质量问题,请致电 18661627679,由印刷厂负责调换。

前　言

　　本书稿从落笔到最终完成,前后经过了几乎三年的时间。一则因为北极渔业的信息处于不断更新之中,围绕北冰洋中央公海渔业的北极5国会议及之后的扩大会议也在不断地更新该海域渔业管理机制构建的动向;二则因为自己总是处于不断的忙碌之中,似乎未浪费分秒却总未完成文稿。历经三年,时间的沉淀倒也为书稿增添了一些之前未想到的章节和未料及的见解。所以,这部书稿是我这三年学习和研究的一个阶段性总结。

　　当写下"研究"这个词的时候,我总有些诚惶诚恐,因为对海洋政策与法律的关注和北极渔业的专注,于我,并不是信手拈来和水到渠成的,我更认为自己总是处在"学习"之中。在开始我的博士课程之前,我的专业一直是英语。之所以开始海洋政策与法律专业的博士课程学习,也是所在学校的领导和同事们鼓励后的随性而为。我所工作的学校拥有丰厚的海洋内涵,我时常被邀请担任学校各类海洋科学研究国际会议的现场翻译,学校也正在筹备设立具有海洋特色的英语翻译硕士点,所以在外在引导、内心热爱的背景下,我踏上了我的博士之旅。现在回想起来,我还是挺欣慰自己当初随性而为的决定,就像许多步入中年的同事突然发觉培养一门生活技艺或爱好对提高生活情调的重要性那样,我在我所选择的跨专业领域里找到了读书和写作的乐趣,于我,这也是一种生活价值的实现。我更认为是生活价值而非事业价值,是因为在办公室和图书馆里读着书、写着字时,我更觉得是生活又为我打开了一扇快乐之门——时光悄然而逝,而我却在读书、写作中乐此不疲。我体会过很多次读书、写作带来的快乐：走路时，突然想到一个见解，就怕稍纵即逝，赶快用笔记在自己手心里，内心愉悦不已；接到从不认识的读者的电话，问我是否还有论文要发表，内心幸福不已；会议上的发言，引起了听众热烈的提问，内心激动不已。

我要感谢我的家庭，给予了我足够的心灵自由，容我一直沉浸在身随心走的自由状态。生活的琐屑似乎离我很远，容我专注于学习。先生总是鼓励我做我想做的，儿子的成长几乎未让我耗费心力，爸爸、妈妈总是心疼我过于忙碌，公公、婆婆总是希望我能慢下脚步享受生活的悠闲惬意。所以，借此机会，一并感谢我亲爱的家人，因为有他们，我享受着工作，也享受着生活。

我也要感谢我所在的外国语学院，包容我"另类"的研究兴趣。学校也提供了水产高峰高原学科建设平台，利用我跨学科的专业背景，和志趣相投的其他学院同事一起，碰撞思维，启迪智慧。

我还要感谢很多北极研究领域的专家。虽然在不同的单位从事着不同的工作，由于共同的研究兴趣，我和这些德高望重的专家们相识并相知，内心把他们看作我的良师。我们会为不同的北极认知而争论，我也会在不知解时毫不犹豫地向他们寻求帮助和解答。他们都是北极研究领域的专家，会为我发表了一篇北极研究论文而高兴，会语重心长地让我一定要坚持北极渔业方面的学习和研究。他们都有各自的特色，或者醇厚朴实，或者多才多能，或者妙语连珠……我因为认识他们而感到由衷的庆幸。

完成这部书稿的过程中，我还真正体会到跨学科研究的重要性。北极渔业研究涉及气候变化下的渔业资源动态、渔业管理机制构建过程的合法性、地缘政治下的国际关系等。因此，我想以我的文稿与更多的相关领域的学者协作起来开展共同研究，以更好地认知北极，为中国的北极应对提供更多有建设性的意见和建议。同时，近年来渔业逐渐成为北极热点问题之一，本书稿整体介绍了北极海域、北极渔业动态、北极渔业管理现状等与渔业相关的基本信息,希望能为北极渔业研究领域的初涉者们提供较完整的背景信息。书稿中关于北极渔业管理的未来走向及中国的北极渔业应对是本人这几年学习和研究后的个人体会,希冀通过本书与北极相关的研究者们开展更广泛和更深入的探讨和交流。

  这篇前言是我在办公室里一气呵成写就,没有任何的犹豫和思考,是我内心最真实和自然的流露。很多年来,几乎每天都是深夜才离开办公室,今晚也是。偶尔也会觉得身心疲惫,但更多时候感受到的是一种执着所带来的幸福。愿每一位投入研究的人均享受此幸福。

邹磊磊于 2017 年 3 月 29 日

目　录

第一章　绪论 ·· 1
  1. 选题动机与意义 ································ 1
  2. 北极研究介绍 ·································· 4
    2.1　北极渔业动态 ···························· 4
    2.2　北极渔业管理 ···························· 5
    2.3　北极治理 ································ 7
    2.4　北极战略 ································ 10
    2.5　北极资源的开发利用 ······················ 12
    2.6　北极环境和生态保护 ······················ 13
  3. 研究方法 ······································ 14
  4. 研究的理论基础 ································ 15
    4.1　重要的渔业管理条约及制度 ················ 16
    4.2　重要的海洋和渔业管理条约及制度之间的互动关系
       ·· 16
  5. 研究创新之处 ·································· 18
  6. 内容框架 ······································ 20

第二章　北极渔业 ···································· 22
  1. 北极海域 ······································ 22
  2. 气候变化下的北极海域环境变化 ·················· 28
  3. 北极渔业资源概况 ······························ 29
  4. 北极渔业资源动态 ······························ 35

5. 北极渔业活动 ·· 40
　　5.1　从渔业统计数据看北极渔业发展 ·············· 42
　　5.2　从渔业统计数据看北极渔业活动 ·············· 47
　　5.3　北极渔业的国际合作 ·························· 53

第三章　北极渔业管理 ·································· 56
1. 北极政治环境 ·· 57
2. 国际社会围绕北极渔业开展的重要活动 ·············· 60
3. 北极国家的北极渔业管理 ····························· 68
　　3.1　美国的北极渔业政策 ·························· 69
　　3.2　加拿大的北极渔业合作与管理 ················ 70
　　3.3　挪威的海洋渔业管理体制 ···················· 78
4. 北极公海渔业管理现状 ································ 84
5. 北极渔业管理的瓶颈 ·································· 87
　　5.1　北极针对性渔业管理协议的缺失 ·············· 87
　　5.2　北极渔业管理组织的缺失 ···················· 89
　　5.3　北极与非北极国家之间潜在的北极渔业权益冲突
　　　　 ·· 91
　　5.4　北极渔业管理主体的混乱 ···················· 92
　　5.5　北极渔业发展的不可预测性 ·················· 94
　　5.6　跨行业的北极综合性管理的难度 ·············· 95
6. 北极渔业管理的亮点 ·································· 96
　　6.1　北极国家的北极渔业管理实践 ················ 96
　　6.2　国际及区域性组织在北极渔业管理中的监督作用
　　　　 ·· 98
　　6.3　区域性渔业管理组织的北极相关渔业管理实践 ··· 100
　　6.4　北极各国之间渔业合作协议的积极作用 ·········· 103
7. 未来北极渔业管理的展望和期望 ······················ 106

目录

第四章　其他海洋管理经验对北极渔业管理的启示 …………109
  1. 南北极海洋生物管理机制的对比研究 ……………………109
    1.1　渔业管理协议 ………………………………………110
    1.2　渔业管理组织 ………………………………………111
    1.3　渔业管理理念 ………………………………………113
    1.4　与其他国际组织及协议的互动关系 ………………114
  2. 中白令海狭鳕养护实践对北冰洋中央公海渔业管理的启示
    ……………………………………………………………116
    2.1　中白令海狭鳕资源养护实践 ………………………117
    2.2　中白令海狭鳕资源养护实践对北冰洋中央公海渔业
        管理的启示 ……………………………………………122
  3. 北极航道管理对北极渔业管理的启示 ……………………129
    3.1　北极航道与渔业的现状 ……………………………130
    3.2　北极航道管理与渔业管理的可比性 ………………132
    3.3　北极航道管理对渔业管理的启示 …………………133
    3.4　从北极航道管理看北极渔业管理的瓶颈 …………141

第五章　我国北极战略视角下的北极渔业政策 ………………144
  1. 北极对我国的重要战略意义 ………………………………144
  2. 美国的北极战略对我国的启示 ……………………………146
  3. 北极"渔权"对维护北极权益的重要意义 ………………149
  4. 国际法赋予非北极国家的北极海洋生物资源相关的各种权益
    ……………………………………………………………150
    4.1　北极海洋生物资源开发权 …………………………151
    4.2　北极海洋科学研究权 ………………………………155
    4.3　《鱼类种群协定》关于渔业活动和海洋科学研究中
        "国际合作"的规定 …………………………………161
    4.4　对我国的启示 ………………………………………163

5. 北极 5 国的北冰洋中央公海渔业管理"领导者"地位诉求的
   合法性分析 …………………………………………………… 164
   5.1 由来已久的北极 5 国北冰洋中央公海渔业管理
       "领导者"诉求 ……………………………………………… 164
   5.2 北极 5 国的北冰洋中央公海渔业管理排他倾向 … 167
   5.3 国际法视角下的北极 5 国北冰洋中央公海渔业管理
       "领导者"地位分析 ………………………………………… 171
6. 北冰洋中央公海临时措施的法律效力 ………………………… 178
   6.1 "奥斯陆宣言" ……………………………………………… 178
   6.2 临时措施的合理性 ………………………………………… 180
   6.3 临时措施的法律约束力 …………………………………… 182
7. 联合科学研究计划的法律性质 ………………………………… 189
   7.1 联合科学研究计划是针对北极公海的科学研究 …… 190
   7.2 联合科学研究计划开展的平台 …………………………… 191
   7.3 其他海洋科学研究相关的国际实践 ……………………… 194
   7.4 我国的应对 ………………………………………………… 196
8. 我国参与北极事务的瓶颈 ……………………………………… 197
   8.1 我国参与北极渔业面临的困难 …………………………… 197
   8.2 我国参与北极海洋科学研究面临的困难 ……………… 199
   8.3 我国参与北极事务的其他瓶颈 …………………………… 201
9. 我国的北极海洋生物资源开发与管理应对 …………………… 205
   9.1 加强北极参与能力的建设 ………………………………… 206
   9.2 号召框架性法律体系在北极的普适性 ………………… 207
   9.3 警惕北极 5 国北冰洋中央公海"领导者"地位的诉求
       …………………………………………………………………… 211
   9.4 开展多维度的北极渔业相关活动 ………………………… 211
   9.5 加强北极自然科学和人文科学的交叉研究 …………… 211
   9.6 用行动回应"中国威胁论" ……………………………… 212

10. 我国参与北极事务的切入点 ………… 214
10.1 北极的国际公共价值 ………… 214
10.2 北极的国际公共品 ………… 215
10.3 北极的国际合作 ………… 216
10.4 北极事务参与的多层面和全方位 ………… 218
10.5 北极权益的维护 ………… 218
10.6 科技先行 ………… 219

第六章 结论 ………… 221

本书图表索引 ………… 226

第一章 绪 论

1. 选题动机与意义

北极与全球气候、环境、生态等息息相关。北极的环境、资源、科学和地缘等方面的价值有目共睹。这些价值随着社会的发展而越发凸显,各国的北极权益意识正在被唤醒。并且,随着全球气候变暖、人类科学技术进步,北极变得不再"遥不可及"。现在,各国正致力于北极科学考察活动,以期能在北极科学研究领域拔得头筹。北极资源勘探蓬勃开展,资源的开发利用也被提上了议事议程。各国为维护并实现北极权益进行着暗流涌动般的竞争,力争实现各自的北极"实质性存在"。

21 世纪见证了海洋对各国社会经济发展、世界强国形象树立的重要性,而北极海域由于其重要的经济价值及地缘政治地位随之备受瞩目。作为非北极国家,我国也逐渐重视国际法所赋予的北极海域相关权益,其中很重要的就是北极海洋生物资源开发与管理、与北极海洋科学研究相关的各项权益。作为传统的渔业大国,《全国渔业发展第十二个五年规划(2011—2015)》重申了"扶持壮大远洋渔业"的指导方针,要求"深化渔业多边合作交流,积极参与国际渔业资源管理制度制定,拓展远洋渔业发展空间",强调要"加大远洋渔业资源调查、探捕和开发支持力度","加强新资源新渔场的探捕和开发利用"。① 在 2016 年年末发布的《全国渔业发展

---

① 中国农业部. 全国渔业发展第十二个五年规划(2011—2015),2011.

第十三个五年规划(2016—2020)》中,"渔业走出去战略"被列为中国渔业发展的基本原则之一,继续强调"规范有序发展远洋渔业"、"参与国际渔业规则制定,提高国际话语权"。① 对远洋渔业的重视带来了对远洋渔业权益的重视。在此形势下,渔业活动已成为我国在北极获得"实质性存在"的很好切入口。在北极海域边缘海,我国长期从事远洋捕捞,且随着气候变化下新渔场的形成,北冰洋中央公海渔业的前景令人期盼,我国参与北极渔业管理机制构建及北极渔业活动的机会不断增加。我国亟待制定本国的北极渔业政策。然而,中国国内关注北极渔业政策及战略制定的研究并不多,其原因众多:一则因为地缘关系,我国开展真正意义上的北极渔业活动不多且历史不长;二则因为大部分的北极渔业活动由北极国家开展,北极渔业管理也由北极各国根据国内政策与法律"各行其是",从而未引起中国的足够重视。然而,针对北极渔业管理机制的研究,不仅有助于我国开展积极的北极渔业活动、构建本国的北极渔业政策,也能及时了解北极渔业及渔业管理动态以及国际社会对北极渔业发展的应对。并且,有迹象表明,北极各国利用地缘优势极力推动北极事务"地区化",甚至北冰洋沿岸5国[加拿大、美国、俄罗斯、挪威、丹麦(格陵兰),以下称"北极5国"]内部达成了北冰洋中央公海防止不管制捕捞活动的临时措施(*Interim Measures to Prevent Unregulated Fishing in the High Seas Portion of the Central Arctic Ocean*)的决议,②并积极向国际社会推广该倡议,大有名正言顺地坐实北极公海渔业管理"领导者"地位的倾向。对于我国来说,现阶段只有积极开展北极渔业国际合作、

---

① 中国农业部. 全国渔业发展第十三个五年规划(2016—2020), 2016.

② Declaration concerning the Prevention of Unregulated High Seas Fishing in the Central Arctic Ocean, issued by the Five Arctic Ocean Coastal States at Meeting on High Seas Fisheries in the Central Arctic Ocean held at Oslo, Norway, 16 July 2015. Available at: https://www.regjeringen.no/globalassets/departementene/ud/vedlegg/folkerett/declaration-on-arctic-fisheries-16-july-2015.pdf.

第一章 绪 论

北极科学研究,并深刻了解北极渔业管理机制的运转,通过呼吁广大利益攸关方关注国际法所赋予全人类的北极海洋权益,才能使我国有机会并有能力参与北极渔业管理机制的构建,最大限度地维护我国的北极渔业权益。因此,本研究的开展具有相当的必要性和现实意义。本研究旨在通过对北极渔业管理机制的全面介绍与解读,使我国相关的政策制定者及学术研究者了解北极渔业管理的动态,关注北极渔业事务,重视北极渔业权益,及时制定北极渔业的应对策略,开展广泛的与北极渔业相关的各类科学研究和调查。当然,随着国力增强、国际事务参与意识的提升,我国参与北极事务的基础和能力已经得到极大提高。我国已经于2013年加入北极理事会成为正式观察员,参与并见证了北极理事会的北极管理实践。同时,我国也关注气候变化条件下的北极渔业动态,与北极各国拥有一致的北极渔业养护与管理的目标,促进北极渔业的可持续发展,维护北极海洋生态的健康与安全。在渔业国际化进程不断推进的形势下,渔业发展与维护国家海洋权益息息相关,维护国际法所保障的北极渔业权益应该是我国的北极战略核心思想之一。

北极5国在2015年向国际社会声明其内部达成的北冰洋中央公海防止不管制捕捞活动临时措施,此举引起了国际社会的极大关注,纷纷揣测北极5国诉求北冰洋中央公海渔业管理"领导者"地位背后的意图以及北极5国后续的行动。虽然,气候变化条件下的北极渔业前景确实也吸引了大家的目光,但北极5国的联合声明让国际社会认识到维护北极公海渔业权益的紧迫性及重要性,针对北极渔业开展的渔业动态科学研究、围绕渔业权益的社会科学研究在数量及质量上都有了显著提升。由于远离北极,不关注北极渔业,我国的相关政策制定者忽视了北极渔业应对对我国维护北极权益的重要性,而相关的科学考察与研究也极其缺乏,未能掌握维护北极渔业权益的切入点。对于新兴的,权益纷争、暗流涌动的北极渔业事务,我们似乎未做好相应的应对。为了统一我国的北极渔业应对策略,政策制定者及相关学者应加强交流沟通,从认识北极渔业及渔业管理现状开始,全面开展系统性的北极渔业研究,以积极主动地维护我国的北极渔业权益。

2. 北极研究介绍

北极渔业研究是一项跨学科的综合性研究,不仅需要通过自然科学研究了解北极渔业资源数量、分布、构成及气候变化下的动态发展等信息,也需要社会科学研究解析北极政治、经济、文化背景下的北极渔业管理机制构建过程,不同利益攸关者之间的潜在利益冲突及合作,国际法在北极海域的适用性及具体实施等。本节将系统介绍国内外开展的与北极渔业相关联的研究动态和结论。

2.1 北极渔业动态

北极渔业研究主要围绕着北极渔业资源现状及气候变化下的北极渔业动态而进行。研究表明,在北极国家中,挪威、俄罗斯、丹麦(格陵兰)和冰岛的北极渔业开发稳定,且北极渔业对大多数上述国家的经济、社会发展而言至关重要。[1] 北极渔业发展并不均衡,在经年海冰不化的北冰洋中央公海还未存在真正的商业渔业,然而在巴伦支海、挪威海等却存在着渔产丰富的渔场。[2] 气候变化条件下的北极渔业处于动态发展中,由于错综复杂的环境因子及未知的鱼类种群适应新生境的能力,部分研究者认为未

---

[1] 赵隆.从渔业问题看北极治理的困境与路径.国际问题研究,2013(7):69-82.
[2] 邹磊磊,密晨曦.北极渔业及渔业管理之现状及展望.太平洋学报,24(3),2016:85-93.

来的北极渔业前景不明。① 但是,大多数的研究者则对北极渔业发展抱有非常乐观的态度,认为气候变化条件下的北极海域初级生产力普遍加强,且海冰融化促进了鱼类种群北极洄游通道的形成。② 甚至有模拟实验表明,极地鳕、雪蟹等对气候变化适应能力较强的海洋生物未来将会把生境范围由次北极向北延伸。③ 所有围绕北极渔业发展的科学研究均建议对北极渔业开展持续性的跟踪研究,以期获得历时性数据进行北极渔业的对比研究,从而更准确地预测未来北极渔业的发展。

2.2 北极渔业管理

围绕北极渔业管理开展的研究基本围绕着两个主题。首先,国际渔业管理公约或协议在北极的适用性。《联合国海洋法公约》作为"海洋宪章"作用于北极海域,但北极海域具有特殊的地理环境和地缘政治,《联合国海洋法公约》缺乏北极针对性,制定以北极生态保护为目标的针对性法律制度迫在眉睫。④ 由于地缘关系,一些区域性渔业管理组织制定的渔业管理制度、相关沿海国制定的

---

① Timo Koivurova, Erik J. Molenaar & David L. Vanderzwaag. Canada, the EU, and Arctic Ocean Governance: A Tangled and Shifting Seascape and Future Directions. Journal of Transnational Law and Policy, 18(2), 2009: 247-288; Anne Babcock Hollowed, Benjamin Planque & Harald Loeng. Potential Movement of Fish and Shellfish Stocks from the Sub-Arctic to the Arctic Ocean. Fisheries Oceanography, 22(5), 2013: 355-370.

② Erik J. Molenaar. Arctic Fisheries Conservation and Management: Initial Steps of Reform of the International Legal Framework. The Yearbook of Polar Law, 1(1), 2009: 427-464; Erik J. Molenaar & Robert Corell. Background Paper for the Arctic Transform Project of the European Commission. Ecologic, 9(26), 2009; 邹磊磊,密晨曦. 北极渔业及渔业管理之现状及展望. 太平洋学报,24(3),2016:85-93.

③ Anne Babcock Hollowed, Benjamin Planque & Harald Loeng. Potential Movement of Fish and Shellfish Stocks from the Sub-Arctic to the Arctic Ocean. Fisheries Oceanography, 22(5), 2013: 355-370.

④ 邹磊磊,密晨曦. 北极渔业及渔业管理之现状及展望. 太平洋学报,24(3),2016:85-93.

双边或多边协定也适用于北极海域,但这些区域性条约具有分区域、分鱼类的特点,不能全面体现预防性措施(Precautionary Approach)与基于生态系统渔业管理(Eco-based Fisheries Management)的科学理念。① 而且,气候变化条件下,未来北极渔业发展充满动态变化,需以《联合国海洋法公约》等重要的国际法为框架制定因地制宜的北极渔业管理制度。② 其次,部分研究着眼于探讨区域性渔业管理组织在北极渔业管理中的角色作用。北极海域与大西洋、太平洋有着地理上的紧密联系,存在于北大西洋、北太平洋的相关区域渔业管理组织运作机制相对成熟,但这些渔业管理组织分别针对特定区域、特定鱼类,其管理范围不能完全覆盖北极海域,未来也未必能胜任北极渔业管理的职责,特别是针对北冰洋中央公海在内的北极渔业管理;目前,还没有一个称职的区域渔业组织管理并规范环北极的渔业。③ 虽然北极理事会作为北极地区最高级别的政府间论坛,能够协调北极事务、推动北极合作,但其缺乏区域性渔业管理组织所具备的制定强制性法律制度的权威性,并且迄今为止北极理事会对渔业事务重视程度不高,仅仅是根据其《北极生物多样性评估》报告,从保护海洋生态系统的角度出发关注渔业资源管理事宜。④ 动态发展中的北极渔业,特别是北极公

---

① Lilly Weidemann. International Governance of the Arctic Marine Environment with Particular Emphasis on High Sea Fisheries. Switzerland: Springer International Publishing, 2014.

② Erik J. Molenaar. Arctic Fisheries Conservation and Management: Initial Steps of Reform of the International Legal Framework. The Yearbook of Polar Law, 1 (1), 2009: 427-464; Mark Jarashow, Michael B. Runnels & Tait Svenson. Note: UNCLOS and the Arctic: The Path of the Least Resistance. Fordham International Law Journal, 30(5), 2006: 1587-1652.

③ 邹磊磊,张侠,邓贝西.北极公海渔业管理制度初探.中国海洋大学学报(社会科学版),2015(5):7-12.

④ Timo Koivurova & Erik J. Molenaar. International Governance and Regulation of the Marine Arctic: Overview and Gap Analysis. WWF International Arctic Programme, 2009.

海渔业亟待相关区域性渔业组织的成立,以承担起相应的管理职责。

由于历史上我国参与真正意义上的北极渔业活动少之又少,且又由于地缘关系,我国对北极渔业关注不多,针对北极渔业开展的各类研究和科学调查也不多。就我国的北极渔业应对,仅仅由为数不多的北极政策研究者在以论文作为研究成果呈现时于结论部分加上一小章节,"外交辞令"般地指出我国应对北极自然、政治、社会、经济发展的必要性,呼吁制定包括北极渔业政策在内的各种应对策略,仅此而已。

2.3 北极治理

20世纪东西方两大政治阵营之间的冷战使北极成为双方对峙的最前沿阵地,北极的军事重要性有目共睹。随着冷战的结束,和平与发展成为时代的主流趋势,冰封的北极似乎也逐渐淡出世人的视线。但是,近年来气候变化条件下的北极又重新引起了世界的关注,最主要的原因就是气候变化条件下的北极变得无限令人接近,其巨大的资源蕴藏量在让全世界欣喜的同时也使人们忧虑未来围绕资源归属、开发与利用而引发的争端。为营造和平、安全、可持续发展的北极,各类规则、政策、法律纷纷酝酿出台,北极正经历着一个制度建立的年代。无怪乎,即使我国学者也比较关注北极治理方面的研究,对北极地缘政治、北极理事会的功能、北极及非北极国家参与北极治理的途径均做了比较系统的研究。[1]研究表明,国际社会均重视国际法所赋予的各项北极权益,努力提

---

[1] 张侠.北极主权争议及其发展趋势.极地战略,2010(2);高威.南北极法律状况研究.海洋环境科学,27(4),2008:383-386;康文中.大国博弈下的北极治理与中国权益.中共中央党校博士学位论文,2012;刘仲华,商璐.中国成为北极理事会正式观察员.中国共产党新闻网,http://cpc.people.com.cn/n/2013/0516/c83083-21501270.html;邹克渊.两极地区的法律地位.海洋开发与管理,1996(2):34-36.

升北极科学研究实力,通过参与北极管理机制构建以获得北极资源开发与管理的机会。然而,研究也表明,在复杂的北极地缘政治环境中,北极各国倾向于北极事务"地区化",使非北极国家更加不遗余力地通过各种途径维护国际法保障下的北极权益,同时呼吁通过各个层面及领域的国际合作缔造一个和平、安全并可持续发展的北极。但是,文献检索发现,从事该领域研究的国外学者基本上来自于北极各国,代表了比较鲜明的国家利益。虽然大部分学者认同通过北极理事会开展广泛的国际合作,使不同的利益攸关者能够参与北极治理,但是也均指出未来北极资源开发对北极生态环境带来的隐患,而作为隐患的直接受害者,北极各国在各项管理事务中应该处于核心地位。[1] 实际上,这样的论断和北极5国召开第一次联盟内部会议后所发表的"伊卢利萨特宣言"基本一致:作为北冰洋沿海国,北极5国在北极管理中享有一定特权,且应该由他们掌控北极管理机制构建的过程。[2] 来自于加拿大的loukacheva 教授和美国的 Young 教授的北极治理研究也带有上述

---

[1] Terry Fenge. The Arctic Council: Promoting Cooperation in the Circumpolar World. The Yearbook of Polar Law, 4(1), 2012: 77-86; Paula Kankaanpaa. The Arctic Council - from Knowledge Production to Influencing Arctic Policy Making. The Yearbook of Polar Law, 4(1), 2012: 59-76; Natalia Loukacheva. Legal challenges in the Arctic (R). 4th NRF Open Meeting in Oulu, Finland and Lule, Sweden, October 5-8, 2006; Matti Niemivuo. What Could the Arctic Council Learn from the Council of Baltic Sea States in Promoting Arctic Governance? The Yearbook of Polar Law, 4(1), 2012: 39-58; Timo Koivurova. Alternatives for an Arctic Treaty - Evaluation and a New Proposal. Review of European Community & International Environmental Law, 17(1), 2008: 14-26; Anton Vasiliev. Perspectives of the Arctic Council. The Yearbook of Polar Law, 4(1), 2012: 21-28; Njord Wegge. The Emerging Politics of the Arctic Ocean: Future Management of the Living Marine Resources. Marine Policy, 51, 2015: 331-338.

[2] The Ilulissat Declaration, issued by the Five Arctic Ocean Coastal States at Arctic Ocean Conference held at Ilulissat, Greenland, 27-29 May 2008. Available at: http://www.oceanlaw.org/downloads/arctic/Ilulissat_Declaration.pdf.

烙印,但是他们也是北极治理国际合作的积极倡导者,认同非北极国家作为利益攸关者参与北极治理的合理及合法性。① 而有些北极国家的学者则倡导北极事务"地区化",一定程度上排斥非北极国家参与北极事务。② 近年来,一些重要的非北极国家学者也加入到该研究行列,中国、日本、韩国学者就是其中的佼佼者。他们普遍认同北极发展前景与现有管理机制之间存在不匹配问题,应不断完善北极治理,以国际合作的态度开展北极研究,在全面认识北极的前提下制定相应的北极管理机制,且允许各利益攸关方参与机制构建的过程。③ 总体而言,北极国家希望能在北极管理中拔得头筹,并一定程度上排斥非北极国家参与北极事务;北极理事会虽然是北极事务管理的重要机构,但仅是北极地区最大的政府间机构,没有决策权,没有组织能力,没有约束成员国的权力,北极理事会观察员也没有决策与表决权,因而实现北极国家与非北极国家之间的良性互动是北极理事会未来必须面对的挑战。与南极地区存在《南极条约》作为法律框架不同,北极地区缺乏统一的地区法律对北极事务进行管理、规范与约束。但鉴于北极与南极不同的地缘政治环境,不大可能出现一统全局的《北极条约》,北极各国各自为政的北极政策以及北极国家与非北极国家之间潜在的利益冲突使北极治理走向不明确,政治环境中的北极权益主导着北极治理的走向,但和平、安全、可持续发展的北极呼唤着北极国家之间的双边及多边合作以及北极与非北极国家之间的国际合作。

---

① Natalia Loukacheva. Polar Law and Resources. Arctic Review on Law and Politics,6(2),2015; Oran R. Young. Arctic Politics: Conflict and Cooperation in the Circumpolar North. Hanover: Dartmouth College Press,1992.
② 张侠.北极主权争议及其发展趋势.极地战略,2010(2);陆俊元.北极地缘政治与中国应对.北京:时事出版社,2010;申耘宇,秦佳萌.试论北极的治理问题.法制与经济,2011(5):97-98.
③ 吴军,吴雷钊.中国北极海域权益分析——以国际海洋法为基点的考量.武汉大学学报(哲学社会科学版),67(3),2014:51-55.

气候变化条件下的北极遭遇着自然及政治环境的双重变化,但系统的、针对性的北极治理法律体系却还处于完善过程中。由于北极理事会在制定具有约束性的法律条约的功能上有所欠缺,其北极事务管理的功能有限,制定的诸多措施并不具备法律约束力,使其北极治理决策的实施缺乏保障机制,一定程度上导致北冰洋中央公海渔业管理在内的北极治理缺乏相关组织协调下制定针对性、系统性规章制度的实践。北极管理机制还处于构建过程中,虽然国际法框架下的北极权益是明确的,但现实中各利益攸关方的权益和义务定义还不明确,一定程度上造成潜在的利益冲突,需要规范的、针对性的管理制度对北极治理提供法律依据。

2.4 北极战略

针对各国的北极战略,国内外学者的研究关注点基本上放在一些重要的北极与非北极国家上,因为从这些国家北极战略的变迁与发展可以探究国际社会对北极的认知与态度。国内从事北极研究并关注北极战略研究的学者大都来自于中国极地中心、国家海洋局极地考察办公室、海洋发展战略研究所等,以及一些重要的涉海高校,比如中国海洋大学、上海海洋大学等,而来自于上海国际问题研究院、复旦大学、武汉大学等高校的学者则比较关注北极相关法律制度的构建、北极地缘政治关系等。在北极战略研究方面,我们较多地关注对各国北极战略的陈述,还未系统地从各国北极战略的变迁中深入解析各国北极政策后的政治意图。卢雪梅曾经撰文评述美国的北极战略,认为美国通过加强北极科考、积极参与北极事务等举动诉求北极地区的存在感,甚至核心的领导者地位。[1] 孙凯也认同美国在北极战略中的高定位,其对北极的关注已

---

[1] 卢雪梅.美国的北极战略概览.中国石化,2012(5):70-71;郭培清,董利民.美国的北极战略.美国研究,2015(6):47-65.

经全面延伸到北极的综合安全与非传统安全,且注重资源、环保和战略等多元化的利益,也认同北极治理中的国际合作。① 何奇松则关注气候变化与欧盟北极战略,认为北极经济价值一定程度上驱使欧盟积极参与北极的地缘政治博弈,希望通过全球气候政策领先者的身份影响北极政策的制定,同时促进北极多边治理。② 王琦等分析了俄罗斯北极战略中的关键因素,认为俄罗斯正试图通过政治、经济和军事手段成为北极核心国家,注重北极经济利益,也注重本国在北极治理中的重要地位。③ 而肖洋总结的日本北极战略一定程度上代表了一些非北极国家共同的心声:构建参与北极圈经济开发的中长期综合规划;按照循序渐进的战略方式、多管齐下的参与路径逐渐提升自身的北极治理能力及北极存在感。④

　　研究表明,美国的北极战略在北极国家中具有一定代表性。美国政府在社会发展不同阶段不断调整着本国的北极政策。2013年5月10日,美国政府发布了《针对北极地区的国家战略》。在这之前,美国分别于1983年、1994年、2009年发布了《美国北极政策指令》。这些政策指令的中心思想就是:美国的安全利益为北极一切利益中的重中之重,强调有限的国际合作,协调资源开发与环境保护之间的关系,同时重视科学考察。然而,2013年美国北极国家战略则更重视安全利益在内的综合利益,涉及资源、地缘、战略等诸多方面,更重视北极区域性合作和更广范围的国际合作。美国与其他北极国家的北极战略有较多共同之处,可以总结为:重视北极的战略重要性,且努力维护自己的北极权益。前面所提到的专

---

　　① 孙凯,潘敏.美国政府的北极观与北极事务决策机制研究.美国研究,2015(5):9-21.
　　② 何奇松.气候变化与欧盟北极战略.欧洲研究,2010(6):59-73.
　　③ 王琦,石莉,万芳芳.浅析俄罗斯北极战略中的关键因素.极地研究,125(2),2013:176-184.
　　④ 肖洋.日本的北极外交战略:参与困境与破解路径.国际论坛,17(4),2015:73-78.

家、学者也分析了美国北极战略对我国的启示,表明了我国制定北极战略的紧迫性,并呼吁通过国际合作等方式加强对北极的科学考察,加强对北极的认识,显示参与北极治理的能力。[①]

我国学者罗毅和夏立平对北极治理的观点代表了非北极国家比较普遍的北极"共生治理观",[②]认为现阶段北极治理具有全球治理和区域治理共同发展的特点。我国应秉承可持续发展理念和共生治理观,加强国际合作,倡导绿色北极开发,推进北极理事会机制化、法律化和国际化进程,以"非北极国家"的角色为北极治理机制的完善发挥积极作用。

2.5 北极资源的开发利用

近年来,由于气候变化条件下的北极资源开发前景令人憧憬,围绕北极渔业在内的北极资源勘探和开发利用的研究也日益增多。该领域的研究很多涉及自然科学,阐述资源分布、构成和数量,此处不作赘述。社会科学领域的学者则比较关注极地资源纷争背后的北极主权争议、权益认定、法律制定等。国内学者比较关注北极资源状况和资源权益纷争,探讨我国在北极资源开发方面应该持有的战略和对策,且达成比较一致的意见和建议:尊重北极地区的主权归属;明确国际法所赋予中国的北极权益,制定中国的北极战略,加强北极科学考察和研究,未雨绸缪,捍卫中国的北极权益。[③] 也有一部分研究关注气候变化条件下北极资源的开发利用。这类研究聚焦于北极航道、北极矿产油气等资源的开发利用,

---

① 陈力.美国南极政策与法律及其对中国的借鉴与启示.极地战略,2012(7);卢雪梅.美国的北极战略概览.中国石化,2012(5):70-71;屠景芳.北极开发与合作:2012中国极地战略与权益研讨会议.极地战略,2012(7).

② 罗毅,夏立平.以共生治理观参与北极治理.南京政治学院学报,31(181),2015:48-53.

③ 赵腊平.中国理应拥有话语权.中国矿业报,第B01版,2010年11月4日;周良.北极权益争端中的中国姿态.经济参考报,第005版,2011年4月19日.

同时关注北极争议海域渔业资源、油气资源等的开发,以及资源开发背后的主权争议、北极及非北极国家之间的互动等。[1]

2.6 北极环境和生态保护

除关注极地资源开发之外,较多研究也致力于极地环境和生态保护,特别是气候变化对北极带来的潜在环境影响。每年一期的《极地法律年鉴》(*The Yearbook of Polar Law*)及其他研究文献中汇集了大量国外专家关于北极环境及生态保护的研究论文,其研究的内容比国内专家更广泛、更具针对性,涉及包括渔业、旅游、矿产油气开发等在内的人类活动对北极环境与生态的影响。[2] 研究者们比较认同,由于北极生态环境脆弱,对北极资源开发必须持有谨慎态度。以北冰洋中央公海为例,经年海冰使该海域还不存在真正意义上的商业渔业。针对该海域的渔业管理,北极5国发布禁捕临时措施以防止不管制捕捞活动的倡议,该临时措施就是

---

[1] Waliul W. Hasanat. The Role of International Governance Systems in Protecting the Arctic Environment: Examining Climate Change Policy. The Yearbook of Polar Law, 4(1), 2012: 561-582; Henry P. Huntington. A Preliminary Assessment of Threats to Arctic Marine Mammals and Their Conservation in the Coming Decades. Marine Policy, 33, 2009: 77-82; Damien Degeorges. Polar Diplomacy in an Age of Climate Change and Energy Dependence - the Role of Greenland in Dealing with China in the Arctic. The Yearbook of Polar Law, 4(1), 2012: 305-312; Michael I. Jeffery. Terrestrial Area Management in Polar Regions: Applying the Eco-based Approach to the Coalface of Climate Change. The Yearbook of Polar Law, 1(1), 2009: 101-119; Christopher C. Joyner & Sudhir K. Chopra. The Antarctic Legal Regime. Netherlands: MartinusNijhoff Publishers, 1988.

[2] Michael I. Jeffery. Terrestrial Area Management in Polar Regions: Applying the Eco-based Approach to the Coalface of Climate Change. The Yearbook of Polar Law, 1(1), 2009: 101-119; Laura Boone. Development of an Environmental Chapter in the Polar Code: Introducing a New Player-black Carbon. The Yearbook of Polar Law, 4(1), 2012: 541-560; Timo Koivurova. Environmental Protection in the Arctic and Antarctic: Can the Polar Regimes Learn from Each Other. International Journal of Legal Information, 33(2), 2005: 204-218.

基于要采取预防性措施的理念，在未造成不可弥补的危害之前先采取措施保护环境。

综合上述对北极研究现状的概述不难发现，对北极渔业管理的研究并不多，在国内更是不成体系。然而，气候变化条件下的北极正经历着环境的变化，北极渔业可能是未来非北极国家参与北极事务的切入口。北极渔业和北极海域权益、北极海洋生物资源养护和管理息息相关。另外，北极渔业管理的研究确实离不开北极政治、经济、社会研究这顶"大伞"，因为只有把北极渔业管理放在北极自然及政治大环境中，针对它的研究才具有现实意义。这也意味着北极渔业研究是涉及多学科的综合性研究，需要各领域学者之间、学者和政策制定者之间的鼎力合作。

北极研究方兴未艾，未来的北极研究可能关注以下领域：气候变化条件下的北极应对、北极地缘政治、北极资源开发及资源开发带来的深刻影响、北极管理机制的构建等。而且可以预见，涉及北极渔业资源、矿产油气资源等的管理与开发的机制构建将逐步完善或实现"从无到有"。我国作为近北极的非北极国家，理应强化对北极的关注，维护北极权益，参与北极机制构建，加强北极研究和考察，展现北极治理能力，为维护和平、安全、可持续发展的北极贡献力量。

3. 研究方法

文献法是本书涉及的最主要的研究方法。大量的文献及数据搜集、整理及综述对本研究的开展至关重要。比如，为了全面梳理现有北极渔业相关区域性组织的信息，需要收集至少两个来源的数据及信息：各组织管辖区域及鱼类种群、管理理念与措施的事实性数据和各组织在渔业管理方面的成就与经验教训，这需要通过阅读大量的文献后才能做出客观评论。通过解读这些数据与信息,才能有依据分析各组织在未来北极渔业管理中可能承担的角色和发挥的作用。

咨询论证法也是本课题的重要研究方法。这得益于日益增强的北极权益意识,国内开展的北极研究日渐深入并广泛。从事这些研究的研究者们的研究成果对本书起到很好的启示作用。就自然科学研究而言,国内几所涉海高校(比如中国海洋大学、上海海洋大学等)拥有专门从事北极环境与生物生态研究的队伍,自然科学的研究对政策制定等社会科学领域的研究具有很好的启示作用。另外,我国拥有一支稳定的北极社会科学研究的队伍,通过学术交流,可以获取北极研究的新视角,能客观并多角度地分析北极问题。国内在北极研究方面获得较大成就的学术机构有中国极地研究中心、中国极地考察办公室、上海国际问题研究院、中国海洋大学、复旦大学、同济大学、上海海洋大学等。随着国际交流的机会日益增多,与国外北极领域的专家之间良好的互动有助于获取国外北极研究的新动向,以及用国际视野看待北极问题。在北极研究方面独树一帜的国外研究机构及高校有芬兰拉普兰大学北极中心、加拿大达尔豪斯大学海洋与环境法律研究所、荷兰乌德勒支大学、冰岛研究中心、挪威南森研究所等,通过与这些机构及高校交流可以获取北极研究的动向和国际视野。借助国内日趋完善的北极研究平台,通过与工作及学术背景各异的研究者们的共同合作,从国际关系、环境保护、海洋法及海洋战略等角度探索北极渔业管理问题,跨学科的思维碰撞能够产生创新性的科研心得与成果。

4. 研究的理论基础

本研究专注于探讨北极渔业管理机制以及与渔业相关的我国的北极海洋权益。在进行具体研究之前,有必要对北极渔业管理、北极海洋权益所遵循的重要法律依据进行梳理。

4.1 重要的渔业管理条约及制度

具有重大影响的涉及海洋及海洋生物资源养护和管理的公约、协定及相关制度为本研究提供了系统的理论框架。其中,本研究依据最多的是《联合国海洋法公约》和《执行 1982 年〈联合国海洋法公约〉有关养护和管理跨界鱼类种群和高度洄游鱼类种群的规定的协定》(以下简称"《鱼类种群协定》"),它们也是国际上几乎最重要的海洋及渔业相关的管理制度,具有国际法律约束力。其他相关的条约及制度有《生物多样性公约》《21 世纪议程》《负责任渔业行为准则》《促进公海渔船遵守国际养护和管理措施的协定》《关于预防、制止和消除非法、未报告和无管制捕捞的国际行动计划》《关于预防、制止和消除非法、未报告和无管制捕捞的港口国措施协定》等。这些条约及制度的核心理念对本研究所提出的北极渔业管理模式也具有重要启示作用。

4.2 重要的海洋和渔业管理条约及制度之间的互动关系

本研究所依据的海洋和渔业管理条约及制度之间存在积极的互动关系。1982 年《联合国海洋法公约》对海洋管理进行了全面规范,试图为合理开发和养护海洋资源、保护海洋环境提供一个全球性法律框架,为海洋资源可持续发展提供法律保障。与《联合国海洋法公约》一样,1993 年生效的《生物多样性公约》可以被称作生物资源养护和维护可持续性利用的另外一部重要国际法典。"生态系统方法"与"预防性措施"是该公约针对可持续发展及生物多样性保护而提出的两个核心措施。《21 世纪议程》从《联合国海洋法公约》发展而来,但却补充完善了《联合国海洋法公约》,它倡导一种海洋整体环境保护的理念,注重风险预防性措施,从而能更有效地维护海洋生态系统。实际上,维护海洋生态系统和生物多样性的预防性措施在很多条约中以不同的形式得以体现,比如《里约宣言》《生物多样性公约》《鱼类种群协定》等。

上述国际公约及制度之间的相互协调及互动可以促进海洋生物资源养护与管理目标的更好完成。在实践中,《联合国海洋法公约》的制定可以实现《生物多样性公约》关于海洋物种保护的目标。这两个重要公约的两套制度及它们之间的整合为有效养护海洋生物资源、保障生物多样性提供了法律保障。1982年《联合国海洋法公约》诞生之后,国际社会为完善和补充公约进行了不懈的努力,在联合国协调下制定的一系列针对性更强的海洋生物资源养护公约及制度成为全球渔业管理所遵循的法律框架,比如《鱼类种群协定》《负责任渔业行为守则》《关于预防、制止和消除非法、未报告和无管制的捕捞活动国际行动计划》《关于预防、制止和消除非法、未报告和无管制捕捞的港口国措施协定》等。随着法律制度的完善,不同领域及不同目标的管理制度互相作用,从而丰富并完善了海洋生物资源管理与养护的制度与政策。

就渔业管理而言,《联合国海洋法公约》和《鱼类种群协定》之间的良性互动最为明显。《联合国海洋法公约》第118条倡导公海渔业资源养护和管理上的国际合作;第63、64、66、67条重申了国际合作在跨界资源、专属经济区和公海渔业资源管理等方面的重要性;第61、119条则体现了生态系统管理的理念,突出种间关系对维护生态平衡的重要性。[①]《鱼类种群协定》对重要的跨界和高度洄游鱼类资源的养护和管理提供了一个框架,为公海渔业资源养护和公海渔业行为规范提供了指导,它是《联合国海洋法公约》的补充与发展。《鱼类种群协定》进一步强调国际合作在资源养护与管理方面的重要性(第8条),特别鼓励收集和提供资料及科学研究方面的国际合作(第14条);建议通过分区域和区域渔业管理

---

① 请参阅《联合国海洋法公约》。

组织和安排确保管理的有效性(第9、10条);同时,《鱼类种群协定》高度重视预防性措施对渔业管理的重要性(第6条)。[①] 本书中将要述及的北极渔业管理的依据均涉及这两个重要公约和协定中的相关条款。

但是,随着自然环境和政治环境的不断改变,现有公约和协定能否有效提供海洋生物资源养护与管理的法律框架却是值得商榷的问题。不难发现,各公约和协定尽管能够相互补充及协调,但也还存在着管辖空间或内容上的盲区或重合区,以至于在实践中或者无据可依,或者众说纷纭而无所适从。比如,《联合国海洋法公约》针对公海生物资源养护的制度过于宽泛,未做具体的规定,对开展渔业管理国际合作也未做细则规定,同时也缺乏针对非法、未报告和无管制渔业行为的惩罚机制。《鱼类种群协定》弥补了《联合国海洋法公约》的部分缺憾,比如,该协定对国际合作的开展给出了具体的建议,但是,该协定仅仅针对跨界和高度洄游鱼类养护,一定程度上限制了其广泛适用性。而且,在海洋资源养护与管理领域,随着科技进步,人们探索领域的扩大、经验的积累,一些养护与管理的新理念也不断被国际社会所接受和推崇,比如环境评估、持续监测、生态系统方式等,但却未能纳入到这些影响意义深远的公约和协定中。所以,虽然北极渔业管理从《联合国海洋法公约》和《鱼类种群协定》等公约和协定中汲取了大量的框架性条款作为依据,但制定因地制宜、与时俱进的管理协议及制度才符合时代发展的要求。

5. 研究创新之处

国内针对北极的社会科学研究大致是围绕着以下几个方面进

[①] 请参阅《鱼类种群协定》。

行的：北极治理、北极各国及重要的亚洲国家的北极政策、相关国际法在北极地区的适用性、北极环境保护等。相对而言，国内鲜有学者把研究聚焦于北极渔业管理。北极渔业管理机制与北极的政治、社会、经济环境紧密相关，也意味着北极渔业研究涉及诸如国际关系、地缘政治、国际法等学科的研究，这种多学科研究本身具有一定的挑战性。本研究实质上也是一个探索的过程。虽然国外从事北极渔业研究的学者比我国多，但这些学者基本上来自北极国家，其研究带着深深的国家利益烙印，从而影响了其参考价值及研究的客观性。本研究立足于中国视角，因而在诸多方面具有鲜明特色及创新性，具体表现如下。

（1）针对北极海域有不同的界定方式，本研究将本着生态系统理念把北冰洋边缘海纳入本研究中的北极海域范围，并在该基础上梳理所有北极相关的区域性渔业管理组织，从管理的空间领域、管理的鱼类种群来分析未来北极渔业动态发展状况下各管理组织可能扩展的北极渔业管理范围。

（2）北极渔业管理机制的构建和北极政治环境密切相关。本研究探索性地从宏观角度剖析北极地缘政治对渔业管理机制的影响，从而使北极渔业管理的研究更加具有现实意义，为我国制定北极战略视角下的北极渔业政策提供意见和建议。

（3）非北极国家鲜少参与北极渔业活动，且北极海域中的北冰洋中央公海还未存在真正意义上的商业渔业活动，因此国际范围内针对北极渔业管理的研究并不多。在没有很多参考资料的情况下，本研究梳理适用于北极海域的国际及区域性渔业管理制度，同时也梳理北极相关的所有区域性渔业管理组织、北极国家双边或多边协议下的渔业委员会的构建与工作，解析各渔业管理制度之间、各渔业组织之间的互动、冲突及补充，为预测未来北极渔业管理的走向提供一定的参考意见。

（4）大部分的北极海域处于北极国家管辖范围之内，北极国家的北极渔业政策对北极渔业管理影响深远。本课题通过梳理相关北极国家及渔业管理组织在北极渔业管理中的实践,分析北极渔业管理中的瓶颈和亮点。

(5)本研究创新性地运用对比研究的方法,阐述其他的海洋管理经验对北极渔业管理的启示。其中,通过南、北极渔业管理机制的对比研究,架起了两极渔业管理之间的"桥梁"。鉴于《南极海洋生物资源养护公约》及南极海洋生物资源养护委员会30余年的成功实践经验,本研究将关注南极经验对北极的启示作用。另外,本研究也将探索始于20世纪90年代的中白令海狭鳕养护争端以及迄今持续了三十几年的养护实践对北极渔业管理所提供的经验和教训。虽然,北极航道管理与北极渔业管理遵循的是不同的法律体系,但是前者的管理理念和问题的解决途径都会对亟待建立相应管理机制的北极渔业有一定的启示作用,本研究也将尝试对两者进行对比研究。

(6)本研究立足于研究的现实意义,结合我国的北极战略,探索性地提出我国的北极渔业应对,为国内相关机构制定北极渔业政策提供一定的指导意见。

6. 内容框架

本书第一章阐述开展本研究的必要性和紧迫性。回顾国内外的研究现状不难发现,围绕北极渔业管理开展的研究具有跨学科的特点,除了进行北极渔业动态及北极渔业管理现状、未来走向的分析,还需分析北极地缘政治、各国北极战略、北极管理机制构建特点、北极环境生态保护理念等。北极政治、北极可持续发展目标等相关的研究内容是开展北极渔业管理研究需要掌握的重要背景知识。了解了北极自然及政治环境,才能开展落到实处的北极渔业管理研究。本书所涉及的北极渔业管理研究基本围绕着《联合国海洋法公约》和《鱼类种群协定》所述及的公海渔业管理、跨界及高度洄游鱼类种群养护与开发、国际合作等制度进行。

本书第二章系统介绍北极渔业资源状态和渔业活动。本章首先界定本研究所涉及的北极海域,然后介绍该海域内的渔业资源现状。根据已有的北极海洋生物资源调查结果及研究发现,本章还将描述气候变化条件下的北极渔业资源发展动态。另外,本章将根据粮农组织发布的渔业数据描述北极渔业的现状。

本书第三章重点介绍北极渔业管理。现阶段,北极大部分的渔业活动都在北极国家管辖海域里进行,因此本章首先介绍北极国家的北极渔业管理政策。北极也存在公海。为了解北极渔业管理的全貌,本章还将介绍北极公海渔业管理的现状。在了解北极渔业管理现状的前提下,本章将讨论北极渔业管理所面临的瓶颈和在实践过程中所表现出的亮点,并指出北极渔业管理发展中不容忽视的重要因素。

本书第四章主要讲述其他海洋管理经验对北极渔业管理的启示。通过对比研究,本章将分别讲述南极海洋生物资源养护、中白令海狭鳕资源养护和北极航道管理对北极渔业管理的诸多启示。在对比分析过程中,我们能够更深入地了解北极管理面临的问题,并探索解决这些问题的可行方案。

本书第五章深入探讨我国的北极渔业政策。从北极对我国的重要战略意义出发,了解北极渔业对维护我国北极权益的重要性。就渔业而言,我国的北极权益主要涉及北极公海入渔权和海洋科学研究权。为维护我国的北极权益,我国将遭遇主客观因素造成的各种困难,但是只要找到相应的切入点,我国就能够切实应对北极渔业事务,并形成我国的北极渔业政策。

本书第六章简明复述本研究的主要内容,并介绍后续研究计划。

第二章 北极渔业

气候变化条件下的北极经历着重大的生态环境变化,北极理事会发布的《北极气候影响评估》(*Arctic Climate Impact Assessment*,ACIA)报告也印证了这一点。[①] 天气变暖,北极越发可以接近,人类的北极活动也日益频繁,资源开发与管理也持续被关注。除了矿产油气勘探开采、航道通行,北极渔业也逐渐成为关注热点,究其原因在于气候变化条件下的北极渔业具有发展潜力。本章将总体介绍北极海域、北极渔业资源、北极渔业活动的基本情况。

1. 北极海域

对北极海域的定义呈现多样化。最简单明了的是把北纬66°32′北极圈以北海域统称为北极海域,粮农组织也是以此为分界线统计北极海域的渔业产量的。然而,北极理事会协调下的北极监测与评价项目(Arctic Monitoring and Assessment Program,AMAP)则把其监测的北极海域范围扩大了,虽然大部分北极海域还是处于北极圈以北,但是在北美部分把分界线置于北纬60°,在亚洲部分则置于北纬62°。[②] 北极监测与评价项目之所以把部分分

[①] ACIA. Arctic Climate Impact Assessment. New York：Cambridge University Press,2005.

[②] 请参阅"北极监测与评估项目"网站. 网址：http://www.amap.no.

界线向南延伸,使该项目定义下的北极海域比北极圈以北范围内的海域范围更广袤,最主要的原因是把与北冰洋生态息息相关的边缘海也划为北极海域之内,便于开展更科学的基于生态系统的海洋研究。北冰洋通过白令海峡与太平洋相通,通过挪威海、格陵兰海、巴伦支海等与大西洋相通,促进了北极与次北极海域之间物质与能量的交换。比如,北大西洋暖流给北冰洋带来高温、高盐的海水,为气候变化条件下的北极渔业发展准备了一定的前提条件。因此,北冰洋渔业发展与边缘海等次北极海域生态均息息相关,北极监测与评价项目定义下的北极海域可以更科学地展现北极渔业未来发展的全貌。本研究认同该项目定义下的北极海域。图 2-1 是北极监测与评估项目发布的北极海域图;其中,不规则粗黑线内部是该项目定义下的北极海域,不规则粗黑线内部黑色圈即为北极圈。选择更广袤的北极海域作为研究对象的另外一个原因是:

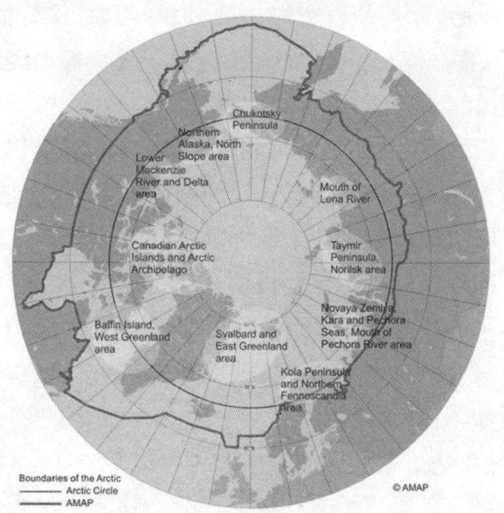

图 2-1 北极监测与评估项目发布的北极海域图①

---

① 请参阅"北极监测与评估项目"网站关于项目覆盖范围的说明.网址:http://www.amap.no/about/geographical-coverage.

北冰洋边缘海部分海域渔业发达,存在较多区域性渔业管理组织,未来北极渔业一旦得以发展,必须由相应的组织承担管理职责,而上述组织未来可能相应扩展管辖功能和管辖区域,从而承担起一部分北极渔业管理的职责。本书探讨北极渔业管理前景时会提及这些渔业管理组织。

因此,本研究中的北极海域是广义范围定义下的海域,包括北冰洋和北冰洋的边缘海。北冰洋是世界四大洋中面积最小的一个,仅为1 475万平方千米,不到太平洋的10%;由于纬度高,年平均日照量小,海冰覆盖,且受大气环流影响,北冰洋全年的平均气温也是四大洋中最低的。① 北冰洋跨越360°经度,是世界上跨越经度最广的大洋,所以我们有时候描述北冰洋海域时会有"环北极海域"一说。北极圈内的北冰洋面积约为1 310万平方千米,占北极圈以北整个北极地区面积的60%以上。② 北冰洋大致有8个边缘海,按照顺时针方向分别是波弗特海、楚科奇海、东西伯利亚海、拉普捷夫海、喀拉海、巴伦支海、挪威海和格陵兰海。请见图2-2北极地区地图。

北极圈以北地区通常被称为北极地区,包括北冰洋,北冰洋的部分边缘海,北冰洋沿岸亚、欧、北美三洲大陆北部,以及北冰洋中众多的岛屿。在北极地区拥有陆地的国家有8个,通常称为北极8国,为加拿大、美国、俄罗斯、芬兰、瑞典、挪威、冰岛、丹麦(格陵兰)。其中,冰岛本岛并不在北极圈内,但其最北部紧贴北极圈,本岛北侧有极小的小岛被北极圈穿过。北冰洋沿海国有5个,通常称为北极5国,为加拿大、美国、俄罗斯、挪威、丹麦(格陵兰)。北极地区地图如图2-2所示。

---

① 请参阅百度百科"北冰洋". 网址: http://baike.baidu.com/link? url = mObRCz1ayO9V-N2IZO1jY1ZcGr-ElkOhFIgS7usALwLHa8BNjTY7CB6hxH6ZoinTzOcBlIz58-6bfMvZkvZ2vMmbOZhyiFpWZ1odykXHu_orOth637vmRe9OIvtx2SC.

② 请参阅百度百科"北冰洋". 网址: http://baike.baidu.com/link? url = zmeF1qzfp1SgHDUK6MgUhIlObu4upLa2rbXlkJYsqcwnzAj51MOK2Ti7Rky1X6CjqjVLa6lK-3UcX3Q8aQ5jCK.

第二章　北极渔业

图 2-2　北极地区地图①

北冰洋被亚欧大陆、北美大陆和格陵兰所环抱。根据《联合国海洋法公约》专属经济区制度，北冰洋中央公海之外的北冰洋海域均处于北极 5 国管辖范围之内，因此北极 5 国对大部分的北冰洋海

---

① 请参阅百度地图"北极地图"。网址：http://image.baidu.com/search/detail? ct=503316480&z=undefined&tn=baiduimagedetail&ipn=d&word=%E5%8C%97%E6%9E%81%E5%9C%B0%E5%9B%BE&step_word=&ie=utf-8&in=&cl=2&lm=-1&st=undefined&cs=1072355684，1879154701&os=2412701633，241991839&simid=4197454094，501952194&pn=3&rn=1&di=166328171130&ln=1917&fr=&fmq=1478659064273_R&fm=&ic=undefined&s=undefined&se=&sme=&tab=0&width=&height=&face=undefined&is=0,0&istype=0&ist=&jit=&bdtype=0&adpicid=0&pi=0&gsm=0&objurl=http%3A%2F%2Fimage.xout.cn%2Fforum%2Fday_101218%2F101218165958eecd2d72170e1b.gif&rpstart=0&rpnum=0&adpicid=0&ctd=1478659067269^3_1349X673%。

域拥有主权、主权权利和管辖权。本研究中的北极海域存在四个公海,分别为挪威海的 Banana Hole、巴伦支海的 Loop Hole、白令海的 Doughnut Hole,以及北冰洋中央公海。公海渔业资源属于人类共同继承财产,这也是北极渔业发展吸引国际社会注目的一大原因。

大部分北冰洋表面终年被海冰所覆盖,北冰洋中央公海海冰甚至已经持续存在 300 万年,属于永久性的经年海冰。然而,有迹象表明,20 世纪 90 年代起北冰洋海冰融化速度加剧明显。1978 年实施卫星观测记录以来海冰面积最小的纪录出现在 2012 年夏天,为 341 万平方千米,当年北冰洋中央公海高达 40% 的海冰融化;在这之前,2007 年夏天所记录到的 413 万平方千米曾被认为是历史最低。很难想象,1991 年同时期的记录数据还高达 1 400 万平方千米。[1] 通过历时性数据比较,美国国家海洋和大气管理局发现,进入 21 世纪后,北冰洋海域 8 月平均海冰面积为 600 万平方千米,比 1979 年到 2000 年期间的平均值减少了 22%。[2] 2004 年由北极理事会和国际北极科学委员会共同开展的北极气候评估项目发布了《北极气候影响评估》报告(Arctic Climate Impact Association, ACIA),报告指出北冰洋的第一个无冰之夏可能在 5~50 年内出现。[3] 图 2-3 是美国国家冰雪数据中心公布的 1978~2008 年的北冰洋海冰面积统计图。气候变化下的北冰洋正经历着生态和环境的变化,进而引发了北极渔业的动态发展,引起了北极国家及非北极国家的共同关注。

图 2-4 为美国皮尤研究中心(Pew Research Center)发布的北极示意图。其中,中央的黑色实线为北极 5 国在北冰洋的专属经济区北部界线;细密斜线区域为北冰洋中央公海海域;中央黑色实

---

[1] 请参阅"美国国家冰雪数据中心"网站。网址:http://www.nsidc.org.
[2] 请参阅"美国国家海洋和大气管理局"网站。网址:http://www.nova.gov.
[3] ACIA. Arctic Climate Impact Assessment. New York: Cambridge University Press, 2005.

第二章　北极渔业

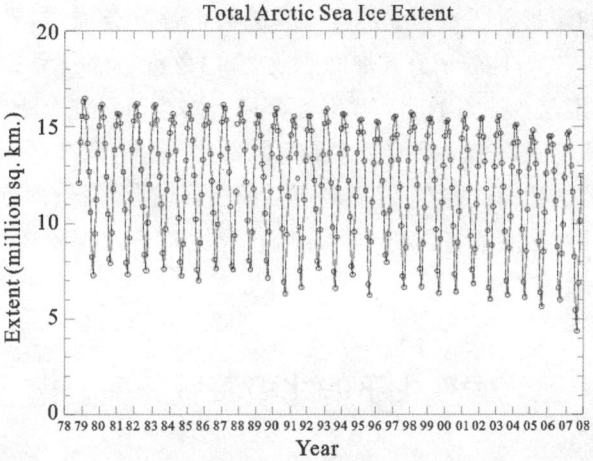

图 2-3　美国国家冰雪数据中心公布的北冰洋海冰面积统计图（1978～2008）①

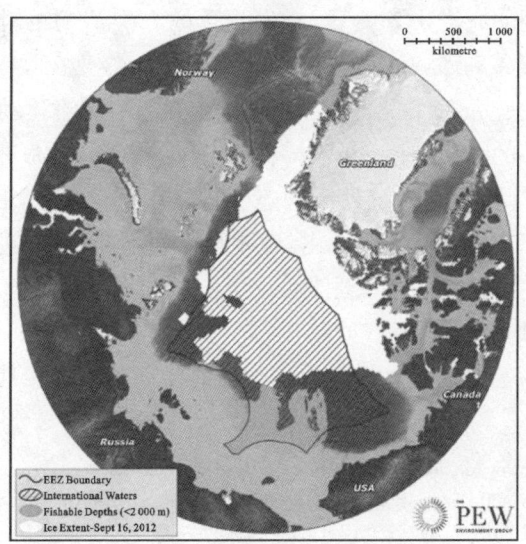

图 2-4　皮尤研究中心发布的北极示意图②

---

① 请参阅"美国国家冰雪数据中心"网站．网址：http://nsidc.org/cryosphere/seaice/characteristics/difference.html．
② 请参阅"皮尤研究中心"网站．网址：http://www.pewinternet.org/．

27

线内部的浅灰色区域为北冰洋中央公海海冰融化海域,且水深不超过 2 000 米,比较适宜开展渔业活动;白色色块部分为 2012 年 9 月 16 日卫星观测下的北冰洋海冰区域(注:当日可能是 1978 年有卫星观测记录以来记录的海冰最低值日)。未来,北冰洋中央公海海冰如若融化,则适宜于开展渔业活动的区域面积将有所增加,因为在北冰洋中央靠近北极点的周围还存在部分水深不超过 2 000 米的海域。

2. 气候变化下的北极海域环境变化

由于气候变化,极地不再是遥不可及的冰寒之地,不仅海冰融化带来深刻的海洋生态变化,越发频繁的人类活动也对北极环境和生态造成深刻影响。

气候变化条件下北冰洋海冰融化,丰富的洋流运动不仅带动北冰洋内部的物质交换,也与太平洋、大西洋等边缘海进行着频繁的互动,北冰洋生态系统处于动态变化之中。[1] 另外,北冰洋初级及次级生产力也随着气候变化、海冰融化而不断增强,进一步促进了北冰洋生态系统的活跃性。[2]

北极频繁的人类活动极有可能引发更多的污染事故,北极地区气温升高幅度加快也将影响污染物的传播速度和传播路径。在

---

[1] Margaret M. McBride, Padmini Dalpadado, Kenneth F. Drinkwater, et al. Krill, Climate, and Contrasting Future Scenarios for Arctic and Antarctic Fisheries. ICES Journal of Marine Science, 71(7), 2014: 1934-1955.

[2] Usher, M. B., Callaghan, T. V., Gilchrist, G., Heal, B., Juday, G. P., Loeng, H., Muir, M. A. K., et al. "Chapter 10 Arctic Climate Impact Assessment" in Principles of Conserving the Arctic's Biodiversity. Cambridge: Cambridge University Press, 2007: 539-596; Catherine W. Mecklenburg, Peter Rask Moller &. Dirk Steinke. Biodiversity of Arctic Marine Fishes: Taxonomy and Zoogeography. Marine Biodiversity, 41, 2011: 109-140..

北极地区进行的近海资源开发活动增加了石油泄漏、噪音等污染危险。在北极楚科奇海、波弗特海、巴伦支海、巴芬湾等区域已经开始了石油和天然气的开采活动,对包括鱼类在内的海洋生物的栖息地、觅食及活动区域均有干扰。航运给北极海域生态环境也带来众多潜在的危险,噪音、破冰、船只排放的污染物等干扰了海洋生物的栖息地,影响了它们的生活习性。由于缺乏科学数据,现阶段还很难估算北极污染对北极海洋生物的危害程度。[1]

3. 北极渔业资源概况

2013年北极理事会北极动植物养护工作组(Conservation of Arctic Flora and Fauna Working Group of Arctic Council)发布了《北极生物多样性评估》报告(*Arctic Biodiversity Assessment*),对北极地区的动植物数量、分布、气候变化下的动态发展等做了介绍。该报告指出,北极存在淡水河流,已被证实的北极淡水及海河洄游鱼类共有127种,其中鲑鱼、鲈鱼、狗鱼、鳕鱼为北极重要的淡水及海河洄游鱼类。北极地区的洄游鱼类基本都是溯河性鱼类。溯河性鱼类主要生活栖息在海洋,成熟后上溯至江河进行繁殖。北极地区重要的经济类鱼种鲑鱼就属于溯河性鱼类,它不仅环北极分布,而且是重要的渔业捕捞对象。气候变化条件下,北极溯河性鱼类的栖息地及洄游途径是否随之发生变化还有待渔业科学家们开展相应研究进行发现和证实。本研究中的北极渔业不涉及北极淡水鱼,仅涉及海洋鱼类及海河洄游鱼类。

《北极生物多样性评估》报告定义下的北极海域如图2-5所示,

---

[1] Zhou Yingqi. Arctic Marine Living Resources Commentary. 2012 North Pacific Arctic Conference Organized by the East-West Center and Korea Maritime Institute, 2012.

与本研究定义下的北极海域基本吻合。报告把巴伦支海、挪威海、白令海、楚科奇海等渔产丰富的北冰洋边缘海定义为北极海域与大西洋、太平洋的连接海。图中中央位置"ACB"即代表北冰洋，BAR、NOR、BER和CHU分别代表上述的北极连接海。

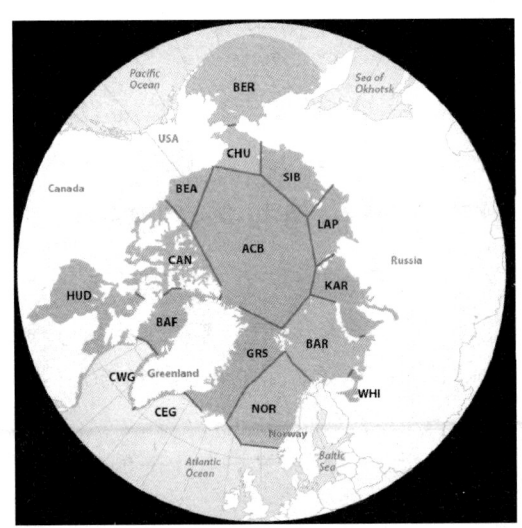

图 2-5 《北极生物多样性评估》报告下的北极海域图[①]

《北极生物多样性评估》报告指出，现阶段北极海域已探明的鱼类种群有 106 科 633 种。其中，硬骨鱼占了绝大多数，涉及 583 种鱼类种群，约占总数的 92.1%；其中 72.2% 为北方鱼种，而 10.6% 为北极本地种。可见，气候变化对鱼群北上有决定性作用。现阶段已经生存在北极的大部分硬骨鱼是由南向北迁移至此；鲨鱼及鳐鱼等软骨鱼约占 7.9%，共计 49 种；而八目鳗鱼类仅占 1 种。北极海域鱼类种群分布不均匀，北冰洋及其边缘海共有约 250 种海洋鱼类；其中，迄今已经记录在册的北冰洋及北冰洋大陆架仅

---

① The Conservation of Arctic Flora and Fauna of Arctic Council. The Sixth Chapter Fisheries in Arctic Biodiversity Assessment. Available at: http://www.caff.is.

有 4~26 科 13~87 种鱼类种群(注：鉴于科学数据的缺失，报告仅给出大致区间数)。然而，包括北极连接海在内的北极边缘海则鱼类种群要丰富；其中，白令海有 385 种，巴伦支海 153 种，挪威海 204 种，哈德逊湾 87 种，巴芬湾 81 种。从数据比较就能理解上述北极边缘海成为世界著名渔场的原因了。① 表 2-1 是《北极生物多样性评估》报告公布的北极海域鱼类种群的统计数据。该表数据可以大致描绘北极海域鱼类种群分布的情况。其中，北极海域代码及海域方位如图 2-5 所示。另外，需要注明的是，《北极生物多样性评估》报告发布的鱼类种群信息大多参考了 Mecklenburg 于 2011 年发布的关于北极海洋渔业资源生物多样性的研究报告。②

表 2-1 《北极生物多样性评估》报告公布的北极海域鱼类种群的统计数据③

北极海域代码	北极海域	所属种	所属科
ACB	北冰洋	13	4
WHI	白海	49	23
KAR	喀拉海	60	18
LAP	拉普捷夫海	50	15
SIB	东西伯利亚海	32	12
BEA	波弗特海	66	17
CAN	加拿大北极群岛	57	16
HUD	哈德逊湾	87	26

---

① The Conservation of Arctic Flora and Fauna of Arctic Council. The Sixth Chapter Fisheries in Arctic Biodiversity Assessment. Available at：http://www.caff.is.

② Catherine W. Mecklenburg, Peter Rask Moller & Dirk Steinke. Biodiversity of Arctic Marine Fishes：Taxonomy and Zoogeography. Marine Biodiversity, 41, 2011：109-140.

③ The Conservation of Arctic Flora and Fauna of Arctic Council. The Sixth Chapter Fisheries in Arctic Biodiversity Assessment. Available at：http://www.caff.is.

(续表)

北极海域代码	北极海域	所属种	所属科
BAF	巴芬湾	81	24
CWG	西格陵兰海沿海	59	24
CEG	东格陵兰海沿海	40	19
GRS	格陵兰海	57	20
NOR	挪威海	204	75
BAR	巴伦支海	153	52
BER	白令海	385	58
CHU	楚科奇海	75	19
总计		633	106

虽然北极海域鱼类种群繁多,但囿于北极海域的极端自然环境,个体数量较多的鱼类种群却不多。北极海域主要的鱼类种群为鳕鱼(比如 Polar cod, Atlantic cod, Pacific cod, Greenland cod、Alaska pollock)、毛鳞鱼(比如 Barents Sea capelin)、鲱鱼(比如 Atlantic herring, Pacific herring)、鲭鱼(比如 Atlantic macherel)、格陵兰马舌鲽(比如 Greenland halibut)等。① 但上述鱼类种群中仅部分分布于所有环北极海域,大部分则选择性地分布于北大西洋、白太平洋一侧的北极海域。根据粮农组织及其他区域性渔业组织发布的信息,《北极生物多样性评估》报告把北极海域资源比较丰富的鱼类种群做了统计,统计结果注明了海域范围、资源总量估量值、资源动态发展趋势等信息,这些鱼类种群也是商业渔业的主要捕捞对象,具体数据见表2-2。

---

① Lilly Weidemann. International Governance of the Arctic Marine Environment with Particular Emphasis on High Seas Fisheries. Switzerland: Springer, 2014.

第二章 北极渔业

表 2-2 北极海域主要鱼类种群信息①

所属科	鱼类种群	英文名	拉丁文名	所在海域	底层鱼/中上层鱼	资源总量估值（万吨）	资源动态发展趋势
鲱鲨科	大西洋鲱鱼	Atlantic herring	*Clupea harengus*	挪威海、巴伦支海	中上层鱼	790	↓
胡瓜鱼科	巴伦支海毛鳞鱼	Barents Sea capelin	*Mallotus villosus*	巴伦支海	中上层鱼	210	↓↑
鳕科	北极鳕	Polar cod	*Boregadus saida*	巴伦支海	中上层鱼、底层鱼	约100（不确定）	↓↑
鳕科	阿拉斯加狭鳕	Alaska pollock	*Gadus chalcogrammus*	白令海	底层鱼、中上层鱼	840	↓↑
鳕科	太平洋真鳕	Pacific cod	*Gadus macrocephalus*	白令海	底层鱼	34.5	↑

① The Conservation of Arctic Flora and Fauna of Arctic Council. The Sixth Chapter Fisheries in Arctic Biodiversity Assessment. Available at: http://www.caff.is.

(续表)

所属科	鱼类种群	英文名	拉丁文名	所在海域	底层鱼/中上层鱼	资源总量估值（万吨）	资源动态发展趋势
鳕科	大西洋真鳕	Northeast Arctic cod	*Gadus morhua*	巴伦支海	底层鱼	210	↑
鳕科	黑线鳕	Haddock	*Melanogrammus aeglefinus*	巴伦支海	底层鱼	35	↓
鳕科	蓝鳕	Blue whiting	*Micromesistius poutassou*	挪威海	中上层鱼	300	↓
鳕科	青鳕	Saithe	*Pollachius virens*	挪威海、巴伦支海	中上层鱼	37.5	↓
鲭科	大西洋鲭鱼	Atlantic mackerel	*Scomber scombrus*	挪威海	中上层鱼	300	↑
鲽科	马舌鲽	Greenland halibut	*Reinhardtius hippoglossoides*	巴伦支海	中上层鱼	4~9（雌性）（不确定）	↑

注：表中资源动态发展趋势"↓"表示资源发展前景悲观，"↑"表示资源发展前景可观，"↓↑"表示资源发展变化较大。

分析表 2-2 中数据可知，鲱鱼、鳕鱼、鲭鱼和毛鳞鱼资源相对丰富，其中这些鱼类种群中中上层鱼的资源更可观。未来气候变化条件下，北极渔业一旦得到长足发展，大型围网、整层拖网等捕捞方式的目标就是这些中上层鱼；也可以预见，对海床造成极大伤害的底拖网等捕捞方式也会被一些捕捞船队所使用，带来巨大捕捞量的同时也兼捕或误捕大量其他的鱼类种群，从而造成海洋生态破坏。

迄今为止对北极渔业资源状况的数据掌握并不完备。原因很多，如气候变化条件下的北极渔业资源动态未全面掌握、北极海域渔业资源历时性数据的缺乏、且现在的北极渔业仅针对极少数鱼类种群意味着仅能通过有限的捕捞数据获知部分北极鱼类种群的动态。为应对未来可能的北极渔业发展及制定科学的养护与管理制度，针对北极渔业资源而开展的持续性科学研究至关重要。

4. 北极渔业资源动态

由于气候变化，海水温度上升，海冰融化，海面不再由于海冰而产生强烈的光照反射作用，太阳辐射会较容易地进入水体，促进光合作用，提高海水温度，释放冰内海藻及其他微生物，提高海水的初级生产力，这对处于北极海域食物链中间层次的鱼类种群的生存具有一定积极作用。[1] 但是，也有研究者持不同看法。他们认为，海冰融化使海水盐度下降，加剧北冰洋缺营养状态，从而限制

---

[1] Jean-Eric Tremblay, Dominique Robert, Diana. E. Varela, Connie Lovejoy, Gerald Darnis, R. John Nelson & Akash R. Sastri. Current State and Trends in Canadian Arctic Marine Ecosystems: I. Primary Production. Climate Change, 115(1), 2012: 161-178; William W. L. Cheung, Vicky W. Y. Lam, Jorge L. Sarmiento, Kelly Kearney, Reg Watson & Daniel Pauly. Projecting Global Marine Biodiversity Impacts under Climate Change Scenarios. Fish and Fisheries, 10(3), 2009: 235-251.

光照驱动下的初级生产力的提升。① 也有研究认为,虽然海冰融化后引起的水体分层和贫营养状态有利于微型浮游植物生长,但这并不利于大型藻类生长,从而间接影响鱼类种群发展。② 因此,气候变化条件下北极海域生态环境的改变带来的影响是深刻且全方位的,很难准确预测气候变化条件下的北极渔业资源动态。同时,北极冰封海域各种生物历时性数据的缺乏、气候变化的不可预测性、气候变化下生态系统内部复杂微妙的互动性均使北极渔业发展具有不可预测性。③ 现实情况是,科学家们正在试图寻找气候变化条件下北极渔业资源的动态发展的真相,但可以发现其研究结果呈现多样性,这意味着气候变化条件下的北极渔业资源动态可能具有分海域、分种群、分季节、分年份的特点,无法一概而论。

美国阿拉斯加渔业科学研究中心的科学家们开展了一项针对气候变化条件下鱼类种群从次北极北上北冰洋的可能性的实验,对揭示未来北极渔业资源发展不可预测性具有一定指导性。④ 实验选取17种广泛分布于次北极海域的鱼类作为研究对象,研究结果显示,6种鱼类显示出北上迁移的极大可能性,6种鱼类则显示

---

① Zeller, D., Booth S., Pakhomov E., Swartz W., and Pauly D. Arctic Fisheries Catches in Russia, USA, and Canada: Baselines for Neglected Ecosystems. Polar Biology, 34(7), 2011: 955-973.

② Li, W. K., McLaughlin F. A., Lovejoy C. & Carmack E. C. Smallest Algae Thrive as the Arctic Ocean Reshens. Science, 326(5952): 3105-3117.

③ Timo Koivurova, Erik J. Molenaar & David L. Vanderzwaag. Canada, the EU, and Arctic Ocean Governance: a Tangled and Shifting Seascape and Future Directions. Journal of Transnational Law and Policy, 18(2), 2009: 248-287; Gian-Reto Walther. Community and Ecosystem Responses to Recent Climate Change. Philosophical Transactions of the Royal Society (Biological Sciences), 365, 2010: 2019-2024; Auster, P. J. and Link, J. S. Compensation and Recovery of Feeding Guilds in a Northwest Atlantic Shelf Fish Community. Marine Ecology Progress Series, 382, 2009: 163-172.

④ Anne Babcock Hollowed, Benjamin Planque & Harald Loeng. Potential Movement of Fish and Shellfish Stocks from the Sub-Arctic to the Arctic Ocean. Fisheries Oceanography, 22(5), 2013: 355-370.

出天时地利较好的前提条件下北上的一定可能性,而另外的5种则可能性不大。研究认为,次北极鱼类北上受一些重要因素的影响,比如水温、食物、通往北冰洋洄游通道的水深等,而且鱼类具有不同的习性特点,其北上的可能性受外因影响同时也受内因影响,甚难下统一定论。

北极理事会下的北极动植物保护工作小组2010年发布了《北极生物多样性发展趋势》报告(Arctic Biodiversity Trends 2010),选取某些具有代表性的动植物进行北极生物多样性发展的研究,以展示气候变化条件下北极生物多样性的现状,同时预测发展趋势。北极红点鲑被作为该报告中鱼类种群发展的"指示代表"(注:报告中用了"indicator"这个词,意为以北极红点鲑作为典型例子分析北极渔业资源动态发展)。北极红点鲑在北极分布广泛,种类繁多。其中,溯河性的北极红点鲑几乎环北极海域分布,但其在淡水河湖中完成产卵;另外,部分北极红点鲑生活在北极淡水区域,属于淡水鱼。北极红点鲑是北极水域重要的渔业捕捞对象,产量占北极渔获物比例较高。在加拿大努纳武特地区,其产量占了所有渔获物的45%左右,不仅是当地北极居民重要的食物,而且也是商业渔业的重要捕捞对象。[①] 气候变化条件下的北极人类活动越发频繁,其中也包括渔业活动,而且气候变化也使北极海域生态环境发生重大变化。在双重因素影响下,北极红点鲑资源状况也发生了变化。《北极生物多样性发展趋势》报告就气候变化下的北极红点鲑资源动态给出以下总结:由于捕捞量上升,同时气候变化下的海洋生境发生变化,北极红点鲑数量有所下降;在控制捕捞量及环境因素的前提下,北极红点鲑表现出较强的资源自我恢复能力;气候变化带来的影响比较复杂,对捕捞业而言,在为北极红点鲑带来

---

① Conservation of Arctic Flora and Fauna of Arctic Council. Arctic Biodiversity Trends 2010. Available at:http://www.arcticbiodiversity.is.

生长速度加快等积极作用的同时也带来资源量下降的负面作用。该报告指出,由于历时性数据的缺乏,针对北极红点鲑的研究还不能深刻揭示气候变化条件下资源的动态变化,需要开展长期的调查与研究。① 但是,作为广泛分布在北极的鱼类种群,北极红点鲑的资源发展动态具有一定的普遍性和参考意义。

2013年,北极动植物保护工作小组又发布了《北极生物多样性评估》报告,该报告在2010年《北极生物多样性发展趋势》报告基础上更全面综合地评估了北极生物资源现状,并预测其未来走向。报告总体认为,气候变化对北极渔业会带来积极影响,部分鱼类种群会从次北极迁移至北极海域,从而丰富北极鱼类种群的数量,而且鱼类种群中的个体数量也会有所增长。但是,在气候变化带来积极作用的同时,北极鱼类种群也面临着许多直接及间接的负面影响。报告详细分析了北极海河洄游鱼类可能遭遇的负面影响。北极气候变化条件下,河流流向海洋的通道更为畅通,而北极地区的河流水基本是北上汇入海洋,影响鱼类生境的污染物质会随着河流北上汇集在河流下游,这些水域又恰是溯河性鱼类洄游的必经通道。另外,气候变化条件下的北极人类活动日渐频繁,带来的影响也不容小觑。比如,近海的油气开采可能引发油气泄漏隐患;海底开采设施建造不仅带来污染、水流物理性质的改变,甚至可能拦截洄游鱼类的洄游通道。各个北极国家几乎都曾报道过溯河性鱼类资源衰竭的悲剧:本来在东北大西洋周围海域普遍存在的欧洲鳗鲡(*Anguilla anguilla*)和大西洋鲟(*Acipenser sturio*)现在已经几乎绝迹,驼背白鲑(*Coregonus pidschian*)和红点鲑(*Salvelinus alpinus*)在加拿大育空地区也已经难觅踪影,大西洋鲑(*Salmo salar*)在芬兰次北极地区也早已不见踪迹,西伯利亚鲟(*Acipenser*

---

① Conservation of Arctic Flora and Fauna of Arctic Council. Arctic Biodiversity Trends 2010. Available at: http://www.arcticbiodiversity.is.

baerii)则从俄罗斯的北极及次北极地区消失。鱼类种群资源枯竭的例子很多,虽然枯竭的原因各有不同,但归根结底可能都摆脱不了气候变化这个终极原因。气候变化带来的影响是非常复杂的,鱼类繁殖等性能的改变、外来鱼种的入侵、污染引发的生存环境改变等内外因素往往会交织在一起引起累积作用。然而,《北极生物多样性评估》报告也指出,对北极本地鱼种而言,气候变化带来的影响可能是致命的。北极本地鱼种均适应严寒的水域环境,且多数本地鱼种生活在海床及海床附近水域,适应了上覆海冰的水域生境,气候变化条件下海水升温、海冰融化将从本质上改变它们的生存环境。即使能侥幸适应这些生存环境变化,随着海冰融化,包括渔业活动在内的人类北极活动会愈发频繁,底拖网这种捕捞方式在提高捕捞效率的同时也会极大破坏北极本地种的生存环境,而且很容易引发过度捕捞。从《北极生物多样性评估》报告不难看出,即使由于气候变化使鱼类获取更多生存机会和生存空间,但是北极鱼类种群的发展还是遭遇着诸多因素的制约,需要通过科学研究、实地调查真正认识渔业资源的动态发展,从而为管理养护制度的制定奠定基础。①

综上所述,在北极海域,有些鱼类种群会因气候变化而丧失其赖以生存的适宜栖息地,有些则会获得更优化的生存条件,有些次北极鱼类种群则可能迁移至此栖居。总体而言,国际社会对北极渔业发展的前景抱有乐观的态度。② 笔者也认同这种乐观态度,至少海冰融化意味着次北极鱼类种群北迁通道的存在。由北极理事会协调下开展的"环北极生物多样性监测项目"(Circumpolar

---

① Conservation of Arctic Flora and Fauna of Arctic Council. Arctic Biodiversity Trends 2010. Available at: http://www.arcticbiodiversity.is.

② Erik J. Molenaar. Arctic Fisheries Conservation and Management: Initial Steps of Reform of the International Legal Framework. The Yearbook of Polar Law, 1 (1), 2009: 427-463.

Biodiversity Monitoring Program，CBMP）及"北极生物多样性评估计划"（Arctic Biodiversity Assessment，ABA）等对北极海域海洋生物动态进行了长期监测及评估。这类由国家或机构开展的监测及评估项目有望为今后北极渔业管理制度的构建提供翔实的渔业科学数据。科学研究和调查是了解北极渔业资源动态的唯一方式，只有在了解资源动态的前提下，才能制定出合理合法的北极渔业养护与管理制度。在未获取足够科学数据而未能判断北极渔业资源的现状与未来的情况下，预防性措施可能是应对北极渔业发展最好的方法，以防止"制度尚未形成、破坏已然造成"的悲剧产生。

5. 北极渔业活动

北极海域浩瀚，生态特点迥异，因而造成北极渔业发展参差不齐。总体而言，北极渔业主要集中在东北大西洋巴伦支海与挪威海、中北大西洋冰岛和格陵兰岛外海域、加拿大西北部纽芬兰和拉布拉多海、北太平洋白令海。其中，巴芬湾、巴伦支海、挪威海和格陵兰海处于寒、暖流海水交汇处，更是渔产丰富的著名渔场。近年来，这些海域的渔业捕捞量占世界总量的8%～10%。[1] 但渔业活动一般在各北极国家的专属经济区进行，据统计北极国家的北极渔获量占整个北极渔获量的90%左右。[2] 北极渔业是北极各国一项重要经济活动，对挪威、格陵兰及冰岛而言，甚至是重要的国内经济支柱产业。然而，由于经年海冰未化，北冰洋中央公海尚未存在真正意义上的商业渔业活动。

随着气候变化对北极地区影响的凸显，北极渔业生产力和渔

---

[1] FAO. Fishery and Aquaculture Statistics Yearbook. 2006-2016.
[2] 赵隆. 从渔业问题看北极治理的困境与路径. 国际问题研究，2013(7)：69-82.

区的空间分布都可能发生变化。2004年由北极理事会和国际北极科学委员会共同开展的国际计划"北极气候影响评估"(Arctic Climate Impact Association, ACIA)指出,北冰洋的第一个无冰之夏可能在5~50年内出现。根据美国国家冰雪数据中心(National Snow and Ice Data Center)发布的关于北冰洋海冰的观测数据,2012年夏季海冰面积为347万平方千米,是继2007年413万平方千米历史记录之后的历史新低点,以这样的趋势发展,夏季无冰之北冰洋"触手可及"。① 海冰融化可能意味着北极渔场的拓展。随着人类捕捞技术的不断加强、市场对鱼产品的需求不断上升,北极渔业资源开发必将引起更多的关注,甚至眼下作为"渔业盲区"的高纬度海域也有可能激发各国的渔业兴趣。北极渔业呈现出向北延伸的趋势,北极渔业资源管理与养护成为国际社会关注的北极新热点。出于对北极渔业可持续性发展的担忧,在2012年4月加拿大蒙特利尔召开的国际极地年会上,2 000名科学家联名发布公开函,强烈倡导在未制定相应渔业管理制度的北极部分海域实行禁捕。可见,北极渔业前景未明,但北极渔业管理已经引发了高度的国际关注。

《北极生物多样性评估》报告就北极渔业做了一个统计,统计数据是基于粮农组织、各北极相关渔业组织、非政府组织所公布的网上信息整合而成的。② 报告指出,现阶段北极渔业涉及59种鱼类种群,几乎都是硬骨鱼,但是也不排除部分渔业兼捕或误捕的软骨鱼未在渔业上报数据之内。并且,北极渔业具有巨大的地区差异性。评估报告也再一次证实,北极渔业产量最高的海域集中在白令海、位于大西洋与北冰洋交界处的挪威海与巴伦支海、格陵兰西岸巴芬湾、冰岛周围海域、加拿大哈德逊湾等。在这些渔业资源

---

① 请参阅"美国国家冰雪数据中心"网址。
② The Conservation of Arctic Flora and Fauna of Arctic Council. The Sixth Chapter Fisheries in Arctic Biodiversity Assessment. Available at: http://www.caff.is。

丰富、渔业活动频繁的北极边缘海,鳕鱼是最重要的捕捞对象之一,东白令海阿拉斯加狭鳕的年捕捞量高达130万吨左右,而在巴伦支海2013年的大西洋鳕鱼捕捞配额被设定为100万吨。但是,部分渔产丰富的海域也遭受着过度捕捞而引发的资源枯竭悲剧:格陵兰西海岸的大西洋鳕鱼渔业曾在20世纪70年代初遭受资源枯竭的重挫,但随着资源养护措施的实行,近几年资源恢复状况良好,未来有望得以重振;过度捕捞压力下的渔业资源枯竭还发生在北极其他水域,但并不都像格陵兰大西洋鳕鱼资源那样幸运地得以恢复,比如,20世纪60年代末挪威海的大西洋鲱鱼资源呈现枯竭势头,即使经过之后几十年的养护管理,鲱鱼资源迄今未能恢复,鲱鱼渔业在挪威海至此一蹶不振,曾经在大西洋与北极海域连接海域平鲉资源丰富,但是在过度捕捞压力下平鲉也遭遇了资源滑坡,至今该海域仍然执行着平鲉禁捕的政策;20世纪90年代初加拿大纽芬兰地区的大西洋鳕鱼在过度捕捞下几乎绝迹,虽然现在有资源恢复的迹象,但是几乎用了30年的时间才来恢复过度捕捞带来的灾难,本质上就是一种渔业的悲剧。北极海域的鱼类种群普遍表现出生长和成熟缓慢的特点,加上渔业误捕及兼捕所带来的资源破坏,这类资源一旦遭到致命打击很难在短时间内恢复到可捕捞水平。资源枯竭的过程可能缓慢,但是一旦触发,需要人类付出加倍的代价进行弥补。

5.1 从渔业统计数据看北极渔业发展

本节将通过分析粮农组织渔业统计数据认识北极渔业的发展。之所以选择粮农组织发布的渔业统计数据进行本节的评述,基于以下原因:分别收集北极国家的渔业数据比较困难,因为俄罗斯等国发布的网上信息不全面且还可能不权威;相对而言,获取粮农组织的统计数据更方便且数据统计标准相对统一,按地区、国别、鱼类种群进行统计的数据分析也更全面。

为便于统计,并充分考虑生态系统构成特点,粮农组织把世界所有渔区共分成27个,其中8个为内陆水域渔区、19个为海洋渔区。本书研究的北极海域是广义定义范围下的海域,包括北冰洋及北冰洋周围广袤的边缘海,对应于粮农组织所划定的18、21、27、61和67渔区。大致而言,18渔区对应于北冰洋,21渔区对应于西北大西洋,27渔区为东北大西洋,61渔区为西北太平洋,67渔区为东北太平洋。但是,粮农组织这几个渔区的范围远远大于本研究中的海域,各渔区的南部界限分别如下:21渔区北纬35°,27渔区北纬36°,61渔区北纬20°(部分延伸到北纬15°),67渔区北纬40°(部分延伸到北纬40°30′)。粮农组织的渔区图如图2-6所示。渔区的各项统计数据虽然不能告知本研究中北极海域的明确渔业产量,但是能给予一定的笼统并直观的北极渔业发展概况。

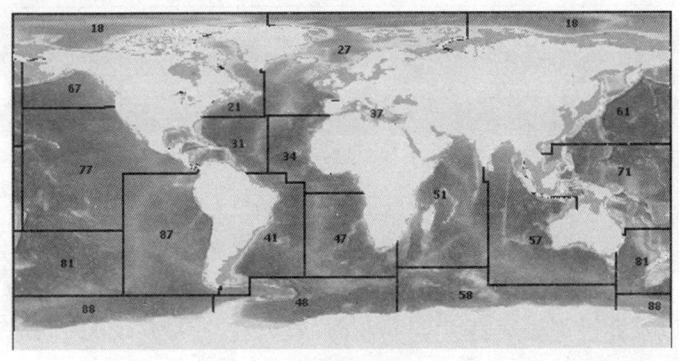

图2-6　粮农组织渔区图①

表2-3为粮农组织统计的北极海域渔区的历年渔业产量表。由于北冰洋海域渔业产量相对较少,也或者由于北冰洋海域渔业统计过程中一些不可克服的困难,粮农组织并未给出18渔区北冰洋海域的渔业产量。但是,粮农组织却给出了18、21及27渔区构成的"板块"产量,通过计算也可以大致了解北冰洋的渔业产量情况。

---

① 请见"粮农组织"网站。

表2-3 粮农组织统计的北极海域渔区的渔业年产量
(2005~2014)①(单位:万吨)

产量 渔区	2005	2006	2007	2008	2009	2010	2011	2012	2013	2014
18	未知	未知	未知	未知	未知	未知	未知	未知	未知	未知
21	220.1	219.9	215.3	206.8	205.1	206.2	200.2	198.1	185.4	184.2
27	965	910.1	890.5	853.7	846.4	872.3	804.9	801.2	845.4	865.5
61	1 965.1	1 959.6	1 986.5	2 010.6	2 042.9	2 092.1	2 141.8	2 143.3	2 137.4	2 196.8
67	321	307.6	293	257.9	226	243.7	295.1	291.4	320.5	314.9
18+21 +27	未知	未知	未知	1 060.5	1 051.5	1 078.5	1 005.1	999.4	1 030.8	1 049.7

从表2-3中数据可知,18渔区北冰洋海域的渔业产量几乎可以忽略不计,意味着北冰洋渔业既未发展也未能为北极国家渔业产量作出贡献。现阶段北冰洋渔业未能开展,很大程度上是由于其经年海冰覆盖范围较大;另外,适合开展渔业生产的海水深度一般不超过2 000米,但是北冰洋海域符合该条件的区域并不广泛。这也可以从皮尤研究中心发布的2012年北极海域覆冰范围图(图2-7)以及北极海域适合开展渔业海域(水深2 000米以内海域)范围图(图2-8)窥其一斑。

一般而言,每年的9月是北极海域覆冰面积最小的时期。从图2-7白色海冰覆盖范围可知,美国国家冰雪数据中心有数据记录以来海冰最少的2012年仍然见证了大部分北冰洋中央公海、加拿大北极群岛与格陵兰沿岸大面积的海冰覆盖现象,意味着北冰洋这些海域全年不能开展渔业活动。

---

① 请见"粮农组织"网站。

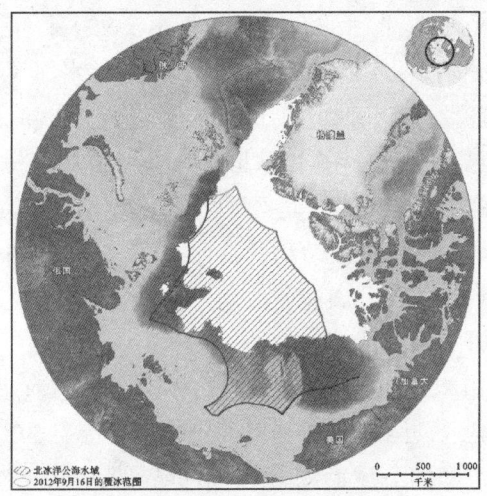

图 2-7　皮尤研究中心发布的 2012 年 9 月北极海域覆冰范围图①

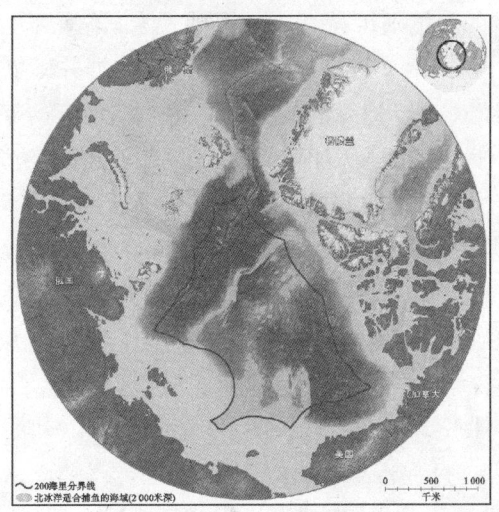

图 2-8　皮尤研究中心发布的北极海域适合开展渔业海域
（水深 2 000 米以内海域）范围图②

---

① 请见"皮尤研究中心"网站。
② 请见"皮尤研究中心"网站。

从图 2-8 可知,北冰洋海域水深不足 2 000 米、适合开展渔业活动的区域并不多。结合图 2-7 和 2-8 海冰与水深情况,美国与俄罗斯交界处的北冰洋海域比较适合开展夏季渔业,但是 2009 年起美国政府就已经下达了在本国北极专属经济区范围内禁捕的决议,原因是在未有足够科学证据证明该区域的渔业活动可以实现可持续发展之前禁止渔业活动。然而,就水深而言,加拿大北极群岛及格陵兰海域适合开展渔业活动,但该区域却又经年海冰覆盖,现阶段无法开展渔业活动。

从粮农组织发布的数据来看,北极边缘海的渔业产量相当可观。表 2-3 显示,近年来,61 渔区的年产量保持在 2 000 万吨左右,原因在于其广袤的海域面积,还包括世界四大渔场之一的北海道渔场,但 61 渔区中仅白令海海域是属于本研究定义下的北极海域。67 渔区的产量则维持在 300 万吨左右,该渔区也仅涉及极少部分的白令海海域。61 和 67 渔区的渔业数据并不能非常确切说明北极海域北太平洋边缘海的渔业情况。27 渔区的年产量保持在 900 万吨左右,该渔区覆盖巴伦支海、挪威海、格陵兰海、冰岛周围海域等渔产历来丰富的北极边缘海。21 渔区的年产量则约为 200 万吨,包括世界四大渔场之一的纽芬兰渔场,以及位于北极边缘海的哈德逊湾与巴芬湾,上述两个海湾也是北极海域渔业产量历来比较丰富的渔场。

总体而言,在北极海域,北冰洋海域渔业现状并不尽如人意,气候变化条件下次北极海域鱼类种群如若北迁,其前景还是值得期待的,但发展过程将是缓慢的。然而,北冰洋边缘海的渔业发展良好,特别是巴伦支海、挪威海、格陵兰海、冰岛周围海域、哈德逊湾等北大西洋与北冰洋衔接海域的渔业产量稳定,是北极国家发展北极渔业的最主要海域,在气候变化条件下其渔业发展前景美好。未来在气候变化条件下,如若次北极与北极海域之间洄游通道得以畅通,北极海域海冰得以大面积融化,未来鱼类种群得以北迁,俄罗斯和挪威的北极海域应该是渔业发展利好比较明显的区域。

5.2 从渔业统计数据看北极渔业活动

5.1 节中已经述及联农组织 27 渔区包括了大部分北极海域渔产比较丰富的渔场,比如巴伦支海、挪威海、格陵兰海、冰岛周围海域等。当然,27 渔区还包括了北海、波罗的海、东北大西洋等广阔海域,这些海域并不在本研究的北极海域范围之内,但通过挪威、俄罗斯、冰岛、丹麦(格陵兰)等重要北极国家在 27 渔区的渔业产量,能够了解东北大西洋北极海域的渔业活动概况。

表 2-4 联农组织 27 渔区北极国家/地区的渔业年产量
(2005~2014)[①](单位:万吨)

年份 国家	2005	2006	2007	2008	2009	2010	2011	2012	2013	2014
挪威	238.9	224.4	233.6	236.4	248.5	255.7	217.6	204.4	194.6	213.2
冰岛	165.8	132.3	139.9	128.4	114.2	106	113.8	135.8	136.6	107.7
俄罗斯	89.8	89.1	85.3	83.1	92.6	99.1	93.2	94.7	99.1	99.9
格陵兰	4	4.7	3.8	3.9	3.6	3.4	4.2	5.9	11.8	13.6
法罗群岛	55.9	61.9	57.8	49.1	32.6	37.7	35	35.7	48.3	53.9
瑞典	25.5	26.8	23.7	23	20.2	21.1	18	15	17.7	17.2
芬兰	9.5	11.3	12.8	11.9	12.5	12.7	12.5	13.9	14.4	15.4

表 2-4 显示的是各个北极国家在 27 渔区的渔业年产量。可以发现,近三年各国的渔业产量基本呈上升趋势但增幅并不大,部分原因可能是气候变化条件下北极边缘海渔业资源得以丰富,但并未丰富到令渔业产量能得以大幅度上升。在这几个北极国家中,

---

① 请参阅"粮农组织"网站。

挪威的渔业产量基本来自于挪威海与巴伦支海,其产量基本保持在 200 万吨以上,是北极国家中产量最高的,可见就渔业而言,挪威在北极海域占据了天时地利的有利条件。冰岛与法罗群岛在 27 渔区的产量几乎代表着该国/地区的全部渔业年产量。其中,冰岛 2014 年产量骤然下降,在几个北极国家年产量均上升的整体趋势下显得有点突兀,这与渔业资源没有很大关系,而是与该国当年渔船减少有关。① 俄罗斯在 27 渔区的产量基本来自于巴伦支海。需要指出的是,瑞典与芬兰在 27 渔区的产量应该来自于北海及波罗的海,这两个海域不在本研究的北极海域范围之内,但是紧邻北纬 60°线,与北极海域有着千丝万缕的联系,这两个海域均拥有渔产比较丰富的渔场。

下面将罗列挪威和冰岛 27 渔区的产量与其渔业年总产量的对比,从而获知北极渔业对这些国家/地区的重要性。之所以选择上述两个国家,是因为它们的 27 渔区产量基本代表了它们的北极及次北极渔业产量。

表 2-5 挪威 27 渔区渔业年产量及其海洋渔业年总产量
(2005～2014)(单位:万吨)

年份 产量	2005	2006	2007	2008	2009	2010	2011	2012	2013	2014
27 渔区	238.9	224.4	233.6	236.4	248.5	255.7	217.6	204.4	194.6	213.2
海洋渔业总产量	239.2	225.6	238	243	253.2	267.9	228.2	215	207.9	230.1
所占比例	99.5%	99.5%	98.2%	97.3%	98.1%	95.4%	95.4%	95.1%	93.6%	92.7%

挪威在 27 渔区的产量保持在其海洋渔业年产量的 95%左右。近年来挪威海洋渔业产量位居世界第 11 大国,其 95%的鱼产品出口至 130 个国家或地区,为挪威带来巨额的外汇收入,仅次于石油

---

① Icelandic Fisheries. Available at: http://www.responsiblefisheries.is.

和天然气位居挪威出口额的第二位,渔业在国民经济中地位显著。就出口额而言,挪威是世界第二大鱼及鱼产品出口国。挪威渔业也为本国人民提供了很多就业机会,2010年在挪威全职从事渔业捕捞的渔民达9 640名。① 从这些数据不难推断北极及次北极渔业在挪威经济产业中的重要地位。

表2-6 冰岛27渔区渔业年产量及其海洋渔业年总产量对比(2005~2014)②(单位:万吨)

产量\年份	2005	2006	2007	2008	2009	2010	2011	2012	2013	2014
27渔区	165.8	132.3	139.9	128.4	114.2	106	113.8	135.8	136.6	107.7
海洋渔业总产量	166.4	132.7	139.9	128.4	114.2	106	113.8	135.8	136.6	107.7
所占比例	99.6%	99.7%	100%	100%	100%	100%	100%	100%	100%	100%

不难发现,冰岛的27渔区产量即是其全国的海洋渔业总产量。北极及次北极渔业是冰岛渔业的支柱,而渔业又是冰岛经济的重要支柱产业。几年来冰岛渔业产值几乎占其国民经济总产值的10%左右,2013年冰岛有8 600人从事渔业生产。③

由于95%的挪威海洋捕捞产量来自于27渔区,而挪威涉足的27渔区捕捞范围基本位于北极海域及部分次北极海域,因此通过分析挪威海洋捕捞渔获物种类,我们可以大致了解挪威海洋渔业捕捞对象概况,也能从侧面获知27渔区北极及次北极海域的渔业资源状况。表2-7是2006~2009年挪威海洋渔业主要渔获物种类及产量。表中所列的种类均是在2006~2009年间产量达到过1万吨的渔获物,而2006~2009年间挪威海洋渔业产量稳定并处于近年来的高位。

---

① OECD. OECD Fisheries Review 2015. OECD Publisher, 2015.
② 请见"粮农组织"网站。
③ OECD. OECD Fisheries Review 2015. OECD Publisher, 2015.

表 2-7　挪威海洋渔业渔获物种类及年产量(2006~2009)①(单位:万吨)

种类		2006	2007	2008	2009
中上层鱼类	毛鳞鱼 Capelin	0.2	4.1	4.1	23.3
	挪威鳕 Norway pout	1.4	0.5	0.7	3.7
	蓝鳕 Blue whiting	64.2	54	41.8	22.6
	玉筋鱼 Sandeel	0.6	5.1	8.2	2.7
	竹荚鱼 Horse mackerel	2.7	0.5	1.2	7.3
	鲭鱼 Mackerel	12.2	13.2	12.1	12.1
	鲱鱼 Herring	71.1	88.5	102.8	107.1
	黍鲱 Brislin(Sprat)	1.1	1.3	0.4	1.1
鳕鱼及鳕鱼类	鳕鱼 Cod	22.1	21.8	21.5	24.4
	黑线鳕 Haddock	7.1	7.3	7.4	10.6
	青鳕 Saithe	25.7	22.5	22.7	20.2
	单鳍鳕 Tusk	1.4	1.5	1.6	1.4
	鲮鳕鱼 Ling	1.7	1.9	1.9	1.7

---

① Data from FAO. Available at:http://www.fao.org/figis/common/format/popUpImage.jsp? xp_imageid=35620.

(续表)

种类＼年份		2006	2007	2008	2009
鲽鱼及底层鱼	马舌鲽 Greenland halibut	1.3	1	0.9	1
	红鱼 Redfish	1.7	1.4	0.8	0.8
	水珍鱼 Argentine	2.5	1.6	1.3	1.4
其他重要渔获物	虾 Shrimp	3.9	3.7	3.1	2.7

从表 2-7 的数据可知,挪威海洋渔业的主要捕捞对象为鲱鱼、鳕鱼、毛鳞鱼等,虽然有些高经济价值的鱼产品产量不高,但产值高,也构成挪威渔业重要的一部分,这类产品包括虾、鲽鱼等。但是,挪威年际间渔获物品种波动较大,原因在于资源波动及资源调查下所制定的配额的波动。其中,红鱼和蓝鳕的产量下降明显,产量在四年间竟下降 50% 以上,是资源过度捕捞后所遭遇的资源危机。然而,鲱鱼、毛鳞鱼、挪威鳕鱼产量则明显上升,成为挪威渔业的最重要鱼产品,鲱鱼的年产量甚至达到了百万吨以上。鳕鱼和青鳕则是挪威主要鱼产品中产量保持比较平稳的品种。

根据联农组织发布的 27 渔区 2014 年渔业产量数据显示,27 渔区的主要捕捞对象依次为鲱鱼(Herring)、大西洋鲭鱼(Atlantic mackerel)、大西洋鳕鱼(Atlantic cod)、蓝鳕(Blue whiting)、沙丁鱼(Sardine)、马舌鲽(Saithe)、玉筋鱼(Sandeel)、黑线鳕(Haddock)、毛鳞鱼(Capelin)。其中,前四种鱼类种群年产量均过百万吨,除沙丁鱼外的其他四种鱼类种群的年产量均在 20 万～30 万吨之间;沙丁鱼年产量接近 50 万吨,但沙丁鱼的捕捞地点位于中大西洋附近,属于近海暖水性鱼类,不会生存于北极及次北极海域。

数据也同时显示,挪威海洋渔业与27渔区主要捕捞对象高度吻合。

迄今为止针对北极及次北极鱼类种群在气候变化条件下北迁的科学研究并没有给出确切的定论,我们也无从考证上述挪威主要的海洋渔业捕捞对象在气候变化下是否北迁过。Hollowed等人于2013年发表了一篇鱼群北迁至北极海域的实验报告,但是实验鱼群种类数量有限,仅16种,且这16种鱼类种群中8种生存于北极海域北太平洋白令海一侧海域、5种生存于北大西洋巴伦支海与挪威海一侧、3种生存于环北极及次北极海域。这也意味着,在这个实验中有8种鱼类种群生存于挪威周围海域。实验表明,在这8种鱼类种群中,北极鳕(Arctic cod)、红鱼(Redfish)、北极鳐鱼(Arctic skate)、格陵兰鲨(Greenland shark)均显示出极高的北迁可能性;大西洋鳕鱼(Atlantic cod)的北迁可能性不高;马舌鲽(Greenland halibut)与鲱鱼(Herring)的北迁取决于气候变化条件下北极海域海冰融化、海水升温、洄游通道畅通、充足觅食条件等。[1] 结合挪威海洋渔业以及27渔区的主要捕捞对象,可以发现,这些主要捕捞对象均不在科学家实验表明北迁可能性极高的鱼类种群之列。更可悲的是,像北极鳕、红鱼等北迁可能性极高的鱼类种群在北极及次北极海域的捕捞产量近年来近乎为零[2],表明资源枯竭,未来不大可能成为渔业热点;产量丰富的大西洋鳕鱼则北迁可能性低;值得对北极渔业发展期待的是,虽然产量丰富的大西洋鳕鱼、鲱鱼和毛鳞鱼当下北迁可能性不高,但是实验表明在天时地利的条件下,北迁的可能性也会上升。当然,由于科学实验并未针对所有北极及次北极的鱼类种群,在气候变化条件下可能有其他的鱼类种群表现出极高的北迁可能性。然而,从现在的实验结果

---

[1] Anne Babcock Hollowed, Benjamin Planque & Harald Loeng. Potential Movement of Fish and Shellfish Stocks from the Sub-Arctic to the Arctic Ocean. Fisheries Oceanography, 22(5), 2013: 355-370.

[2] 请参阅粮农组织网站各渔区产量统计表。

和捕捞数据综合分析,未来北极渔业的发展确实前景未明。如果未来气候变化条件下北极海域海冰加速融化,海水温度上升,则现在北冰洋边缘海的部分主要捕捞对象北迁的可能性增大,这意味着在天时地利条件下,北极国家中渔产产量最高、海域最靠近北大西洋与北冰洋通道的挪威将是北极渔业发展的最大受益者之一。

5.3 北极渔业的国际合作

粮农组织数据显示,近年来外国渔船在挪威港口卸载的渔获量维持在 20 万～30 万吨,这些渔获物均是双边或多边国际合作协议下外国渔船在挪威海域所捕获的。① 这些国际合作国家一般均为欧洲或欧盟国家,渔获物一般为中上层鱼及鳕鱼或鳕鱼类产品。

之所以欧洲或欧盟国家有机会以国际合作的方式参与北大西洋一侧的北极渔业有如下原因。首先,巴伦支海渔业资源丰富且存在公海,波兰、丹麦、荷兰等国家长期在这些海域从事渔业活动。1975 年 4 月挪威与前苏联签署《渔业事务合作协议》,随之成立了挪威-前苏联渔业联合委员会(注:苏联解体后为挪威-俄罗斯渔业联合委员会;下文以"挪威-前苏联/俄罗斯渔业联合委员会"指代)。为更好地养护巴伦支海渔业资源,该委员会的管辖范围拓展到巴伦支海公海范围,引起了长期在该海域从事渔业活动的远洋渔业国的反对。为了获取管辖权,挪、俄两国同意在各自北极专属经济区为这些远洋渔业国留出一定的渔业捕捞配额。其次,东北大西洋渔业委员会(Northeast Atlantic Fisheries Commission, NEAFC)与西北大西洋渔业委员会(Northwest Atlantic Fisheries Organization,NAFO)分别管辖联农组织界定的 27 渔区与 21 渔区。以西北大西洋渔业委员会为例,其成员包括比利时、丹麦、英国、荷兰、法国、俄罗斯、波兰等 15 个国家,日本以合作非成员的身

---

① 请参阅粮农组织网站关于挪威渔业介绍的网页。

份参加委员会活动。在履行渔业养护责任的同时,成员国也可以入渔该组织管辖范围内的公海海域。因此,在历史背景下,以及现有的国际渔业法下,一些重要的欧洲远洋渔业国或北极地缘优势国与挪威等重要北极渔业国家签署双边、多边、区域性渔业合作协议,从而有机会参与北极渔业活动,但鲜有其他国家以这些方式获得北极入渔的机会。

北极渔业还存在一种特殊的国际合作方式,这种方式存在于斯匹茨卑尔根群岛周围海域。1920年《斯匹茨卑尔根群岛条约》规定,虽然挪威拥有斯匹茨卑尔根群岛"充分和完全的主权",但缔约国在遵守挪威法律的前提下,可以自由进出该群岛地域及周边水域,从事一切"海洋、工业、矿业和商业活动",这也意味着缔约国拥有这个北极海域特定区域的捕鱼权。虽然理论上我国作为该条约的缔约国可以自由进入该群岛附近海域从事渔业活动,但是实际操作上却是不现实的。渔业作为产业需要创造经济利益,我国离北极路途遥远,不大会实践高成本的、远离本土的、还未成一定规模的北极圈内的北极渔业。总体而言,北极渔业活动一般在北极各国专属经济区进行,也就意味着北极5国是北极渔业活动的主要作业者。根据双边、多边、区域性协议在北极海域从事捕捞配额剩余部分的国家则少之又少。同样,我国远洋捕捞业在北极海域涉足甚少。

我国鲜有参与真正意义上的北极渔业,但参与过靠近次北极海域的北太平洋和北大西洋渔业活动。自20世纪80年代末起,我国参与北大西洋及白令海远洋渔业。其中,在白令海主要从事狭鳕捕捞,但出于资源养护目的,1993年起白令海狭鳕捕捞暂停,迄今未开放。

现阶段,通过与相关北极国家之间的国际合作,我国在北极海域仅开展了极小规模的远洋捕捞。中国渔业集团曾赴法罗群岛海域捕捞中上层鱼。近年来,有格陵兰渔业公司在获得本国捕捞配额后,租赁中国水产公司的渔船入渔格陵兰周围海域,支付中国渔船相应的租赁费;租赁的中国渔船数量极少,渔获物基本是鲭鱼,且格陵兰渔业公司安排渔获物的卸载及销售,中国渔船仅参与捕捞作业,获取渔船租赁费和捕捞劳务费。①

  随着天气变暖,北太平洋和北大西洋的鱼类种群可能循北而上,在北极海域形成新的渔场的可能性还是存在。唐建业认为,鉴于我国的远洋渔业能力,未来北极渔业如果得以发展,我国应该把关注点放在北太平洋一侧的北极渔业,一来因为我国远洋渔船更容易到达该海域,二来因为我国在北太平洋有捕捞实践经验,且在北太平洋进行捕捞作业的渔船根据季节差比较容易北上进入北极海域进行渔业生产。②

---

  ① 本消息来自于参与格陵兰渔业公司与中国相关水产公司渔船租赁法律事务谈判的律师与本人的非正式谈话内容。
  ② 唐建业,赵嵌嵌.有关北极渔业资源养护与管理的法律问题分析.中国海洋大学学报(社会科学版),2010(5):11-15.

第三章 北极渔业管理

气候变化条件下的北极经历着重大的生态环境变化,北极理事会发布的《北极气候影响评估报告》(Arctic Climate Impact Assessment, ACIA)也印证了这一点。[①] 气候变暖,人类的北极活动日益频繁,北极自然资源的开发与管理也持续受关注。除了油气勘探开采、航道通行外,近年来北极渔业也逐渐成为关注热点,究其原因在于气候变化条件下的北极渔业具有发展潜力。

现阶段,北极渔业管理呈现比较复杂的局面,原因不外乎北极复杂的自然及政治环境。北极海域生态环境特殊且多样,使北极渔业发展参差不齐,巴伦支海、挪威海、哈德逊湾等是世界有名的渔场,虽然气候变化条件下的北冰洋渔业备受关注,但其渔业并未得以发展,渔业产量微乎其微,甚至在北冰洋中央公海由于经年海冰商业渔业并未真正开展。除了发展参差不齐外,北极渔业还处于动态发展中,渔业前景并未真正明确,通过监测气候变化对北极海域生态环境、鱼类种群习性等的影响才能预测其前景如何,然而现在的监测还未能给出完全的科学数据。北极"陆地包围海洋"的地形特色使大部分北极海域处于各北极国家管辖之下,然而各国的北极渔业政策和管理理念各具特色。除了国家管辖下的北极渔业外,北极还存在公海渔业,备受国际社会关注。国际法赋予国际社会参与北极公海渔业科学调查与研究、参与北极公海渔业管理

[①] ACIA. Arctic Climate Impact Assessment. New York: Cambridge University Press, 2005.

机制构建的权利。

本章将首先介绍北极政治环境,了解它对北极渔业管理的潜在影响。然后,本章将全面介绍北极渔业管理的现状,北极渔业管理实践中展现的亮点以及面临的挑战,并探讨北极渔业管理的发展趋势。

1. 北极政治环境

早于2000多年前,人类就开始了首次北极探索,之后人类几乎从未停止过北极的冒险之旅。对北极的探索源于商业利益、民族光荣以及冒险精神。由于冰封环境,很长时间以来北极远离世人的视线。"二战"期间,北极海域成为盟国之间运送军用物资的便捷通道。然而,"冷战"开始后,北极被称为世界两大阵营军事对抗的最前沿阵地,军事战略地位的重要性陡增。但随着"冷战"结束,北极归于短暂的平静。该平静局势于2007年8月被俄罗斯科考队北极点海底"插国旗"的举动打破,美国、加拿大、挪威、丹麦等环北极国家公开强烈反对俄罗斯这种宣示主权意味浓重的"插国旗"行为。

北极存在一些领土主权及海洋权益争端,有些已经得到妥善解决,有些则悬而未决。挪威与俄罗斯的巴伦支海划界争端已经得到妥善解决。两国于2010年达成了划界协议,且延续划界前两国渔业联合委员会协调下的巴伦支海渔业合作,北极双边合作精神得以很好体现。但是,更多的北极海洋争端仍悬而未决。1920年签署的《斯匹茨卑尔根群岛条约》承认挪威对斯匹茨卑尔根群岛拥有充分和完全的主权,但条约缔约国的船舶和国民有权在斯匹茨卑尔根群岛及其领水内行使捕鱼和打猎的权利。随着1982年《联合国海洋法公约》签署,围绕斯匹茨卑尔根群岛的争端日益尖锐,就领海宽度、缔约国权利是否延伸到专属经济区和大陆架各方争执不下。一旦北极渔业得到长足发展,缔约国在群岛周围海域的渔业活动将有可能引起争端。北极地区存在比较多的海洋划界争端。虽然加拿大、丹麦于1973年在内尔斯海峡达成中间线海洋划界的协议,但对中间线附近的汉斯岛的主权归属却存在严重分歧,迄今未得到妥善解决。美国和前苏联关于白令海和楚科奇海的划界条约也于1990年6月得以签署。该条约已经获得美国国会批准,但俄罗斯当局迄今未批准该条约。北极还存在其他悬而未决的海洋划界争端,比如美国和加拿大的波弗特海划界、冰岛与法罗群岛之间的划界等。这些争端连带着引发两个国家/地区之间的渔业争端。北极地区另一海洋权益争端集中体现在200海里外大陆架的权属问题,北极5国均涉及其中,俄罗斯、挪威等已经纷纷向大陆架界限委员会提交了北极大陆架划界案。北极外大陆架划界将深刻影响北冰洋中央公海海底区域的面积。北极地区存在的领土和海洋权益争端一定程度上使北极国家之间处于一种微妙的政治及经济利益关系之中。可以预见,未来在开展北极渔业开发和合作时,北极国家之间也会或多或少会受到这些争端的影响,他们不仅要应对彼此之间的北极权益的平衡,还要应对来自于非北极国家的北极兴趣,而这种兴趣总是被北极国家解读为对他们北极权益的一种潜在威胁。

　　为了共同的利益和北极的和平,北极国家之间签署有不同的双边或多边协议,进行各领域的北极合作。比如,之前提及的挪威-前苏联/俄罗斯渔业联合委员会就两国巴伦支海海域渔业资源进行共同合作管理。美国和前苏联就白令海和楚科奇海达成划界协议后,由于划界线不是中间线,美国同意向前苏联/俄罗斯作出一些渔业和海洋资源方面的配额补偿。冰岛和挪威于1981年10月签订《关于冰岛和扬马延岛之间的大陆架协定》,双方同意在大陆架划界分界线附近的区域内进行石油勘探与开发合作。因此,可以预见未来北极渔业得到发展,北极国家之间围绕渔业将会签署更多的双边或多边协议以协调渔业权益争端,并开展渔业合作。

根据《联合国海洋法公约》,北极8国拥有大部分北极海域的管辖权。总体而言,北极国家执行着各自的北极政策,北极地区基本呈现出"碎片式"的管理模式。该种模式具有优势,北极国家通过国内立法有效进行北极管理;又有劣势,"碎片式"管理不利于北极地区统一制度及标准的制定,各国自行其是,产生政策制度上的不连贯和不协调。

气候变化条件下的北极产生了一些国际社会共同关注的热点,比如海洋环境保护、渔业发展、渔业管理机制的构建等。统一的北极管理制度有利于更好地应对北极地区统一存在的环境问题或资源管理问题,但是,现阶段这种统一的管理机制并未在北极存在。在北极,最具影响力的国际合作平台就是北极理事会。在成立之初,北极理事会即被定性为"政府间的国际论坛"。虽然北极理事会曾经制定了具有法律约束力的《北极搜救协定》和《北极海洋石油污染预防与应对合作协定》,但其"论坛"性质并未改变,仅能提供各国就北极事务进行交流的平台。未来是否能制定更多具有法律约束力的协议,则更多地取决于北极理事会功能的转型。另外,并没有足够的证据证明北极理事会关注北极渔业事务,仅其协调下的北极环境监测与评估项目在对北极海洋生物资源进行勘探时涉及渔业资源调查;其对北极渔业有限的关注也仅从北极海域生态环境保护视角出发,并没有真正关注北极渔业管理事务。而且,北极8国是北极理事会的成员国,由于观察员不具有表决权,北极8国基本主宰了理事会各项决策。随着国际社会对气候变化条件下的北极资源可开发性的关注,非北极国家与其他国际、区域性组织参与北极事务的呼声将不断加大,北极理事会的功能是否有所转变及北极8国是否能以开放态度欢迎非北极国家的参与都值得国际社会拭目以待。

2. 国际社会围绕北极渔业开展的重要活动

北极渔业是近年来出现的新的北极热点问题，根本原因在于气候变化条件下的北极渔业具有了发展潜力。虽然北极理事会在其 2007 年的部长级会议上公开表示不涉足北极渔业事务，但是北极理事会利用其北极地区最大的政府间论坛的角色，从 21 世纪初开始就筹划针对气候变化、北极生物多样性等方面的各项评估工作，为对北极渔业动态发展的分析、北极渔业管理制度的制定提供了相当全面并精确的信息。2004 年北极理事会协调下开展的北极气候影响评估项目预测未来 5～50 年内北极无冰之夏即将到来，美国国家冰雪数据中心发布的数据也显示北极海冰覆盖范围整体呈下降趋势。这是国际社会对气候变化条件下的北极的最初印象。北极不再是遥不可及的冰封区域；相反，随着海冰融化，北极正在无限可接近，这意味着北极资源开发的可能性也无限上升。2010 年北极理事会与北极动植物保护组织发布了《北极生物多样性趋势报告》。报告印证了气候变化对北极生物多样性带来的深刻变化。这些变化在带来北极生态保护挑战的同时，也带来了北极生物多样性发展的潜力。这些围绕北极做出的科学评估与预测让国际社会的目光聚焦北极，北极的资源利用和环境保护因而成为国际社会关心的热点问题，而北极渔业是继北极油气资源开发、航道开通之后的又一北极热点。

科学界对北极渔业事务也十分关注。2012 年 4 月在加拿大蒙特利尔召开的国际极地年会议上，来自于世界 67 个国家的 2 000 名科学家联名发布公开函，呼吁并强烈倡导在未制定相应渔业资源管理制度的北极海域实行禁捕。公开函还提议北极国家应以身作则以预防性措施理念制定相应的北冰洋中央公海渔业管理制度,且认为这种管理制度应该具有动态性。① 这些科学家倡导禁捕的初衷应该是用预防性措施的理念保护北极海洋生态,预防"管理制度尚未形成,而生态破坏已然造成"的悲剧发生。但是,我们也注意到,在这 2 000 多名科学家中,超过 60%的人员来自于北极国家,因此这样的禁捕呼吁一定程度上反映了北极国家抵制其他非北极国家介入北极渔业事务的心态。

围绕着北极渔业及渔业管理国际社会开展了主题各异、参与者各异的各类会议。会议主题大致分为政策性、科学性两大类,参与者或仅限于北极国家,或扩展为北极国家与非北极国家。下面介绍以北极渔业为主题的几个重要国际会议。

从 2008 年北极 5 国首次就北极事务召开联盟会议以来,北极国家针对北极渔业召开过数次正式的外交会议,出席国家仅限于北极 5 国。② 2008 年 5 月,北极 5 国外交部长在首次联盟会议结束之后发表了"伊卢利萨特宣言",指出北冰洋独特的生态系统,认为现有海洋法足以解决北冰洋相关问题,明确北极 5 国由于地缘关系在北冰洋事务中拥有特别重要的地位。③ 2010 年 3 月北极 5 国外交部长再次聚首于加拿大魁北克省,会议内容是 2008 年会议内容的重申与强调。④ 2010 年 6 月起,北极 5 国联盟内部会议开始专

---

① More than 2,000 Scientists Worldwide Urge Protection of Central Arctic Ocean Fisheries. Available at http://www.pewtrusts.org/en/about/news-room/press-releases/2012/04/22/more-than-2000-scientists-worldwide-urge-protection-of-central-arctic-ocean-fisheries.

② Min Pan, Henry P. Huntington. A Precautionary Approach to Fisheries in the Central Arctic Ocean: Policy, Science, and China. Marine Policy, 63, 2016: 153-157.

③ The Ilulissat Declaration, issued by the Five Arctic Ocean Coastal States at Arctic Ocean Conference held at Ilulissat, Greenland, 27-29 May 2008. Available at: http://www.oceanlaw.org/downloads/arctic/Ilulissat_Declaration.pdf.

④ Chairman's Summary, issued by the Arctic Ocean Foreign Ministers' Meeting held at Chelsea, Canada, 29 March 2010. Available at: http://www.mid.ru/brp_4.nsf/0/5E2FEF2614D7AE2BC32576F600592DE5.

注北极渔业事务。该联盟会议由北极5国高级政府官员参加,与会者同样仅限于北极5国。值得注意的是,从2015年奥斯陆会议开始,北极5国会议结束后的主席宣言表明这是针对北冰洋中央公海海域渔业的会议,而在这之前所有的会议在主席宣言中仅笼统被称为北极渔业会议,可见近几年北极5国已经把目光聚焦于北冰洋中央公海海域。表3-1罗列了北极5国历次北极渔业联盟会议的基本信息和会议主要内容。

表3-1 北极5国历次北极渔业联盟会议(2010~2015)

时间	地点	主要内容
201006	挪威奥斯陆	2008年"伊卢利萨特宣言"内容的重申与强调;强调加强北极渔业资源及北极海洋生态科学研究和调查的重要性;强调北极5国在北冰洋渔业管理中的特殊性和重要性。该会议是在美国2008年提出就北冰洋高度洄游和跨界鱼类种群养护达成相关国际协议的倡导下举行的[①]
201304	美国华盛顿	2010年6月北极渔业联盟会议内容的重申与强调;认为北冰洋中央公海渔业不大可能在不久的将来得以发展,但仍需采取临时措施阻止未来北冰洋中央公海非法、未报告、无管制渔业行为(Illegal, Unreported and Unregulated Fishing,以下简称"IUU")现象的出现;现阶段无须成立北冰洋中央公海区域性渔业管理组织;强调北极5国在北冰洋中央公海渔业管理中的特殊性和重要性[②]

---

① Chairman's Summary, issued by the Arctic Ocean Foreign Ministers' Meeting held at Oslo, Norway, 22 June 2010. Available at: https://www.regjeringen.no/globalassets/upload/UD/Vedlegg/Folkerett/chair_summary100622.pdf.

② Chairman's Statement, issued by the Five Arctic Ocean Coastal States at Meeting on Future Arctic Fisheries held at Washington, USA, 29 April-1 May 2013. Available at http://www.state.gov/e/oes/rls/pr/2013/209176.htm.

(续表)

时间	地点	主要内容
201402	格陵兰努克	2013年4月北极5国北极渔业联盟会议内容的重申和强调;北极5国联盟内部达成一致,共同推进在北冰洋中央公海防止无管制捕捞活动的临时措施①
201507	挪威奥斯陆	2014年2月北极5国北极渔业联盟会议内容的重申和强调;北极5国达成内部协议,执行北冰洋中央公海防止不管制捕捞活动的临时措施②

至此,北极5国内部达成了内部协议,一致同意北冰洋中央公海防止不管制捕捞活动的临时措施。该临时措施对北极5国不具备法律约束力,北极5国也仅表达本国遵守该临时措施的愿望,③该措施更不具备国际法律约束力。北极5国在上述会议中多次重申,鉴于地缘关系他们在北冰洋渔业管理中具有特殊的重要地位;现阶段在北冰洋中央公海无须成立区域性渔业管理组织;在未来恰当的时候,对北冰洋中央公海渔业感兴趣的其他国家将被邀请参与其主导的北冰洋中央公海渔业会议。由此可见,北极5国在北极渔业管理甚至北冰洋中央公海渔业管理方面展现出了明显

---

① Chairman's Statement, issued by the Five Arctic Ocean Coastal States at Meeting on Arctic Fisheries held at Nuuk, Greenland, 24-26 February 2014. Available at: http://www.pewtrusts.org/~/media/Assets/2014/09/ArcticNationsAgreetoWorkon-InternationalFisheries-Accord.pdf? la=en.

② Chairman's Statement, issued by the Five Arctic Ocean Coastal States at Meeting on Arctic Fisheries held at Oslo, 16 July 2015. Available at: https://www.regjeringen.no/globalassets/departementene/ud/vedlegg/folkerett/declaration-on-arctic-fisheries-16-july-2015.pdf.

③ Chairman's Statement, Chairman's Statement, issued by the Five Arctic Ocean Coastal States at Meeting on Arctic Fisheries held at Oslo, 16 July 2015. Available at: https://www.regjeringen.no/globalassets/departementene/ud/vedlegg/folkerett/declaration-on-arctic-fisheries-16-july-2015.pdf.
"We therefore intend to implement, in the single high seas portion of the central Arctic Ocean that is entirely surrounded by waters under the fisheries jurisdiction of Canada, the Kingdom of Denmark in respect of Greenland, the Kingdom of Norway, the Russian Federation and the United States of America, the following interim measures..."

的、强烈的"领导者"地位的诉求。我们将在之后的章节分析北极5国北冰洋中央公海渔业管理"领导者"地位诉求的合法性。

　　2015年7月会议达成北冰洋中央公海防止无管制捕捞活动的临时措施之后，北极5国急于向国际社会推广上述管理理念和举措。至本书截稿时（2017年3月），已经连续召开了五次北冰洋中央公海渔业会议，会议均邀请了中国、欧盟、冰岛、日本、韩国5个国家/地区参加。在它们中间，中国、日本和韩国是重要的潜在远洋渔业国，同时也是非北极国家中的"近北极国家"；冰岛地处北极地区，却是首次被邀请参加北极5国主导的北冰洋中央公海渔业会议；欧盟代表了其他的一些北极国家，也代表了一些传统在北极海域开展渔业活动的其他欧洲国家。本书中把由上述5个国家/地区共同参与的北冰洋中央公海渔业会议叫做"5＋5北冰洋中央公海渔业扩大会议"，意指该会议与会人员由北极5国扩展到其他的国家/地区。这五次会议分别于2015年12月与2016年4月在美国华盛顿、2016年7月在加拿大努那瓦特省伊卡卢伊特、2016年11～12月在法罗群岛托沙芬、2017年3月在冰岛雷克雅未克举行。会议旨在向更多国家推销北冰洋中央公海防止无管制捕捞活动的临时措施，希冀达成约束性的国际协议。相对而言，前三次的5＋5会议处于比较胶着状态。从三次会议的主席声明可以看出，北极5国与其他受邀5国家/地区并没有达成协议[1]，可见两大阵

---

[1] Chairman's Statement, issued by 5＋5 at Meeting on High Seas Fisheries in the Central Arctic Ocean held at Washington, D. C., USA, 1-3 December 2015. Available at: http://naalakkersuisut. gl/~/media/Nanoq/Files/Attached% 20Files/Udenrigsdirektoratet/Chairmans% 20Statement% 20from% 20Washington% 20Meeting% 20December%202015. pdf; Chairman's Statement, issued by 5＋5 at Meeting on High Seas Fisheries in the Central Arctic Ocean held at Washington, D. C., USA, 19-21 April 2016. Available at: https://www. afsc. noaa. gov/Arctic fish stocks_fourth_meeting/pdfs/Chairman's_ Statement _ from _ Washington _ Meeting _ April _ 2016-2. pdf; Chairman's Statement, issued by 5＋5 at Meeting on High Seas Fisheries in the Central Arctic Ocean held at Iqaluit, Canada, 6-8 July 2016. Available at: http://naalakkersuisut. gl/~/media/Nanoq/Files/Attached% 20Files/Fiskeri _ Fangst _ Landbrug/Eng/Chairmans%20Statement%20from%20Iqaluit%20Arctic%20HS%20Meeting%20July%202016. pdf.

营之间就各自的北极渔业权益还存在一定的意见分歧。但是，2016年托沙芬会议却显示出双方谈判的重大进步。虽然，与会各方并未就区域性渔业管理组织或安排的成立达成一致，但是会议主席声明明确指出，各方需就启动组织或安排成立的谈判的条件进行广泛讨论，并就机制构建中的决策过程进行广泛讨论。① 意味着，未来相关组织或安排的成立已被提上日程，针对北冰洋中央公海渔业管理的决策也将有更多的利益攸关方共同参与。2017年雷克雅未克会议除了重申2016年托沙芬会议的重点外，甚至认为，在未来启动组织或安排成立谈判的同时也应探讨防止无管制捕捞活动临时措施之外的其他养护与管理措施。② 因此，上述两次5+5会议传达出两大阵营即将就相关协议达成一致的强烈信号，这与北极5国的态度转换不无关系。从两次会议的主席声明可以看出，与之前强硬态度不同，北极5国在区域性渔业组织或安排的成立、机制构建中的决策过程、防止不管制捕捞活动的禁捕临时措施方面均表现出妥协性。可以认为，历次5+5会议展现了两大阵营博弈的过程，本着国际合作的精神，双方均做了一定程度的妥协，而北极国家所希望的北极事务"地区化"并没有出现，相反却呈现出北极事务"国际化"的趋势。

上述北极5国主导的北冰洋中央公海渔业会议由各国政府官员参与，虽然也有相关科学家参与，但是会议主题比较偏向于政策制定，政治色彩较为浓厚。在上述会议之外，北极5国也同时主导召开针对北极渔业的科学会议，参会人员主要为北极5国及中国、

---

① Chairman's Statement, issued by 5+5 at Meeting on High Seas Fisheries in the Central Arctic Ocean held at Tórshavn, The Faroe Islands, 29 November - 1 December 2016. Available at: http://arcticjournal.com/press-releases/2733/meeting-high-seas-fisheries-central-arctic-ocean.

② Chairman's Statement, issued by 5+5 at Meeting on High Seas Fisheries in the Central Arctic Ocean held at Reykjavik, Iceland, 15-18 March 2017. Available from Chinese delegates present at this meeting.

冰岛、韩国、日本等重要远洋渔业国的渔业相关科学家。迄今为止，北极渔业科学会议共举行过四次，分别于2011年6月在美国阿拉斯加、2013年10月在挪威特罗姆瑟、2015年7月在美国西雅图、2016年9月在挪威特罗姆瑟举行。会议内容主要是北极渔业资源动态、北极渔业科学调查与研究活动介绍与信息交流、亟待完善的北极渔业信息、未来北极渔业科学调查与研究的重点、科学调查与研究的国际合作等。① 北极渔业科学会议旨在为北极渔业管理制度的制定提供可靠、及时的、全面的科学信息。

北太平洋北极会议（North Pacific Arctic Conference）是另一个影响比较广泛、涉及诸多北极事务的国际会议。② 该会议每年举行，2011年在美国夏威夷举行了首届会议。最初会议发起者为韩国交通研究院（Korea Transport Institute）、韩国海洋水产开发院（Korea Maritime Institute）、东西中心（East-West Center）。东西中心是一所致力于东西方文化和技术交流的教育研究机构，由美国国会于1960年建立，旨在建立亚洲国家、太平洋国家、美国之间的纽带和加强了解。东西中心总部位于夏威夷。从会议主办方背景资料就可知，北太平洋北极会议旨在增强包括韩国在内的重要亚洲国家与北太平洋北极国家（美国、加拿大、俄罗斯）之间就北极事务的沟通和交流，特别是重要亚洲国家（比如韩国、中国、日本）在北极治理和开发中的角色，以及它们为北极可持续发展可以作

---

① Report of a Meeting of Scientific Experts on Fish Stocks in the Arctic Ocean held at Anchorage, USA, 15-17 June, 2011. Available from an academic partner; Report of the Second Scientific Meeting on Arctic Fish Stocks held at Tromso, Norway, 28-31 October 2013. Available at: https://docs.google.com/file/d/0B3KmDd5a2QBOV1lIT29aX0RwdlU/edit? pref=2&pli=1; Final Report of the Third Meeting of Scientific Experts on Fish Stocks in the Central Arctic Ocean held at Seattle, USA, 14-16 April 2015. Available at: https://www.afsc.noaa.gov/Arctic_fish_stocks_third_meeting/meeting_reports/3rd_Arctic_Fish_Final_Report_10_July_2015_final.pdf.

② North Pacific Arctic Conference. Available at: http://www.eastwestcenter.org/research/research-projects/north-pacific-arctic-conference.

出的贡献。与会人员一般来自上述亚洲国家与北极国家,他们中既有北极科学家、北极政策与法律研究者,也有政府人员、企业人员、民间组织和民间人士。讨论的话题比较广泛,涉及北极治理、北极开发、北极与全球化等。北太平洋北极会议的主题每年各异,但均指向国际社会普遍关心的北极问题。从2011年起的六次会议主题分别为北极变化、北极海洋事务、北极未来、北极国际合作、广阔世界里的北极、北极新兴事务及政策应对。虽然主题各异,但历年北太平洋北极会议的宗旨不变,那就是强调北极可持续发展的重要性;无论周围世界如何变迁,缔造"和平、安全、可持续发展的北极"的初衷不变。由于与会人员来自于重要的北极国家与重要的亚洲国家,且讨论的主题涉及北极治理与开发等诸多方面,该会议引起众多北极政策和战略研究者的关注,因为重要亚洲国家参与北极事务的路径、为北极可持续发展作的贡献均是国际社会非常关注的问题,而北极国家如何看待及应对亚洲国家的北极参与也是大家历来关心的问题。

一些非政府组织及机构对北极渔业问题也高度关注,皮尤研究中心就是其中之一。皮尤研究中心是美国一个独立性民间机构,总部设于华盛顿特区,关注影响美国乃至世界的问题,北极渔业是该中心近年比较关注的问题。在该中心的协调下,由相关科研或教育机构组织开展了两次以北冰洋中央公海渔业管理为主题的圆桌会议。首次会议于2015年1月在我国上海举行,由上海同济大学与加拿大女王大学共同组办,与会者来自于美国、加拿大、俄罗斯、丹麦(格陵兰)、冰岛等北极国家以及中国。第二次会议于2016年3月在韩国仁川举行,由韩国极地研究所、加拿大女王大学、中国上海同济大学共同组办,与会者除了来自美国、加拿大、俄罗斯等重要北极国家外,也有来自韩国、中国、日本等重要亚洲国家的。北冰洋中央公海渔业管理圆桌会议主要围绕以下主题开展讨论与交流:北极渔业的动态发展、北极渔业的科学研究与调查、北极渔业管理制度的制定、非北极国家在北极渔业管理中的角色、全球化中的北极国际合作。由于与会者基本来自于各个科研及教育院所,圆桌会议讨论与交流主题比较偏向于学术性,从自然科学及社会科学角度解析北极渔业管理面临的挑战以及未来北极渔业管理的走向。

当然,围绕北极渔业在不同领域举行着不同层次的各类会议,但是本小节中介绍的各个会议具有一定代表性,与会人员不仅来自于北极国家,也来自于非北极国家;不仅涉及政策研究,也涉及科学研究。从与会者身份和会议主题,我们也可以大致看出对北极渔业发展高度重视的利益攸关方对北极渔业管理的关注程度。

3. 北极国家的北极渔业管理

大部分的北极海域处于北极5国专属经济区管理制度之下,各国在北极海域执行各自的北极渔业政策。本节将介绍北极国家的渔业管理政策与理念。其中,将重点介绍美国、加拿大的北极渔业管理政策与理念,以及挪威的渔业管理机构和管理举措。美国是预防性措施理念指导下最严格的渔业管理实践者,加拿大则体现了分区域的个性化渔业管理理念。挪威未来可能成为北极渔业发展的重要的潜在受益者,挪威北极战略文件中均提及对包括渔业在内的海洋可再生资源的可持续利用,①但挪威至今并未发表明确的北极渔业政策文件。鉴于挪威的渔业几乎就在巴伦支海、挪

---

① 请参阅挪威于2005年发布的《北方的机遇与挑战》(*Opportunities and Challenges in the North*)、2006年发布的《挪威政府的北极战略》(*Norwegian Government's High North Strategy*)、及2009年发布的《北方的新进展:挪威政府北极战略的下一步》(*New Building Blocks in the North: the Next Step in the Government's High North Strategy*)。

威海等北极海域开展,其渔业管理制度就是其北极渔业管理所遵循的规则。所以,通过介绍挪威普遍性的渔业管理措施,可以深入探究挪威严谨的渔业管理体系。未来北极渔业得以发展,挪威必定是积极的渔业作业者,除了这些普遍性管理措施,相信挪威还将出台针对性更强的北极渔业管理制度。

3.1 美国的北极渔业政策

美国是北极渔业管理中的"另类派"和"激进者"。鉴于20世纪90年代中白令海狭鳕资源由于管理不善而严重枯竭的前车之鉴,美国采纳了北太平洋渔业管理委员会(North Pacific Fishery Management Council,NPFMC)的建议,从2009年起执行"北极渔业管理计划",[1]在未获取足够信息证明北极渔业可以实现可持续发展之前,决定在其阿拉斯加沿岸外的北极专属经济区执行禁捕政策,另外,在楚科奇海、波弗特海等的北极专属经济区也同样执行渔业禁捕政策。并且,美国积极倡导其他北极国家采纳类似的禁捕政策,但响应者寥寥。因此,美国是北极渔业管理预防性措施理念的坚定执行者。早在2007年,美国参议院就通过有关决议,呼吁北极各国就北冰洋跨界、高度洄游鱼类种群的养护与管理进行合作,签署相关合作协议或成立区域性组织以开展更为协调统一的北极渔业管理制度。[2] 同年,美国在北极理事会部长级会议上提出该呼吁时,北极理事会不予以理会,理由是其不涉足渔业事

---

[1] North Pacific Fishery Management Council. Fishery Management Plan for Fish Resources of the Arctic Management Area. 2009. Available at: http://www.npfmc.org/wp-content/PDFdocuments/fmp/Arctic/ArcticFMP.pdf.

[2] US Senate Joint Resolution No. 17 (S. J. Res. 17 - A joint resolution directing the United States to initiate international discussions and take necessary steps with other Nations to negotiate an agreement for managing migratory and transboundary fish stocks in the Arctic Ocean). Available at: https://www.congress.gov/bill/110th-congress/senate-joint-resolution/17/text.

务,表明北极其他国家对北极禁捕政策的不认同,也表明作为北极地区最重要政府间论坛的北极理事会当时并无意成为协调北极渔业管理的平台。2008年6月,美国通过了上述参议院第17号联合决议,再次要求美国和其他北极国家之间就北冰洋跨界、高度洄游鱼类种群进行广泛的国际谈判,并建立相应的区域性渔业管理组织协调相关事宜。2010年开始,北极5国的北极渔业会议也是在美国的极力推动下才得以连续召开的,从最初的关注"北极渔业"到2015年开始专注于"北冰洋中央公海海域渔业",并最终在2015年奥斯陆会议上5国达成防止无管制捕捞活动的临时措施。所以,美国是北极海域禁捕政策的发起者、推动者和实践者。并且,北极5国也是在美国的协调下组成联盟,以自居的"领导者"身份率先启动了北冰洋中央公海渔业管理机制构建的过程。

3.2 加拿大的北极渔业合作与管理

加拿大在北极拥有浩瀚的海域,但是鉴于现阶段北冰洋渔业在北极国家渔业产业中微乎其微的地位,本小节中的加拿大北极渔业基本指的是北冰洋边缘海海域发生的渔业活动。加拿大北极渔业管理与养护举措中,与北极邻国之间开展的双边合作是亮点之一。本节通过介绍加拿大与格陵兰在巴芬湾与戴维斯海峡、加拿大与美国在北太平洋的渔业合作,以及加拿大的一些颇具创新性的渔业养护举措,分析加拿大的北极渔业政策与理念,同时也探讨加拿大北极渔业管理与发展所面临的挑战。

3.2.1 加拿大的北极渔业国际合作

(1)通过区域性渔业组织开展的北极渔业国际合作。

西北大西洋渔业组织(Northwest Atlantic Fisheries Organization,NAFO)和北大西洋鲑鱼养护组织(North Atlantic Salmon Conservation Organization,NASCO)均是北极相关的区域性渔业组织。这些组织管辖范围包括部分北极边缘海海域,养护对象针对一些北极渔业的重要捕捞对象,包括加拿大与它的两个重要北极邻国丹麦(格陵兰)、美国在内的所有北极国家均是上述组织的成员。一般而言,区域性渔业组织针对的是跨界及高度洄游鱼类种群,这些鱼类种群一般出现在几个国家的专属经济区,或者既出现在专属经济区内又出现在公海,这些鱼类种群的经济价值一般都很高。另外,区域性渔业组织是提供相关国家开展渔业国际合作的最好平台,协调各国之间的渔业养护与管理。通过这些区域性渔业组织,加拿大积极开展北极渔业国际合作。

西北大西洋渔业组织于 1979 年成立。以该组织为平台,加拿大与丹麦(格陵兰)就巴芬湾、戴维斯海峡的马舌鲽(Greenland Halibut)资源养护开展了广泛的双边合作。马舌鲽是经济价值相当高的渔业资源,从 20 世纪 90 年代开始成为加拿大与丹麦(格陵兰)在该海域的重要捕捞对象。随着资源状况的变化,马舌鲽渔业政策也随之变化,但加、丹两国之间的渔业合作却一直得以很好的传承。

图 3-1 是粮农组织发布的 21 渔区分布图,其中的 0 和 1 分区就是加、丹两国开展广泛渔业合作的巴芬湾和戴维斯海峡海域。其中,0 分区是巴芬湾海域,1 分区是戴维斯海峡海域。为了更有效地养护既出现在加拿大管辖海域又出现在丹麦(格陵兰)管辖海域的马舌鲽鱼类种群,从 2006 年起两国共同制定针对 0 和 1 分区的马舌鲽总可捕捞量;总可捕捞量一旦确定后,由两国之间进行均分。总可捕捞量是在资源评估的前提下制定的,因此每年的总可捕捞量均有变化。在资源显现出下降迹象时,两国立即降低总可捕捞量以最大限度养护资源的可持续发展。20 世纪 90 年代中后期开始,由于戴维斯海峡马舌鲽渔业资源出现下降趋势,两国把部分捕捞努力量转移至巴芬湾海域。在加、丹两国的双边合作下,0 及 1 分区的马舌鲽资源总体维持在平稳状态。因此,加、丹两国在北大西洋就马舌鲽开展的双边合作是渔业合作的典范。如果没有双方落到实处的管理和养护措施,针对马舌鲽这种高经济价值的鱼

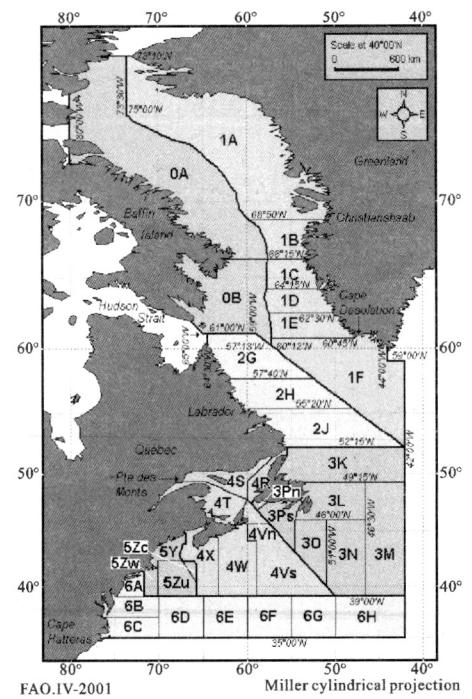

图 3-1　粮农组织发布的 21 渔区分布图①

类种群的捕捞行为很容易会走向不规范,从而造成资源枯竭。

北大西洋鲑鱼养护组织于 1984 年成立,成立的宗旨就是通过国际合作的方式共同养护北大西洋鲑鱼资源。为了养护日益呈现衰竭趋势的鲑鱼资源,北大西洋鲑鱼养护组织出台了相应的措施,比如对第三方渔业行为的规范和限制、预防性举措、生境保护、资源修复、科学研究和调查等。美国早在 20 世纪 40 年代末就已经在本国专属经济区执行鲑鱼禁捕政策,加拿大也随之于 20 世纪 90 年代起执行相同的禁捕政策;丹麦(格陵兰)也规定,在其西海岸海域的鲑鱼捕捞仅限于供应当地居民的消费。虽然美国、加拿大、丹麦

---

① 请参阅"粮农组织"网站。

(格陵兰)这几个重要的北大西洋鲑鱼养护组织成员国秉承国际合作的精神,采取了禁捕或限捕等养护措施,但是北大西洋鲑鱼资源养护成果甚微。国际海洋开发委员会(International Council for the Exploration of the Sea,ICES)针对大西洋鲑资源于2011年开展的评估显示,鲑鱼资源并未得以恢复到理想状态,甚至在某些海域鲑鱼资源处于其历史最低水平。[①] 究其原因,针对北大西洋鲑鱼养护的国际合作可能并未得以切实执行。冰岛在2009年退出了该组织;法国(圣皮埃尔和密特隆岛)至今不是该组织成员;丹麦(格陵兰)虽然限制鲑鱼渔业仅用于当地消费,但在真正的渔业实践中,超过捕捞限额的渔业行为得不到有效监控,当地消费之外的鲑鱼销售也并未得到有效遏制。从北大西洋鲑鱼养护组织的实践经验表明,虽然加拿大、美国等国的禁捕政策展现了其资源养护的决心,但仅凭这些国家的个体行为很难达到养护的最终目标。为更好养护鲑鱼资源,作为国际合作典范的加拿大必须开展更广泛的、基于成员国共同利益的国际合作,联合广大成员国开展鲑鱼养护的共同行动。北大西洋鲑鱼养护的教训和经验对北极渔业管理有启示作用,北极国家之间需要开展广泛的多边合作才能起到事半功倍的效果。

(2)与邻国开展的北极渔业双边合作。

除了以区域性渔业组织为平台开展广泛的国际合作,加拿大与其重要的北极邻国之间的双边合作落到实处并卓有成效。上述加拿大与丹麦(格陵兰)在巴芬湾、戴维斯海峡针对马舌鲽的渔业合作就是一个例子。另外,加拿大与美国就育空河鲑鱼资源的管理与养护也开展了切实的双边合作。2001年,加、美两国签署了《育空河鲑鱼协定》,并以该协定作为开展育空河鲑鱼管理与养护

---

① North Atlantic Salmon Conservation Organization. Report of the ICES Advisory Committee, CNL(11)8(2011). Available at: http://www.nasco.int/pdf/2011%20papers/CNL(11)8.pdf.

双边合作的政策框架。在该协议下,两国成立了育空河专家团(Yukon River Panel),通过其下设的两国联合技术委员会(Joint Technical Committee)开展鲑鱼养护与管理的科学研究与调查,并在此基础上制定养护与管理措施。但是,科学研究与调查表明,即使两国在严格限制鲑鱼捕捞量的养护措施下,鲑鱼资源养护目标也并未得到切实实现。因此,两国协商一致决定禁止育空河鲑鱼商业捕捞,且降低鲑鱼生计捕捞量。同时,育空河鲑鱼养护技术委员会发现,美国在北太平洋开展的狭鳕捕捞作业兼捕了大量的鲑鱼。通过美国北太平洋渔业管理委员会(US North Pacific Fishery Management Council)协调,美国于2011年执行针对狭鳕渔业的一项管理举措,一旦在狭鳕捕捞过程中鲑鱼兼捕量达到规定数量,则马上停止狭鳕捕捞,旨在切实开展鲑鱼资源养护。实践证明,这项间接养护措施富有成效。在加、美两国的共同推动下,美国也意欲在白令海狭鳕渔业中执行类似的鲑鱼养护措施。从育空河鲑鱼养护实践看,加拿大与美国之间的渔业双边合作是在科学渔业管理的前提下进行。虽然就目前而言,两国的北极渔业产量因为鲑鱼养护措施而受到一定影响,但从长远而言却是促进资源恢复并最终实现可持续发展。

3.2.2　加拿大的北极渔业管理

(1)北极渔业管理政策。

虽然加拿大在北极拥有浩瀚的海域,但是却没有针对性的、统一的北极渔业政策。一则是因为北冰洋渔业在内的北极渔业还未真正开展起来,与大多数北极国家相似,加拿大仅在北冰洋边缘海开展北极渔业;二则因为加拿大在西部的北极海域更加重视油气勘探与开采,渔业并没有成为重点发展的产业;三则是因为原住民自治政府的存在,加拿大东西部的北极地区政治环境与管理政策有很大不同,使渔业发展相对较快的东部北极海域渔业政策与西部差异性也很大。

第三章 北极渔业管理

2009年加拿大政府发布《加拿大北方战略》(Canada's Northern Strategy: Our North, Our Heritage, Our Future)。该北极战略确立了加拿大在北极的四大核心目标——行使北极主权、促进社会经济发展、保护北极环境遗产和改善北极治理。[①] 北极战略是北极渔业管理的政策性纲领。作为促进北极社会经济发展的一种手段，北极渔业的未来发展受到加拿大政府的重视。但是，从保护北极环境和生态出发，北极渔业的开展必然会在严格的科学管理制度下进行，这也许代表着加拿大北极渔业管理的宗旨，亦即在保护北极环境的前提下科学发展北极渔业。

加拿大具有丰富的渔业管理经验，且渔业管理制度完备。虽然现阶段北极渔业缺乏针对性及统一性的政策制度，但是北极渔业管理还是遵循加拿大的渔业管理政策框架。加拿大渔业管理的宗旨为资源养护和可持续发展、规划和监测，对新兴渔业更是采取非常谨慎的态度。[②] 加拿大2001年出台《新兴渔业政策》(New Emerging Fisheries Policy)，鼓励采取预防性措施开展渔业管理，以生态保护、社会经济发展相平衡的理念对待新兴渔业。[③] 在开发新兴渔业之前，必须经过以下程序。①确认该渔业发展的可行性。可行性研究包括渔业资源状况调查、渔业发展对生态环境的影响评估、市场需求调查等。②开展探捕性渔业。开展探捕性渔业的目的是调查渔业资源的数量、分布等信息，以进一步评估商业捕捞

[①] Government of Canada. Canada's Northern Strategy: Our North, Our Heritage, Our Future. 2009. Available at: http://www.northernstrategy.gc.ca/index-eng.asp.

[②] Lauren Warner, David L. VanderZwaag & Cecilia Engler. "Canada and the Governance of Arctic Marine Fisheries: Tending a Fragmented Net" In Ocean Yearbook 28 Editted by Aldo Chircop, Scott Coffen-Smout, Moira McConnell. Netherlands: Brill Nijhoff, 2014.

[③] Lorraine Ridgeway. "Issues in Arctic Fisheries Governance: A Canadian Perspective" In Changes in the Arctic Environment and the Law of the Sea Editted by Myron H. Nordquist, John Norton Moore, and Tomas H. Heidar. Boston: Martinus Nijhoff Publishers, 2010: 409-446.

的可行性。③渔业发展的风险评估。综合上述程序所获得的渔业及渔业相关的科学数据,再次评估渔业发展可能引发的生态影响、影响的程度、影响的可逆性等。④开展新兴渔业。经过上述程序,一旦该新兴渔业得以开展,成立相关渔业管理委员会,委员会由各利益攸关方以及各行政部门构成,以促进渔业信息沟通和不同管理部门之间的协调。加拿大开展新兴渔业的态度非常谨慎,但是在足够科学证据表明可行性的前提下,新兴渔业将得以开展。从气候变化角度而言,北极渔业在某种程度上就是新兴渔业,因此,加拿大政府对北极渔业的政策应该会遵循其渔业管理的宗旨以及新兴渔业管理的宗旨。

分析近年来加拿大部分渔业官员的讲话,①我们认为,就北极渔业,加拿大是"理性的实用主义者",②在可持续发展前提下,北极渔业有得以进一步发展的空间。但是,随着对北极海洋生态的深入认识,加拿大的北极渔业政策将趋于更谨慎,这也可以从加拿大的波弗特海渔业管理政策变化可见一斑。波弗特海是加拿大五个大海洋管理区域(Large Ocean Management Areas)之一,设立大海洋管理区域的目的是通过采用生态系统和预防性措施的管理方法达到资源利用与生态保护的平衡,渔业资源养护是大海洋管理区域计划中的重要组成部分。鉴于此,2010年波弗特海又被加拿大政府划定为海洋保护区域(Marine Protected Area),以保护该海域的生态环境、养护海洋生物资源。在上述两项管理计划下,波弗特海仅开展非常有限的商业渔业,生计渔业也维持在一定限度之内。2011年,加拿大政府与当地原住民组织签署相关备忘录,强调在波

---

① Lorraine Ridgeway. "Issues in Arctic Fisheries Governance: A Canadian Perspective" In Changes in the Arctic Environment and the Law of the Sea Edited by Myron H. Nordquist, John Norton Moore, and Tomas H. Heidar. Boston: Martinus Nijhoff Publishers, 2010: 409-446.

② 邹磊磊,张侠,邓贝西.北极公海渔业管理制度初探.中国海洋大学学报(社会科学版),2015(5):7-12.

弗特海将不再签发新的捕捞许可证。2014年,双方再次签署波弗特海综合海洋管理计划(Integrated Ocean Management Plan for the Beaufort Sea),进一步确认在缺乏科学数据的前提下,不允许在波弗特海开展大规模的商业捕捞,仅限于原住民的小规模生计渔业。[①]至此,加拿大在波弗特海采取了几乎与美国同样的禁捕政策。

可见,加拿大的北极渔业政策遵循其渔业管理的宗旨,以资源养护与可持续发展作为重中之重,从开展新兴渔业的管理视角出发,对北极渔业管理采取谨慎态度。但是,加拿大在其东部北极海域与丹麦(格陵兰)稳步开展双边合作下的北极渔业,可见加拿大对北极渔业遵循预防性措施的管理理念,但并不杜绝开展北极渔业的可能性。我们认为,加拿大在北极执行着分区域的针对性渔业管理政策。

3.2.3· 加拿大的北极渔业管理困境

加拿大的北极渔业管理面临着一些困境。首先,加拿大东部与西部北极海域政治环境和自然环境不同:东部北极渔业发展较为稳定,在与丹麦(格陵兰)开展切实渔业合作的同时也切实平衡与当地原住民自治政府之间渔业捕捞配额的分配问题;现阶段西部的北极渔业发展仅限于部分沿海和淡水渔业,而波弗特海执行限制商业捕捞的政策。其次,在加拿大部分北极地区,存在联邦政府、当地政府、原住民自治政府多层管理共同存在的局面,造成了管理中的"重叠"与"盲点"现象,对北极渔业管理带来了一定的困扰。另外,加拿大也仅有限地开展与其重要北极邻国之间的双边合作,这样的双边合作具有分区域和分鱼类的局限性,未来需开展更广泛的北极渔业合作以及更有效的"泛北极"海洋生态视角下的海洋生物资源养护。此外,加拿大与美国在波弗特海存在海洋划界争端,2009 年美国公布其北极海域禁捕政策时引起了加拿大政

[①] Minister Aglukkaq Announces the Signature of the Beaufort Sea Integrated Fisheries Management. Available at:http://news.gc.ca/web/article-en.do? nid=894639.

府的不满，认为美国宣布在两国争议海域执行禁捕政策，侵犯了加拿大的北极海域主权权利。虽然加拿大随后也宣布在波弗特海执行相类似的渔业政策，但是海洋权益争端一定程度上阻碍了两国在该海域开展切实的北极渔业合作。

当然，加拿大与其他北极国家一样也面临着一些共性的北极渔业问题。在加拿大东、西部北极海域均存在针对某种鱼类种群的过度捕捞现象，比如鲑鱼、北方虾等，杜绝非法、不报告、不管制渔业是渔业管理中普遍存在的问题。由于缺乏北极渔业发展的历时性数据，且北极地区自然条件恶劣，针对北极渔业的科学调查与研究还未能全面展示北极渔业资源的状况及发展动态。与其他北极国家一样，由于缺乏科学数据，预防性措施、生态系统渔业管理措施等均不能得到有效的执行。

在上述北极渔业管理实践中遭遇的挑战中，有些是加拿大所特有的，有些则是各个北极国家共有的。从世界渔业管理实践经验而言，开展科学研究与调查、开展广泛的国际渔业合作应该是当下北极渔业管理最重要的切入点。

3.3　挪威的海洋渔业管理体制[①]

挪威拥有漫长海岸线，且其海域拥有众多峡湾、海湾和小岛。挪威周围海域渔产丰富、种类繁多，巴伦支海、挪威海等北极边缘海更是世界有名的渔场，多年来挪威均是欧洲渔业第一大国。2009年挪威一跃成为世界第11大渔业捕捞大国，近年来其平均渔业年捕捞产量维持在250万吨左右，渔产品大量供出口，为国民经济发展作出极大贡献。渔业是挪威天然气和石油业之外的另一国家支柱产业。挪威渔业的成功离不开渔业资源丰富的海域，这是

---

① 本节内容参考粮农组织发布的挪威渔业及渔业管理信息．网址：http://www.fao.org/fishery/facp/NOR/en#CountrySector-OrgsInvolved．

"天时地利"的先天条件。北极边缘海为挪威渔产量作了很大贡献并且未来气候变化条件下,北极渔业一旦得以发展,挪威将是最大受益方之一。然而,挪威渔业的成功也归功于挪威科学、严格的渔业管理体制,体现了"人和"的后天条件。

3.3.1 挪威的渔业管理行政部门

挪威渔业管理部门布局有序,且职责明确。① 渔业和海岸带事务部是挪威渔业管理的最高行政部门,负责制定并实施渔业政策与法律,管理捕捞业、水产养殖业、水产品安全、港口等渔业基础设施建设,并应对渔业突发事件等。挪威于1946年设立渔业和海岸带事务部,是世界上第一个设立独立渔业部的国家。挪威渔业与海岸带事务部下设三个分工明确的部门,分别为水产养殖和海产品和市场部门、研究和创新部门、海洋资源和海岸带管理部门。与捕捞业紧密相关的是后面两个部门。其中,研究和创新部门下设渔业局、海洋研究所、营养和海产品研究所、兽医研究所、渔业和水产养殖业基金会等。海洋资源和海岸带管理部门负责渔业、海洋环境、海岸带管理,具体事务包括和其他国家就渔业捕捞配额进行谈判、签署渔业合作协议、打击IUU现象、发放渔业捕捞证、应对渔业污染、实施重要渔业政策与法规等。

渔业局是负责挪威渔业事务的重要部门,为政府制定渔业政策与法律提供建议和保障。渔业局下设资源管理部门、水产养殖和海岸带部门、统计部门、行政事务部门、计算机信息部门、综合联络部门。挪威划分了7个渔业管理区域,渔业局在这些区域都设有地方管理办公室,以应对区域性的渔业事务。

海洋研究所负责开展海洋科学调查与研究,拥有先进设施监测海洋环境变化,为渔业及海岸带事务部提供海洋生态保护、渔业资源养护等方面的科学建议。挪威执行以生态系统为基础的渔业

---

① 挪威的海洋渔业管理。网址:http://www.cme.gov.cn/lt/0602/ltyy/1.htm.

管理制度。该制度实行的前提就是掌握渔业资源的最新最全数据，并掌握海洋生态动态。海洋研究所承担的职责就是掌握渔业资源和海洋生态的动态数据，以供渔业管理部门制定出因地制宜、科学的渔业管理制度。

挪威渔业管理相关部门各司其职，部门之间沟通渠道畅通，从法律与政策的制定、科学研究的开展到渔业活动的具体实施均有相应部门进行监督与管理。除了这些井然有序的政府渔业部门，挪威全国上下还有各类渔业相关的政府或非政府组织。这些组织代表了渔业产业链上相关个体及群体的利益。

3.3.2 挪威的渔业管理政策与法律

挪威在1996年就已经签署《联合国海洋法公约》，该公约成为挪威开展海洋渔业管理的法律框架。在该框架下，挪威制订了面向本国渔业管理的三项基本法令，分别是《1996年3月26日渔业参与规则法令》(Act of 26 March 1999 Relating to the Regulation of the Participation in Fisheries)《1983年7月3日海洋渔业法令》(Act of 3 July 1983 relating to Salt Water Fisheries)《2008年6月6日海洋资源法令》(Act of 6 June 2008 No. 37, the Marine Resources Act)。这些法令分别就入渔、渔业管理、渔业资源养护等进行规范与管理。挪威渔业管理的重点是可持续发展和环境保护。为了实现该目标，挪威制订了完备的政策与法律。比如，根据挪威法律和政策，渔业的违规行为可以细分为违反最小网目尺寸规定、违反最小可捕标准规定、违反有关兼捕的规定、违反禁止丢弃渔获物的规定、违反禁渔区的规定、违反有关捕捞配额的规定、黑市交易渔获物、未按规定准确记录卸鱼量、为遵守捕捞日志的撰写规范等。[1] 值得注意的是，严格并落到实处的挪威渔业管理

---

[1] 请参阅"中国海洋经济信息"网站。网址：http://www.cme.gov.cn/lt/0602/ltyy/1.htm.

制度很大程度上得益于其严格执行的配额制度和入渔制度。下面我们就配额制度进行解析,以从一个侧面了解挪威渔业制度的有效性。

挪威的海洋渔业执行配额制度,这是挪威渔业管理的重要特点,①而挪威90%的海洋渔业需要与其他国家或组织进行配额谈判后才能开展。根据科学调查所获知的渔业资源状况,每年的配额会有波动。通过双边或多边谈判确定总捕捞配额之后,挪威再进行国内捕捞配额的分配。为了体现分配的公正性和科学性,在确定国内配额分配时,上至渔业与海岸事务部、渔业局,下至渔民组织、渔业社团、渔业贸易组织、地方渔业部门、环境保护组织等,渔业利益攸关方悉数参加。②

一旦达成配额约定,挪威的相关部门会严格执行配额制度,并通过配额制度实施严格的渔业管理。对挪威国内渔船而言,每艘渔船均有各自的配额,渔船在渔业活动中严格遵守该配额。对本国渔船配额执行情况的监管最主要通过两个途径开展。首先,渔船的监督与自我监督。每艘渔船均配置了船位监控系统,渔船活动情况尽在渔业管理部门掌控之中。渔船必须撰写捕捞日志,详细记录捕捞产量、捕捞地点、捕捞品种、误捕兼捕情况等,并上报渔业局。海岸警卫队可以登临检查渔船,核查渔船配额、上报数据、渔船实际渔获物之间是否匹配。其次,销售监督,也即在销售环节监督渔船配额制度的执行情况。渔获物销售是通过专门的销售组织通过网络开展。渔船向销售组织上报渔获物的数量、品种、规格、作业海域等信息,渔船信息也连带上报,销售组织根据渔船上报的渔获物信息进行网上拍卖,供买主竞价购买,一旦竞价完成,渔船可以直接把渔获物送交买主。渔业局通过销售部门的网络信

---

① 该小节信息请参阅"中国海洋经济信息"网站.网址:http://www.cme.gov.cn/lt/0602/ltyy/1.htm.

② 徐吟梅.挪威渔业概况.现代渔业信息,24(5),2009:25-27.

息系统进一步核查渔船的配额制度执行情况,具体核实渔船上报渔业局的渔获物和销售的渔获物是否信息匹配。这得益于网络信息的公开化和透明化。挪威政府通过规范渔船作业和鱼产品销售等方式把配额制度落到了实处。

3.3.3 挪威的渔业国际合作

挪威的渔业是在严格的配额制度下开展的,而挪威的渔业配额几乎均在与其他国家或区域性渔业组织谈判后制定。可见,国际合作在挪威的渔业发展过程中担任着重要的角色。配额制定仅是国际合作中的一个部分,挪威的渔业国际合作是多方位的。由于地缘关系,与挪威开展紧密渔业合作的国家/地区/政治经济实体有俄罗斯、冰岛、法罗群岛、格陵兰和欧盟。

通过国际合作,挪威更有效地开展针对非法、未报告、无管制渔业(IUU)的整治措施。比如,在挪威的全力协调下,东北大西洋渔业委员会成员国之间达成协议共同整治 IUU 行为。很多委员会成员是北极海域的重要港口国,通过港口国措施杜绝 IUU 行为是行之有效的一种创新性渔业管理措施,也直接促成了粮农组织于 2009 年 11 月 22 日批准了《关于港口国预防、制止和消除非法、不报告、不管制捕鱼的措施的协定》,通过防止不法渔船将非法渔获物卸载上岸、阻止非法渔获物进入销售渠道的举措来杜绝 IUU 行为。因此,一定程度上,挪威的国际渔业合作促成了国际渔业协定的制定,推动了国际渔业法律的完善。

挪威也是很多区域性渔业管理组织的成员。这些组织包括大西洋金枪鱼类保护委员会、国际海洋考察理事会、挪威-前苏联/俄罗斯渔业联合委员会、北大西洋鲑鱼养护组织、东北大西洋渔业委员会、西北大西洋渔业委员会等。通过这些渔业组织,挪威参与相关海域的渔业管理机制构建,并以此为平台开展渔业捕捞、渔业养护等方面的国际合作,提升自身负责任渔业国家的形象。

挪、俄两国的北极渔业合作既可以体现两国的国际合作精神,

第三章 北极渔业管理

也可以从中洞悉两国在北极渔业管理方面的一些理念。挪威与俄罗斯的渔业合作历史悠久。在巴伦支海分界达成一致之前，两国就以合作态度共同管理和养护巴伦支海渔业资源。1975年两国在《渔业事务合作协议》下成立挪威-前苏联/俄罗斯渔业联合委员会。该委员会的管辖范围也从巴伦支海延伸到挪威海，就重要的鳕鱼、毛鳞鱼、鲽鱼、帝王蟹等渔业资源的管理与养护制定制度，其中配额制度就是管理养护措施中的亮点。因此，2010年挪威和俄罗斯就巴伦支海划界问题达成协议之前，两国在巴伦支海争议海域的渔业合作已然历史悠久。2010年挪威和俄罗斯就巴伦支海划界最终达成协议，进一步明确并保障了两国渔业利益，符合两国的北极利益追求。对挪威来说，北极渔业是该国渔业产业中的重要组成部分，且气候变化条件下北迁的次北极海域鱼类种群可能大部分停留在适宜栖居的两国北极专属经济区内，两国的北极渔业发展前景美好，[1]因此，美国及加拿大在部分北极海域所执行的禁捕政策显然很难得到挪威与俄罗斯的认可。

本小节介绍了北极国家中美国、加拿大的北极渔业管理现状及理念，可以看出这两个北极邻国在某种程度上对北极渔业开发均采取了比较谨慎的态度。虽然，挪威没有发布关于北极渔业政策的相关文件，但一旦未来北极渔业得以发展，其管辖范围下的北极渔业也同样在其严谨的国内渔业管理体制的管制之下。挪威的渔业管理体制对北极渔业管理具有很好的启示作用。作为北极渔业发展前景美好的两个北极国家，挪威和俄罗斯应该希冀北极渔业未来可以为国家带来更多的社会经济利益。另外，对北极5国中的丹麦（格陵兰）而言，北极渔业既是重要生计渔业又是重要的经济支柱产业，也并不一定认同美国所推崇的北极禁捕政策，特别

---

[1] Anne Babcock Hollowed, Benjamin Planque & Harald Loeng. Potential Movement of Fish and Shellfish Stocks from the Sub-Arctic to the Arctic Ocean. Fisheries Oceanography, 22(5), 2013: 355-370.

是在北极渔业未来得以发展并带来一定经济效益的情况下,则更难认同。

因此,现阶段北极各国的北极渔业政策具有"各自为政"的特点。虽然,统一协调的北极渔业管理制度符合以生态系统为基础且超越行政区域的现代渔业管理理念,但是,鉴于各异的北极渔业发展现状与前景、不同的北极渔业诉求,北极各国之间各异的北极渔业管理理念和制度还将长时间同时存在。

4. 北极公海渔业管理现状

广义上的北极渔业包括北冰洋及北冰洋边缘海渔业。由于北冰洋被北美大陆、欧亚大陆及格陵兰所包围,除中央海域之外,北冰洋大部分海域处于北极 5 国管辖范围。除了北冰洋中央公海,北极公海还包括挪威海 Banana Hole、巴伦支海 Loop Hole 以及白令海 Doughnut Hole。随着气候变化下北极的可接近性,北极日益受到各方的关注。作为未来潜在的北极资源开发领域,北极公海渔业也备受瞩目,气候变化条件下的北极公海渔业发展、暗流涌动的北极权益之争、风云变幻的北极地缘政治使北极公海渔业管理呈现复杂局面。

在北极公海海域中,除了北冰洋中央公海,挪威海 Banana Hole、巴伦支海 Loop Hole 以及白令海 Doughnut Hole 均由相关的渔业组织或渔业合作安排进行管理。其中,利用地缘优势,挪威-俄罗斯渔业联合委员会承担了部分巴伦支海公海渔业管理的职责,制定了巴伦支海的年渔业捕捞配额。白令海公海区域 Doughnut Hole 通常被称为中白令海公海,在 20 世纪 80 年代时,该海域是美、苏两个沿海国以及中国、日本、韩国、波兰等远洋渔业国的重要渔业作业地。中白令海的重要渔业捕捞对象为狭鳕。20 世纪

80年代末该海域的狭鳕捕捞量达到了历史最高，达到150万吨左右；①随后该海域的狭鳕资源就显现衰退迹象，到20世纪90年代初衰退速度惊人，以至于在1994年上述国家签署了《中白令海狭鳕资源养护与管理公约》。协商确定，在阿留申盆地狭鳕生物量低于169万吨时中白令海禁止捕捞狭鳕。因此，该海域的重要渔业资源现在处于恢复阶段，该资源的养护与管理由该公约下的渔业制度开展。

就北极公海渔业管理，东北大西洋渔业委员会承担了北大西洋一侧北极海域的渔业管理职责。东北大西洋渔业委员会的管理区域如图3-2所示。由于沿海国承担了各自专属经济区的渔业管辖权，东北大西洋渔业委员会一般仅重点关注公海渔业管理。图中零星分布的深灰色区域是该委员会重点关注的区域，管辖范围覆盖本研究下的部分北冰洋中央公海、巴伦支海公海、挪威海公海；委员会成员国为丹麦（格陵兰、法罗群岛）、欧盟、冰岛、挪威、俄罗斯，覆盖了该北极海域周围所有重要的北极国家；该委员会专注于红平鲉、鲭鱼、黑线鳕、鲱鱼、蓝鳕等重要鱼类种群的养护与管理；其制定养护与管理制度充分考虑国际海洋开发委员会（International Council for the Exploration of the Sea，ICES）所提供的渔业数据和信息；这些数据和信息包括鱼类种群的生物信息和数量动态、渔业资源现状、渔业对鱼类种群的影响，且国际海洋开发委员会向东北大西洋渔业委员会提供渔业养护与管理措施建议。②实际上，东北大西洋渔业委员会管辖区域较广，为联合国划定的27渔区。虽然北极海域仅是其管辖海域中的一部分，但是未来随着

---

① Evelyne Meltzer. Global Overview of Straddling and Highly Migratory Fish Stocks: the Nonsustainable Nature of High Seas Fisheries. Ocean Development and International Law, 25, 1992: 255-344.

② North-East Atlantic Fisheries Commission. Convention on Future Multilateral Cooperation in North-East Atlantic Fisheries. Availabe at: http://www.neafc.org/system/files/Text-of-NEAFC-Convention-04.pdf.

北极渔业的发展,该委员会在北极渔业管理中的角色作用将凸显。特别值得一提的是,东北大西洋渔业委员会是北极 5 国北冰洋中央公海渔业会议上唯一被承认未来北极渔业发展前提下能胜任北冰洋中央公海部分海域渔业养护与管理职责的区域性渔业组织。①

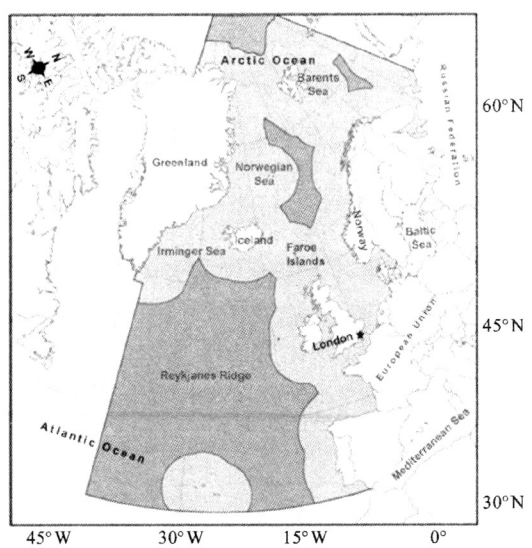

图 3-2　东北大西洋渔业委员会的管理区域图②

就北冰洋中央公海海域,现阶段没有开展真正的商业渔业,也没有区域性渔业组织存在承担相关管理职责。北极 5 国从 2010 年

---

① Chairman's Statement, issued by the Five Arctic Ocean Coastal States at Meeting on Arctic Fisheries held at Nuuk, Greenland, 24-26 February 2014. Available at: http://www.pewtrusts.org/~/media/Assets/2014/09/ArcticNationsAgreetoWorkonInternationalFisheries-Accord.pdf? la=en; Chairman's Statement, issued by the Five Arctic Ocean Coastal States at Meeting on High Seas Fisheries in the Central Arctic Ocean at Washington, D.C., USA, 1-3 December 2015. Available at: http://www.state.gov/e/oes/rls/pr/250352.htm.

② "North-East Atlantic Fisheries Commission Regulatory Areas Map" realeased by North-East Atlantic Fisheries Commission. Available at: http://www.neafc.org/page/27.

起每年举行北极渔业会议,从 2013 年起北极 5 国北极渔业会议则专注于北冰洋中央公海渔业问题。2014 年 2 月北极 5 国努克会议提出北冰洋中央公海防止不管制捕捞活动的临时措施的设想。2015 年 7 月北极 5 国奥斯陆会议则提出该联盟内部达成临时措施的协议。之后,北极 5 国邀请中国、韩国、日本、冰岛、欧盟参加了由其主导的北冰洋中央公海渔业会议。迄今为止 5+5 会议已经举行了五次,但截至稿 2017 年 3 月未达成具有任何法律约束力的协议,可见各利益攸关方就该海域的渔业管理还存在一定分歧。但是,从北极 5 国积极协商并协调北冰洋中央公海渔业管理问题可以看出,其诉求该海域渔业管理"领导者"地位的意图明显并强烈。

综上所述,北极公海渔业管理中北冰洋中央公海将是未来国际社会比较关注的区域,其管理制度的构建过程一定程度上反映了北极国家对非北极国家参与北极事务的态度,同时也反映了非北极国家在维护北极权益道路上的作为,未来可能决定非北极国家参与北极事务的广度与深度。因此,可以说,北冰洋中央公海渔业问题将是北极国家与非北极国家之间关于北极权益的一场博弈。

5. 北极渔业管理的瓶颈

5.1 北极针对性渔业管理协议的缺失

北极地缘政治复杂,并且大部分北冰洋海域尚未出现大规模商业捕捞,北极缺乏针对性的渔业条约。然而,由于北极各国是各个重要渔业相关国际公约的签署国,其北极渔业行为也受到这些国际公约的约束。目前,北极海域渔业资源管理机制大致遵循《联合国海洋法公约》《联合国鱼类种群协定》及粮农组织《负责任渔业行为守则》等影响广泛的国际公约、协定和守则,但缺乏针对性。有专家指出,即使被国际社会所广泛遵守的《联合国海洋法公约》也无法有针对性地解决北极地区资源开发、大陆架以及公海利用等问题[1]。而且,各国均善于利用公约中的盲点、言语模糊处开展利于本国利益的各类活动。《联合国海洋法公约》仅提供渔业管理框架,对重要的跨界、高度洄游鱼类种群养护管理、国际合作等也缺乏具体的执行意见。《鱼类种群协定》则仅关注跨界、高度洄游鱼类种群,"分鱼类"特点限制了其在北极的广泛适用性。《负责任渔业行为守则》则不具备法律约束力,削弱了其执行力。另外,2008年北极5国撇开另外北极3个国家(芬兰、瑞典、冰岛)召开会议,并且发表著名的"伊卢利萨特宣言",[2]宣称现行国际海洋法足够解决北极海洋事务,亦即无须制定区域性渔业管理条例。但是,该宣言仅仅模棱两可地指出"国际海洋法"可以普遍适用于北极海域,却没有明确指出。宣言中所提及的"国际海洋法"特指《联合国海洋法公约》,从中可以领会北极5国反对北极事务国际化的强烈愿望,在这"模棱两可"之间可见他们"欲盖弥彰"的企图:言语上表达"国际法适用于北极海域"的合作态度,行动上抵制国际社会、国际法律的介入,而意欲由北极5国完全主导北极事务的走向。另外,还有其他诸多因素也使北极海域在形成统一协调的渔业管理机制的道路上遭遇重重困难。比如,美国至今非《联合国海洋法公约》签署国,北极各国在各自的专属经济区执行"各自为政"的北极渔业政策,北极渔业发展参差不一,等等。

除了上述普遍性渔业管理条约外,还有其他的一些渔业协定

---

[1] 赵颖.浅析北极所面临的法律挑战及其对我国的影响.海洋开发与管理,26(3),2009:17-21.

[2] The Ilulissat Declaration, issued by the Five Arctic Ocean Coastal States at Arctic Ocean Conference held at Ilulissat, Greenland, 27-29 May 2008. Available at: http://www.oceanlaw.org/downloads/arctic/Ilulissat_Declaration.pdf.

作用于北极海域:北极海域南部区域被一些重要的区域性渔业管理组织所覆盖,这些区域遵循渔业管理组织所制定的各类渔业协定;北极5国之间的双边及多边协定也作用于北极海域,但未完全覆盖该海域,比如,在白令海,存在2个双边协定和2个多边协定:1953年《北太平洋鲔鲽渔业公约》、1985年《美国和加拿大政府间关于太平洋鲑鱼条约》、1992年《北太平洋溯河鱼类种群养护公约》、1994年《中白令海狭鳕资源养护与管理公约》。不难看出,这些区域性协议具有分区域、分鱼类的特点,还未能形成"泛北极"渔业管理制度。

5.2 北极渔业管理组织的缺失

北极理事会能够协调北极事务、推动北极合作等,但缺乏区域性渔业管理组织应该具备的制定强制性操作准则的权威性。虽然有迹象表明,北极理事会正在不断加强对北极事务的管理,旨在未来制定更多具有法律约束力的各项管理制度,但就目前而言,北极理事会仅仅是"政府间论坛",并且北极理事会对渔业管理并未过多涉及,甚至2007年北极理事会部长级会议决定,北极理事会不涉足北极渔业事务。当然,随着气候变暖,未来北极海域新渔场的出现,并且北极理事会通过"北极监测与评估计划"等项目对北极的生物多样性进行了评估,加之北极渔业与北极海域环境息息相关,其中不可避免地涉及渔业资源评估,因此北极理事会未来关注甚至管理北极渔业也非绝无可能。北极理事会未来在北极渔业管理方面的作用由其功能定位(注:是否从"政府间论坛"转为"区域性管理组织")及对北极渔业的关注度所决定。然而,现阶段北极理事会显然缺乏区域性渔业管理组织的功能和权威,没有决策权,没有组织能力,没有约束成员国的权利,并不能作为一个国际法实体或国际组织存在,其功能局限性明显。

Molenaar及Weidemann整理过现有的北极相关区域性渔业

管理组织,得出的结论是:这些组织具有分区域、分鱼类的特点,因此现阶段未有组织能完全胜任北极渔业管理的职责。① 但是,上述研究者仅通过分别描述各个组织的职责功能及管辖区域得出以上结论。为了简单明了获知各组织在北极渔业管理方面的"短板",本节将从管理区域、管理鱼类种群、成员国构成进行分别阐述。

考虑到区域性渔业管理组织的潜在管辖范围可能随着鱼群北迁、海冰融化而扩展,本研究把现存于次北极及北极海域的相关区域性组织都梳理在内,其中包括北极理事会协调下的北极监测与评价项目定义下的北极海域范围之外的部分相关组织。这些区域性渔业管理组织分别为国际海洋开发委员会(International Council for the Exploration of the Sea, ICES)、西北大西洋渔业组织(Northwest Atlantic Fisheries Organization, NAFO)、东北大西洋渔业委员会(Northeast Atlantic Fisheries Commission, NEAFC)、北大西洋鲑鱼养护组织(North Atlantic Salmon Conservation Organization, NASCO)、大西洋金枪鱼保护国际委员会(International Commission on the Conservation of Atlantic Tunas, ICCAT)、中西太平洋渔业委员会(Western and Central Pacific Ocean Fisheries Commission, WCPFC)、北太平洋溯河鱼类委员会(North Pacific Anadromous Fish Commission, NPAFC)。

就管理区域而言,上述渔业组织仅能覆盖部分北极海域。其中,国际海洋开发委员会管理的海域最为宽广,且涉及北极海域,但从其描述的北极海域管理职责可知,该组织主要关注巴伦支海、冰岛周围海域、及格陵兰东部海域的渔业状况,而未覆盖"环北极

---

① Erik J. Molenaar. Arctic Fisheries Conservation and Management: Initial Steps of Reform of the International Legal Framework. The Yearbook of Polar Law, 1 (1), 2009: 427-463; Lilly Weidemann. International Governance of the Arctic Marine Environment with Particular Emphasis on High Seas Fisheries. Switzerland: Springer, 2014: 28-31.

海域"。东北大西洋渔业委员会关注挪威海、巴伦支海的公海海域，但仅涉及北冰洋中央部分公海海域，未来也不能胜任北极公海渔业管理的职责。其他的各个组织管辖范围则更为受限，仅关注太平洋或大西洋一侧的北极部分海域。并且，各个组织均未显示随着管辖鱼类北迁而向北拓展其管辖范围的潜力。

就管理鱼类种群而言，国际海洋开发委员会和东北大西洋渔业委员会对关注鱼群未做特别限定，而其他的渔业组织则具有明显的分鱼类特点。

就上述组织的成员国而言，北极8国是国际海洋开发委员会、西北大西洋渔业组织、北大西洋鲑鱼养护组织、大西洋金枪鱼保护国际委员会的成员，意味着未来如果这些组织能承担北极渔业管理的职责，在北极渔业管理中占据重要地位的北极8国将受这些组织协议的约束，且沿海国加入区域性组织并在组织中发挥重要协调作用也符合渔业管理的实践经验。除加拿大、美国之外的其他北极国家是东北大西洋渔业委员会成员国，仅加拿大与美国是中西太平洋渔业委员会成员国。加拿大、美国与俄罗斯是北太平洋溯河鱼类委员会成员国，即使这些组织未来能承担北极管理的职责，尚需把其他重要北极国家纳入其成员国范围之内，而鉴于其有限的管辖区域，成员国的拓展并不现实。

综上所述，囿于其分区域、分鱼类、成员国范围窄小的特点，现有的北极相关区域性渔业组织现阶段还不能胜任北极渔业管理的职责。当然，在北极相关海域还存在双边及多边协议下而产生的渔业管理组织，但限于其双边及多边的有限合作性质，未来也不大可能承担北极渔业管理的广泛职责。

5.3 北极与非北极国家之间潜在的北极渔业权益冲突

北极各国的海域渔业权益主张与非北极各国等构成的第三方集团的权益主张存在着冲突。鉴于北极5国强烈的北冰洋中央公海渔业管理"领导者"地位诉求,非北极国家很难实质性地参与北冰洋中央公海渔业管理机制构建的过程。另外,可以预见,未来北极渔业如果得以发展,寻求北极海域公海渔业权益的非北极国家必然和相关北极国家产生矛盾和争端。现阶段,在北极海域从事相关渔业活动的基本上是北极国家;①非北极国家通过签订双边协定享受捕捞配额的剩余部分,但所占份额极少;虽然,诸如"可持续渔业伙伴组织"等非国家行为体及大型渔业企业也参与北极渔业活动,但所占份额也相当少。这种状况极易造成北极国家与非北极国家之间权益诉求的冲突。如何平衡彼此的权益诉求是开展有效北极渔业管理亟待解决的问题之一。

5.4 北极渔业管理主体的混乱

北极渔业管理还面临着主体混乱的局面:北极各国拥有各自各异的北极渔业管理制度,北极地区缺失统一协调的"泛北极"渔业管理制度;胜任北极渔业管理的区域性渔业组织还没有形成,虽然北冰洋边缘海存在着不同的区域性渔业管理组织,但迄今为止没有一个组织能在管理范围上完全覆盖北极海域,反而引发了北极海域管理"盲点"区域及"重叠"区域、鱼类种群的"盲点"及"重叠"管理等,以至于北极渔业管理"责任缺失"或"责任重叠";虽然《联合国海洋法公约》等普遍适用的国际渔业相关管理制度已经被国际社会所广泛接受,但鉴于北极海域的特殊性,这些普遍适用的制度缺乏对北极渔业管理的针对性。

本小节将通过解析挪威-前苏联/俄罗斯联合渔业委员会管理功能的争议性,从一个侧面说明北极海域渔业管理主体的混乱局面。

为了更好地养护前苏联及挪威在巴伦支海的共同渔业资源,

---

① Hoel, A. H. Arctic Marine Living Resources. 2012 North Pacific Arctic Conference, 8-10 August, 2012.

第三章　北极渔业管理

双方于 1975 年 4 月 11 日签订了《渔业事务合作协议》①（*Agreement between the Government of the Kingdom of Norway and the Government of the Union of Soviet Socialist Republics on Cooperation in the Fishing Industry*）。根据该协议精神，两国成立"挪威-苏联联合渔业委员会"（Joint Norwegian-Russian Fisheries Commission；苏联解体后，该渔业委员会改名为"挪威-俄罗斯联合渔业委员会"）。该委员会的首要任务是确立巴伦支海年总捕捞配额，然后再确立两国各自的捕捞配额，以进行国内捕捞配额的再分配。该委员会的成立有助于协调两国巴伦支海划界争议海域的渔业作业，以更好地养护并开发该海域的渔业资源。但是，该委员会的一些管理功能却引发了北极、非北极国家的抗议，原因如下。

首先，该委员会的管理区域不仅包括两国巴伦支海的国家管辖海域，还包括巴伦支海 Loop Hole 公海区域、巴伦支海外的挪威海（包括挪威海 Banana Hole 公海区域）、格陵兰海以及北冰洋海域（包含北冰洋中央公海区域）等。② 就巴伦支海 Loop Hole 公海区域，北极国家及欧盟对上述两国制定年总捕捞配额并没有很多抗议，因为两国均是巴伦支海的沿海国。但是，委员会意欲确立挪威海 Banana Hole 公海区域捕捞配额时，招致丹麦和冰岛政府（两国均为挪威海沿海国）的强烈抗议，因为前苏联/俄罗斯并非挪威海的沿海国。虽然两国联合渔业委员会并未如愿在该海域执行如巴伦支海 Loop Hole 公海区域的渔业管理制度，但是两方阵营却为该部分海域的渔业管理职责纷争不断。

其次，俄罗斯与挪威在 2010 年签署《摩尔曼斯克条约》（Mur-

---

① Agreement between the Government of the Kingdom of Norway and the Government of the Union of Soviet Socialist Republics on Cooperation in the Fishing Industry of 11 April 1975.

② Agreement between the Government of the Kingdom of Norway and the Government of the Union of Soviet Socialist Republics on Cooperation in the Fishing Industry of 11 April 1975.

mansk Treaty)①,旨在解决两国之间存在的巴伦支海划界争议。该条约明确指出两国的双边渔业协议(即《渔业事务合作协议》)适用于北冰洋海域。国际海洋勘察理事会(International Council for the Exploration of the Sea,ICES)由北极各国及欧盟的科学机构构成,就北大西洋海洋资源做科学评估。该理事会也认可挪威-前苏联/俄罗斯渔业联合委员会"在北冰洋无冰海域执行委员会管理范畴下的渔业资源的调查任务"。② 虽然,两国在邻接巴伦支海的北冰洋海域开展渔业管理活动并未引起很大抗议,但是由于其管理区域延伸到北冰洋中央区域,引起了加拿大、格陵兰(丹麦)、非北极国家、东北大西洋渔业委员会(其管辖区域也延伸到北冰洋中央区域)成员的抗议。

挪威-前苏联/俄罗斯联合渔业委员会管理功能所引发的管理主体混乱只是北极渔业管理瓶颈中的冰山一角,未来北极渔业如果得以迅猛发展,利益冲突更尖锐时,管理主体混乱的局面将引发北极渔业管理"责任不清"或"责任重叠"等问题。

5.5 北极渔业发展的不可预测性

北极渔业的发展面临着不可预测性。北极冰封海域海洋生物资源历史数据的缺乏、气候变化的不可预测性、气候变化下生态系统内部复杂微妙的互动性均使北极渔业发展具有不可预测性,鱼类种群结构、数量、分布变化前景不明。虽然多数的研究专家认为气候变化条件下的北极渔业面临着机会,③至少海冰融化意味着次北极鱼类种群北迁通道的存在;但与这类乐观态度相反,也有专家

---

① 请参阅《摩尔曼斯克条约》(中译本),2010.
② 请参阅"国际海洋勘察理事会"网站. 网址:http://www.ices.dk.
③ Erik J. Molenaar. Arctic Fisheries Conservation and Management: Initial Steps of Reform of the International Legal Framework. The Yearbook of Polar Law, 1 (1),2009:427-463;Erik J. Molenaar & Robert Corell. Background Paper for the Arctic Transform Project of the European Commission. Ecologic,9(26),2009:12.

认为,气候变化对北极渔业带来的影响甚微。① 目前,只有通过更广泛的科学研究及资源评估,才能动态地预测未来北极渔业的发展趋势。其次,随着北极航道通航、资源勘探及开发等人类活动的影响,北极生态环境正在遭受前所未有的挑战,这些人类活动对北极渔业的影响也是处于不断的动态发展中。另外,北冰洋海域较多的海洋生物生存在海床或海床附近,一旦该海域渔业得以发展,传统的底拖网作业会造成大量的误捕及兼捕情形,对海洋生态带来致命的伤害。这些海洋生物虽然没有很高的商业价值,但在北极海洋生态系统及食物链中起着关键的作用,未来如何保护北冰洋海洋生物中的本地种,也是科学家们和政策制定者面临的挑战。由北极理事会协调的"环北极生物多样性监测项目"(Circumpolar Biodiversity Monitoring Program,CBMP)及"北极生物多样性评估计划"(Arctic Biodiversity Assessment,ABA)等对北极海域海洋生物动态进行长期监测及评估。这类由国家或机构开展的监测及评估项目,有望为今后北极渔业管理制度的构建提供翔实的渔业科学数据。

北极渔业发展的不可预测性使相关管理机制的构建遭遇困难。气候变化下的北极渔业处于动态发展之中,准确的渔业发展预测必须基于确凿的科学依据,然而现阶段我们还缺乏足够的科学数据。只有对北极渔业发展了然于胸,才能前瞻性地制定因地制宜的北极渔业管理制度,这也意味着北极渔业管理机制的构建也将处于动态的探索过程。

5.6 跨行业的北极综合性管理的难度

气候变化条件下的北极令人类可以不断接近。随着各种科研考察、资源勘探和开发等人类活动的越发频繁,北极面临着严峻的

---

① Timo Koivurova, Erik J. Molenaar & David L. Vanderzwaag. Canada, the EU, and Arctic Ocean Governance: a Tangled and Shifting Seascape and Future Directions. Journal of Transnatinal Law and Policy, 18(2), 2009: 282.

环境和生态挑战。就北极渔业管理而言,不仅需要北极国家之间、北极国家与非北极国家之间相关渔业部门的协调、沟通和合作,还需要北极海洋使用者之间的协调、沟通和合作。比如,随着海冰加速融化,北极航道未来有潜力发展成另一具有竞争性的世界航道。北极航道在缩短亚欧、亚美航海路程的同时,却带来巨大的海洋环境污染隐患。为保护北极海洋生态环境,环境部门、航海组织、渔业部门等需要跨行业进行综合的北极海洋管理和治理。未来,跨行业的北极综合管理是一个必然趋势。

6. 北极渔业管理的亮点

虽然北冰洋海域并未出现大规模的商业捕鱼活动,但北极海域巴伦支海、挪威海等拥有世界著名渔场,部分北极国家在北极渔业实践中积累了大量可圈可点的渔业管理经验;另外,北极海域边缘海的渔业活动大都受区域性渔业管理组织所管辖,这些组织均有着丰富的渔业管理经验,可以为未来北冰洋海域渔业管理提供一定借鉴作用。本小节将介绍北极海域渔业管理机制中的亮点。

6.1 北极国家的北极渔业管理实践

毋庸置疑,渔业活动在北极各国的经济活动中占了相当的比重。根据粮农组织发布的渔业数据,北极渔获量占全球总量4%上下,[1]在渔业资源普遍衰竭的世界各大海域,北极渔业的重要性得以凸显。而北极国家在北极渔获量中几乎占90%,也说明北极国家在北极渔业中占据着绝对的地缘优势和主导权。[2] 比如,对挪威等国而言,北极渔业甚至是其支柱产业。根据FAO公布的数据,

---

[1] FAO. Fishery and Aquaculture Statistics Yearbook. 2006-2016.
[2] 赵隆. 从渔业问题看北极治理的困境与路径. 国际问题研究,2013(7):69-82.

1975～2006年间,挪威北极渔获量是该国渔产量的50%左右。①由于北极渔业对北极国家的重要性,北极重要的渔业国家均非常重视北极渔业的可持续发展,制定了严谨的国内法规范渔业活动,在他们的北极渔业管理实践中积累了丰富的经验。

在之前"北极国家的北极渔业管理"章节中已经述及美国、加拿大、挪威的北极渔业管理亮点。美国是预防性措施在北极的积极倡导者和实践者,其对北极渔业开发所持有的谨慎态度对生态脆弱、自然条件比较极端的北极海域管理具有重要借鉴意义。与美国极端的北极禁捕政策不同,加拿大对不同的北极海域采取不同的渔业管理措施,目的就是能在保护海洋生态的前提下合理开发海洋生物资源。这种理性的实用主义也确实有利于社会经济发展,未来在北极渔业发展参差不齐的背景下,"区别对待"和"理性的实用主义"应相辅相成。另外,加拿大在北极渔业管理中体现出的国际合作姿态也是值得未来北极渔业管理所借鉴,国际合作可以使北极渔业管理从"碎片式"走向最大限度的"统一协调式",有利于实现以生态系统为基础的渔业管理理念。挪威的渔业管理部门设置、渔业管理政策与法律等均保障着北极渔业管理的有序进行。挪威的配额制度确保了海洋渔业资源的可持续发展,这在"挪威的海洋渔业管理体制"章节中也已经做了详细介绍。未来,北极渔业可能作为新兴渔业出现,相信挪威也将出台针对性更强的渔业管理措施应对新兴的北极渔业。实际上,挪威现行的渔业管理措施对北极渔业管理也有着重要的借鉴意义。比如,挪威重视渔业科学数据的搜集,并根据这些数据制定相应的渔业养护措施;挪威渔船必须提交捕捞相关的各项数据,不仅由此监督渔船的捕捞行为,而且从这些第一手资料分析海洋渔业种群动态。这类措施对监测与评估动态变化中的北极渔业尤其重要。挪威也倡导对共

---

① FAO. Fishery and Aquaculture Statistics Yearbook. 2006:13-15.

享渔业资源的共同管理,认为基于生态系统的渔业管理是可持续渔业发展的保障之一,所以与格陵兰及俄罗斯等都签有北极相关的双边渔业协定,共同养护共享的渔业资源。在国内层面,2004年挪威就以白皮书形式向挪威议会提出基于生态系统渔业管理的广泛推广,并在2008年进一步以白皮书形式提出基于生态系统渔业管理方式的实施细则。[①] 基于生态系统的渔业管理是完全适用于生态脆弱的北极海域的。

北极国家的北极渔业实践和渔业管理经验对未来北极渔业管理应该具有一定的启示作用。但是,就现阶段北极各国的北极渔业政策而言,存在"各自为政"的特点。虽然,统一协调的北极渔业管理制度符合以生态系统为基础、超越行政区域的现代渔业管理理念,但是,鉴于不同的北极渔业发展现状与前景、不同的北极渔业诉求,《联合国海洋法公约》专属经济区制度下的北极各国各异的北极渔业政策还将长时间同时存在。未来,我们也期待北极国家之间展开更广泛的、实质性的北极渔业合作,借鉴各国富有特色和成效的渔业管理经验,共同推动北极渔业管理的逐步完善。

6.2 国际及区域性组织在北极渔业管理中的监督作用

虽然在之前的章节提到,对北极渔业管理而言,一些国际普遍适用的国际渔业协议缺乏针对性,而且北极各国也趋向把北极事务"地区化",但鉴于国际渔业协议在当今全球化世界的重要影响和作用,北极国家几乎是很多重要海洋及渔业相关的重要国际协议的签署国,所以这些国际协议在北极渔业管理中有着深刻的影响。由于这些国际协议的北极适用,以及北极事务的全球性特征,重要的国际及区域性组织在北极渔业管理中也扮演着一定角色。

[①] OECD. Review of fisheries in OECD countries 2009 (policies and summary statistics). OECD Publisher,2009:323-340.

在北极国家中,美国不是《联合国海洋法公约》的签署国,但却是联合国《鱼类种群协定》的签署国,其他所有的北极国家也是该协定的签署国。作为国际性组织,联合国在北极渔业管理中也有着举足轻重的作用。比如,一旦联合国认为在北极渔业管理实践中相关北极国家违反了《鱼类种群协定》的规定,则每年的联合国鱼类种群协定缔约国非正式协商会议(Informal Consultations of States Parties to the Fish Stocks Agreement, ICSPs)以及联合国鱼类种群协定审查会议(Review Conference of the Fish Stocks Agreement)就会对此进行审议,并采取相关措施以杜绝违规行为的再次发生。

近年来,欧盟对北极渔业表现出极大的关注。[①] 在2009年联合国"海洋与可持续性渔业"决策中,欧盟就提出建议,鉴于气候变化条件下的北极渔业的不可预测性,相关组织应该对北极公海的渔业资源及海域生态系统做科学调查及勘探,以在商业活动大规模出现之前,就北极公海海域的渔业管理制定相关规定与制度。[②]而且,欧盟在"2009年委员会关于北极事务的总结报告"(2009 Council Conclusions on Arctic Issues)中提出更严格的渔业管理建议:在北极公海禁止一切渔业活动,直到有足够的科学证据证明上述海域的渔业活动不会影响渔业可持续发展。[③]

东北大西洋渔业委员会是北大西洋北极海域的重要渔业管理组织。2009年,该委员会拒绝了冰岛要求加入该组织的请求,原因是委员会认为冰岛扩大了本国的鲭鱼配额,质疑其违背了北极各国需共同合作养护东北大西洋重要渔业资源的义务。冰岛在之后的渔业管理实践中努力树立负责任渔业国家的形象,才得以最终

---

① 邓贝西.欧盟的北极参与:政策形成、困局与机遇.2013北极通道利用与跨国合作国际研讨会,2013.
② 请参阅"粮农组织"网站.网址:http://www.fao.org.
③ 邓贝西.欧盟的北极参与:政策形成、困局与机遇.2013北极通道利用与跨国合作国际研讨会,2013.

被东北大西洋渔业委员会接受为其中的一员。

上述几个重要的国际及区域性组织对北极渔业的关注一定程度上构成了对北极渔业管理机制的监督,也在一定程度上监督北极渔业国家遵循国际普遍适用的渔业管理原则,以实现北极渔业的科学管理。

6.3 区域性渔业管理组织的北极相关渔业管理实践

虽然在北极海域还没有一个可以"一统全局"的区域性渔业管理组织,但是在北极边缘海存在着一些区域性渔业管理组织,就特定鱼类种群、特定区域履行着渔业管理的职责。这些区域性渔业管理组织均制定有严格的渔业管理制度且运作成熟,在次北极渔业管理实践中积累了大量的经验,为今后北极渔业管理提供了可贵的借鉴。在前面章节中已经梳理了与北极海域息息相关的各类区域性渔业组织,其中一些组织已经把管理范围拓展到北极海域,有些还未拓展到北极海域但具有拓展的潜力。本小节将重点介绍东北大西洋渔业管理组织的北极渔业管理实践,通过回顾该组织的北极渔业管理举措中的亮点,获知次北极海域渔业组织在北极相关渔业管理中的重要作用。之所以选择东北大西洋渔业管理组织作为典型,基于以下几个原因:该组织的签署国均是北极重要渔业国家;该组织的管理范围涉及北极海域;该组织在北极渔业管理中具有突出表现。

东北大西洋渔业管理组织有5个成员国/地区:丹麦、欧盟、冰岛、挪威、俄罗斯;另外该组织还有5个非成员的合作国:加拿大、新西兰、库克群岛、伯利兹和日本。[①] 从成员构成可以发现,除了重要北极渔业国家,欧盟作为区域性国际组织加入其中,体现其成员构成的多样性,且其合作国中包括北极国家及非北极国家,有助于其在制定渔业政策时可以获取不同立场的建议和意见。

---

① 请参阅"东北大西洋渔业管理组织"网站。网址:http://www.neafc.org。

东北大西洋渔业管理组织的管理区域不仅范围广且法律地位呈现多样性,既包括北极海域各国管辖范围下的区域,也包括北极海域公海区域(包括部分北冰洋中央区域),其覆盖下的部分北冰洋中央区域甚至延伸到了北极点,①约8%的北冰洋中央公海处于东北大西洋渔业委员会管辖范围之中。② 皮尤研究中心网站公布的东北大西洋渔业管理组织管理区域如图3-3所示,其中中央黑线区域内的浅灰色部分即为该组织管辖范围内的8%北冰洋中央公海区域。管理区域的多样性是对该组织管理能力的挑战,却又能发挥其制定具有法律约束力的渔业管理制度的功能。

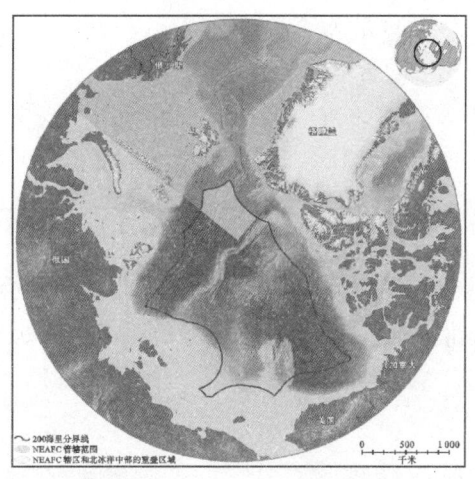

图 3-3　皮尤研究中心发布的东北大西洋渔业管理组织的管理区域图③

东北大西洋渔业管理组织在渔业管理方面具有很多亮点,其中严厉打击行为是其亮点之一。1998年,该组织通过了"对在国家管辖海域外的东北大西洋渔业管理组织管辖区渔船控制和执行计划"(Scheme of Control and Enforcement in Respect of Fishing

---

① 请参阅"东北大西洋渔业管理组织"网站.网址:http://archive.neafc.org.
② 中外专家沪上研讨北极渔业管理.中国海洋报,A1版,2015年1月19日.
③ 请参阅"皮尤研究中心"网站.网址:http://www.pewinternet.org/.

Vessels Fishing in Areas beyond the Limits of National Fisheries Jurisdiction in the Convention Area)。该计划规定任何在上述海域被发现涉足非法、不报告、不管制渔业（IUU）的渔船将被列入该组织的 IUU 名单，通知船旗国的外交部，并同时通知其他区域性渔业管理组织。① 另外，东北大西洋渔业管理组织还规定了其管辖区域内红平鲉和鲐鱼的总可捕量制度，以杜绝捕捞过度，科学养护上述鱼类种群；制定了港口国规定（Port-state Control），使港口国能在打击 IUU 中发挥重要作用；制定了远洋脆弱生境保护措施（Protection of Vulnerable Deep-water Habitats），等等。② 东北大西洋渔业管理组织的北极渔业管理措施多样化且全面，也体现了预防性措施等先进的管理理念。

当然，东北大西洋渔业管理组织也面临着些许困扰。比如，其所管理的鱼类种群并未在其管辖的北极海域大量出现，从而造成该组织在北极"英雄无用武之地"。但难能可贵的是，东北大西洋渔业管理组织还是兢兢业业承担着职责，为北极渔业未来发展做着充分的管理准备，甚至北极 5 国在历次北极渔业会议上也数次提及并承认东北大西洋渔业管理组织在北冰洋中央公海海域的渔业管理职责。③ 该组织是北极 5 国唯一承认在北冰洋中央公海具

---

① 请参阅"东北大西洋渔业管理组织"网站。网址：http://archive.neafc.org.
② 请参阅"东北大西洋渔业管理组织"网站。网址：http://archive.neafc.org.
③ Chairman's Statement, issued by the Five Arctic Ocean Coastal States at Meeting on Arctic Fisheries held at Nuuk, Greenland, 24-26 February 2014. Available at: http://www.pewtrusts.org/~/media/Assets/2014/09/ArcticNationsAgreetoWorkonInternationalFisheries-Accord.pdf?la=en; Declaration Concerning the Prevention of Unregulated High Seas Fishing in the Central Arctic Ocean, issued by the Five Arctic Ocean Coastal States at Meeting on High Seas Fisheries in the Central Arctic Ocean held at Oslo, Norway, 16 July 2015. Available at: https://www.regjeringen.no/globalassets/departementene/ud/vedlegg/folkerett/declaration-on-arctic-fisheries-16-july-2015.pdf; Chairman's Statement, issued by the Five Arctic Ocean Coastal States at Meeting on High Seas Fisheries in the Central Arctic Ocean at Washington, D.C., USA, 1-3 December 2015. Available at: http://www.state.gov/e/oes/rls/pr/250352.htm.

有渔业管理职责的区域性组织。未来,北极渔业得以进一步发展,其所累积的渔业管理经验必定"有用武之地"。

6.4 北极各国之间渔业合作协议的积极作用

由于地缘关系,北极各国在北极海域拥有很多共同的渔业利益。为了共同养护北极渔业资源以最大限度地维持北极渔业的可持续发展,北极各国之间签署有多个双边及多边协议,以共同养护与管理北极海域渔业种群。① 经过梳理,北极各国之间的渔业协议大致情况如下:1975年挪威与苏联签订《渔业事务合作协议》(Agreement between the Government of the Kingdom of Norway and the Government of the Union of Soviet Socialist Republics on Cooperation in the Fishing Industry),在该协议下成立了挪威-前苏联/俄罗斯联合渔业委员会;1985年美国和加拿大签订《美国和加拿大政府间关于太平洋鲑鱼条约》(Canada-United States Pacific Salmon Agreement);1992年格陵兰和挪威签订了《格陵兰/丹麦-挪威共同渔业关系协议》(Agreement between Greenland/Denmark and Norway Concerning Mutual Fishery Relations);1988年美国和前苏联签订《美国-苏联共同渔业关系协议》(Agreement between the Government of the United States of America and the Government of the Union of Soviet Socialist Republics on Mutual Fisheries Relations);1992年丹麦和俄罗斯签订《格陵兰/丹麦-俄罗斯共同渔业关系协议》(Agreement between Greenland/Denmark and the Government of the Russian Federation Concerning Mutual Fishery Relations)。上述双边及多边协议的管理区域除了各国管辖的北极海域外,还包括各国管辖外的北冰洋海域。

---

① Nikolas Sellheim. Problem-solving Capabilities, Goal-attainment and Effectiveness of the Barents Environmental Cooperation. The Yearbook of Polar Law, 4(1), 2012: 519-540.

比如，挪威与前苏联/俄罗斯的《渔业事务合作协议》管理区域甚至延伸到巴伦支海 Loop Hole 及北冰洋中央公海区域。另外，有些协议也覆盖其他的北极公海海域，比如挪威海 Banana Hole、白令海 Doughnut Hole、巴伦支海 Loop Hole。

除了上述正式签订的渔业合作协议下的渔业合作外，北极各国之间还有其他的渔业合作方式。加拿大与格陵兰之间并未签署正式的渔业协议，但双方就巴芬湾及戴维斯海峡共同的渔业资源养护与管理进行长期稳定的会议协商，并且加拿大的渔业与海洋部（Canadian Department of Fisheries and Oceans）与格陵兰自然资源部（Greenland Institute of Natural Resources）共同开展渔业科研合作，以期获得足够且确切的科学信息，从而促进该区域的渔业资源养护。总体而言，重要的北极渔业国家都积极开展与其他国家的渔业合作，但缺点是未形成北极所有国家均参与的多边协议，造成现阶段的北极渔业管理缺乏统一的管理组织及渔业管理协议。

在分析北极渔业管理机制的瓶颈时，挪威-前苏联/俄罗斯联合渔业委员会管理功能引发的管理主体混乱局面已经被提及，但不可否认，该委员会及委员会的渔业行动纲领《渔业事务合作协议》在北极海域相关区域的渔业管理方面还是具有很多亮点的。

首先，由于委员会决策必须经由两国一致决定才能确定，两国可以充分表达各自在该区域的渔业管理理念，成为两国开展渔业合作的一个平台。两国之间比较友好的渔业管理合作关系一定程度上也促进了 2010 年《摩尔曼斯克条约》、2011 年《巴伦支海划界协议》的签署，使两国的巴伦支海划界争议在友好的气氛中"尘埃落定"。

挪威-前苏联/俄罗斯《渔业事务合作协议》的管理覆盖范围广大，不仅包括两国巴伦支海管辖海域，还包括巴伦支海 Loop Hole 公海区域、巴伦支海外的挪威海（包括部分挪威海 Banana Hole 公海区域)、格陵兰海以及北冰洋海域(包括部分北冰洋中央公海区域)。虽然由于管理区域的"重叠",造成了管理主体混乱局面,但是不可否认,其广袤的管辖区域有利于开展基于生态系统的渔业管理,有效养护同一生态系统内的渔业资源。

并且,为了保障挪威-前苏联/俄罗斯1975年《渔业事务合作协议》的贯彻执行,两国还另外签署了两个渔业协定,以期全方位地开展有效的渔业管理。两国于1976年10月15日又签订《双边渔业关系协议》[①](Agreement between the Government of the Union of Soviet Socialist Republics and the Government of the Kingdom of Norway Concerning Mutual Relationship in the Field of Fisheries),进一步完善了两国在巴伦支海的渔业资源共同开发制度。接着,1978年1月1日两国又签订《关于双方共同监管巴伦支海域相邻地段渔业捕捞和渔业活动的临时协议》(Agreement between Norway and the Soviet Union on Provisional Practical Arrangements on Fishing in an Adjacent Area of the Barents Sea)[②],同意将争议区域设为共同开发的"灰色地带",两国渔船取得两国共同授予的渔业经营权后可以进入灰色地带作业,第三国渔船也可以在获得合法渔业经营权后进入共同开发区作业。

但是,不可否认北极各国之间缺乏多边合作,一定程度上使北极渔业处于"碎片式"管理状态。未来,气候变化条件下的北极渔业将有可能得以发展,为维护生态脆弱环境中的渔业资源得以可持续发展,北极各国之间应该加强渔业合作,执行协调统一的、基于生态系统的、预防性措施理念下的北极渔业管理制度。

---

① 请参阅《双边渔业关系协议》(中译本),1976。
② 请参阅《关于双方共同监管巴伦支海域相邻地段渔业捕捞和渔业活动的临时协议》(中译本),1978。

7. 未来北极渔业管理的展望和期望

在《联合国海洋法公约》专属经济区制度下,大部分的北极渔业处于北极各国管辖之下。在渔业发展中,高经济价值的跨界及高度洄游鱼类种群是渔业管理的关注重点,在北极也不例外。对于这类"出现在两个或两个以上沿海国专属经济区的种群或出现在专属经济区内而又出现在专属经济区外的邻接区域内的种群",必须协调好北极各国以及北极各国与远洋渔业国之间的关系,通过国际合作共同开展渔业养护与管理。实际上,北极各国之间、北极国家及非北极国家之间已经开展了些许富有成效的渔业合作。比如,20世纪90年代中白令海狭鳕资源不断枯竭的形势下,美国与前苏联/俄罗斯搁置政治分歧,达成渔业合作,并最终与远洋渔业国签署《中白令海狭鳕资源养护与管理公约》,使落到实处的狭鳕资源养护措施得以实行,这是双边合作拓展到多边合作的成功范例。中白令海狭鳕事件至少给我们两个启示:沿海国之间、沿海国与远洋渔业国之间的合作至关重要;在该事件中,当时并没有相应的渔业组织承担中白令海渔业资源管理的职责,美、俄作为白令海沿海国承担起上述公海海域的渔业管理协调者及领导者的身份,被质疑将渔业管辖权从专属经济区向公海延伸,可见,区域性渔业管理组织的及时并适时成立对公海渔业管理至关重要。另外,前苏联/俄罗斯与挪威之间就巴伦支海争议海域成立两国渔业联合委员会,通过制定捕捞配额、相互监督各自的渔业活动使该海域的渔业管理有序进行,成功的渔业合作一定程度上促成了2010年两国巴伦支海划界协议的达成,这是双边渔业合作拓展到政治和解的范例。鉴于北极海域生态之间的相关性,多边渔业合作是更值得期待的合作方式。虽然,就跨界及高度洄游鱼类种群的养护,2007年美国所倡导的北极多边合作的呼吁收效甚微,但也可以理解其他国家在该项合作提议上的迟疑,毕竟美国以北极禁捕为最终目的而发起的北极合作号召多少令其他北极国家有所顾虑,特别是渔业为国内重要产业的北极国家。随着北极渔业的发展,北极海洋生态保护、海洋生物资源养护日益受到关注,多边合作不啻是达成北极渔业协调统一管理机制的切入点。因此,未来,除了在北冰洋中央公海海域北极5国已经启动的富有成效的北极多边合作外,在各国管辖下的北极海域也应该开展落到实处的多边合作。

就北极公海渔业的管理,北极国家与国际社会的合作也很重要。《联合国海洋法公约》及《鱼类种群协定》等重要的渔业管理制度倡导以区域性渔业管理组织为平台开展国际合作下的公海渔业管理。并且,从国际渔业管理实践来看,区域性渔业组织更能胜任协调政府间渔业管理事务的职责,促成区域性渔业管理条例的达成,并能更有效地推动科学研究成果在渔业管理中的运用。[①] 作为北冰洋沿岸国,北极5国在未来北极区域性渔业组织中的角色至关重要,但是国际社会对该重要角色的认可由北极5国的国际合作意愿以及其北极渔业管理成功经验所决定。重视北极国家在北极渔业管理中的重要作用,同时尊重非北极国家的北极渔业权益,以促进北极渔业可持续发展为终极目标,国际合作下的北极公海渔业管理可以实现。

当然,鉴于北极海域脆弱的生态环境,预防性措施以及基于生态系统的渔业管理举措必须始终贯彻于北极渔业管理实践中。平衡渔业资源的养护与开发是渔业管理中的难题,未来北冰洋中央公海渔业一旦得以发展,也会面临同样的难题。然而,现阶段最关

[①] Michael Byers. International Law and the Arctic. Cambridge: Cambridge University Press, 2013; Rosemary Rayfuse. Warm Waters and Cold Shoulders: Jostling for Jurisdiction in Polar Oceans. The Yearbook of Polar Law, 1(1), 2009: 465-476.

键的是加强针对北极渔业发展的科学研究，以保证在商业渔业发展前能制定合情合理的北极渔业管理制度，避免"破坏已然造成而后再补救"的局面。但是，北极5国在拒绝成立北极区域性渔业组织、排斥其他非北极国家参加的情况下，以预防性措施和生态系统渔业管理为保护伞，联盟内部达成北冰洋中央公海渔业禁捕政策，这是意欲承担北极渔业管理"领导者"职责的单边主义的表现，违背国际法所倡导的公海渔业管理"国际合作"精神。我们也应警惕其形成排斥国际社会的管理联盟，防止其把联盟协议强加于国际社会，杜绝其潜移默化地强化"北极领导者"概念并逐渐把管辖权延伸到北极的其他领域。未来，非北极国家应加强科学研究，提升北极治理能力，呼吁成立区域性渔业组织，以渔业组织为平台参与到北极渔业管理机制构建过程中，维护国际法所赋予的北极渔业权益。

就北极渔业管理现状而言，未来北极区域性渔业管理组织的发展有两种可能性："锦上添花"——拓展现有组织的功能，使这些组织能通过互相协调实现北极所有区域、所有鱼类的管理；或者"无中生有"——建立能胜任北极渔业管理的新组织。当然，北极渔业管理组织的发展存在颇多变数，政治因素很大程度上会决定其发展走向。

第四章 其他海洋管理经验对北极渔业管理的启示

气候变化条件下的北极为国际社会所关注,北极渔业也是气候变化所催生的新生事物。针对北冰洋中央公海渔业管理,北极5国倡议禁捕临时措施,这是在缺乏科学信息前提下"不得已而为之"的养护措施。随着渔业发展,对渔业资源的科学认识不断深入,未来依托区域性组织能制定出针对性更强的渔业管理制度。在北极渔业管理制度形成过程中,其他的海洋管理经验可以提供一定的借鉴作用。本章将首先开展南北极渔业管理机制的对比研究,以探讨南极海洋生物资源养护实践对北极渔业管理的启示。本章也将探讨中白令海(Doughnut Hole)狭鳕资源养护实践对北冰洋中央公海渔业管理的启示,以及北极航道管理对北极渔业管理的启示。

1. 南北极海洋生物管理机制的对比研究

历史上,从自然环境、政治环境角度来看,南极与北极均是"冰封区域"。1959年《南极条约》签署以来,南极管理的一个核心理念就是冻结主权要求仅作和平目的。在北极海域,除了四个公海区域,其他均处于北极国家管辖之下;另外,北极理事会框架下的北极管理在一定程度上抵制非北极国家的深度参与。[①] 但现实是,由

[①] Oran O. Young. If an Arctic Ocean Treaty is not the Solution, What is the Alternative? Polar Record, 47, 2011: 327-334; Matti Niemivuo. What could the Arctic Council Learn from the Council of Baltic Sea States in Promoting Arctic Governance? The Yearbook of Polar Law, 4(1), 2012: 39-58.

于气候变化,两极成为人类易于接近且极具经济价值的资源"宝库","冰封区域"很难在纷繁复杂的国际形势中保持"不可接近性"。毋庸置疑,南北极地处地球两端,气候环境极端,导致南北极海洋生态系统简单且脆弱,渔业资源种类相对较少。由于生态系统的简单性,任何异动都可能引起对生态系统的致命打击。随着科学技术、捕捞技术的进步,南、北两极不再遥不可及,在渔业资源开发蓄势待发的背景下,南、北极海域共同面临着渔业资源养护与管理难题。下面我们通过南、北极海洋生物管理机制的对比研究分析南极实践经验对北极的启示。

1.1 渔业管理协议

南、北极最重要的区别是政治环境。南极冻结领土主权要求,仅作和平目的,且《南极条约》体系对南极事务实行"自上而下"的针对性管理。作为南极海洋生物资源管理的综合性法律框架,《南极海洋生物资源养护公约》凭借其出色的渔业管理实践,获得广泛的国际认可,被接纳为《南极条约》体系中唯一对南极渔业进行综合管理的多边协议。养护公约框架下的渔业管理注重渔业资源养护与开发并举,根据下设的科学分委会的科学调查和建议,养护委员会制定各项养护与开发措施。而最能体现养护公约先进性的预防性措施、基于生态系统养护的渔业管理等确保了南极渔业活动的有序开展。[1] 虽然由于缺乏执法机构等原因,南极海域也遭受非法、不报告、不管制渔业之扰,但总体而言,养护公约与时俱进的渔业管理理念以及不断发展的养护措施还是为国际社会所褒扬。

而北极地形特色为"陆地包围海洋",北极 8 国拥有各自北极陆地领土主权,根据《联合国海洋法公约》,在北冰洋中心北极点周

---

[1] Olav Schram Stokke & Davor Vidas. Governing the Antarctic: the Effectiveness and Legitimacy of the Antarctic Treaty System. Cambridge: Cambridge University Press,1996.

第四章　其他海洋管理经验对北极渔业管理的启示

围、挪威海、巴伦支海及白令海存在公海,而其他北极海域则由北极8国分享主权、主权权利及管辖权。因此,就渔业管理而言,北极本质上不同于冻结领土主权要求的南极。在南极,养护公约对南极渔业施以连贯性及统一性的管理;在北极,除了地缘政治复杂,北极很多区域也尚未形成大规模商业捕捞,北极缺乏区域性渔业管理条约进行连贯及统一的管理。目前,北极渔业管理大致遵循《联合国海洋法公约》《鱼类种群协定》《负责任渔业行为守则》等影响广泛的国际公约、协定和守则,①但缺乏针对性。另外,美国至今非《联合国海洋法公约》的签署国。因此,北极海域形成统一、协调的渔业管理机制面临着重重困难。除了上述普遍性渔业管理条约,北极8国之间的双边或多边协定及国内立法也作用于北极海域。但这些区域性条约具有分区域、分鱼类的特点,没有形成类似于《南极海洋生物资源养护公约》的南极海域普适性法律条约。气候变化促使北极海域海冰加速融化,北极渔业资源开发的前景美好,在商业渔业活动开展之前,有必要就北极渔业资源的开发、养护与管理达成协议,以避免在制度形成之前过度及无序捕捞破坏生态。

1.2　渔业管理组织

在南极,养护公约框架下成立的养护委员会被广泛称作"区域性渔业管理组织",执行对南极渔业资源的管理。养护委员会是决策机构,"一致通过"的决策方式使成员国的任何决定都能得到充分尊重,也使成员国在南极海域的国家权益得到最大限度的维护。同时,养护委员会的每项决策充分考虑其下设科学分委会的建议。科学分委会下设工作组,开展不同领域的科学研究工作并搜集数

---

①　陈丹红. 南极海洋生物资源养护委员会反南大洋 IUU 捕捞活动策略分析. 海洋开发与管理,26(11),2009:31-35;郭培清,石伟华. 南极政治问题的多角度探讨. 北京:海洋出版社,2012.

据。养护委员会成员国均可以参加科学分委会的工作,积极开展南极海洋生物资源调查,获取第一手资料,这有利于本国制定相应的、与时俱进的南极渔业政策。而委员会秘书处则促进成员国内部及与非成员国之间的沟通和合作,以及监督委员会制定的各项养护措施的贯彻执行。养护委员会的最大亮点在于科学分委会的工作,各成员国科学家共同参与科学研究与调查,为制定动态的渔业措施提供科学依据,且始终遵循预防性原则及基于生态系统养护的渔业管理理念,为南极海域渔业资源可持续发展提供科学保证。

北极理事会能够协调北极事务、推动北极合作,[1]但囿于其"政府间论坛"的性质,缺乏区域性渔业管理组织所具备的制定强制性操作准则的权威性。虽然有迹象表明,北极理事会不断加强对北极事务的管理,且有可能在未来制定更多具有法律约束力的管理制度,但就目前情况而言,北极理事会对渔业管理并未过多涉及。但是,北极理事会通过"北极监测与评估计划"(Arctic Monitoring and Assessment Porgramme)等项目对北极的生物多样性进行评估,其中不可避免涉及渔业资源。随着气候变暖和未来北极新渔场的出现,北极理事会关注,甚至管理北极渔业也不是绝无可能。然而,现阶段北极理事会显然无法胜任北极渔业管理的职责。

在部分北冰洋海域及北冰洋边缘海存在着相应的区域性渔业管理组织,而且这些组织运作机制成熟。关于北极相关的区域性渔业组织,在之前的章节已经述及。这些组织大致分为三类:适用于北极边缘海的、适用于北极海域的、未来可能适用于北极海域的。比如,大西洋金枪鱼类保护委员会、北太平洋溯河渔业委员会等管辖区域仅局限于北大西洋与北太平洋海域;东北大西洋渔业委员会管辖区域涉及部分北极海域,而挪、俄渔业联合委员会则管

---

[1] Terry Fenge. The Arctic Council: Promoting Cooperation in the Circumpolar World. The Yearbook of Polar Law, 4(1), 2012: 77-86.

第四章 其他海洋管理经验对北极渔业管理的启示

辖巴伦支海为核心的部分北极海域;中西太平洋渔业委员会、大西洋金枪鱼类委员会并没有确定其管理范围的北部界限,但在气候转暖、北冰洋海冰融化的背景下,随着这类高度洄游鱼类向北迁移,未来这类渔业组织可能会把管辖范围拓展到北极海域。但总体而言,上述渔业管理组织分别针对特定区域、特定鱼类。目前北极海域还没有一个全面的区域性渔业管理组织承担相应职责,这显然不符合北极渔业发展的现状。

1.3 渔业管理理念

《南极海洋生物资源养护公约》获得广泛的国际认可,一个重要原因在于其倡导的渔业管理理念在实践过程中被证明是行之有效的。最能体现养护公约先进性的莫过于其基于生态系统养护的渔业管理理念及预防性措施。养护公约被认为是基于生态系统养护的渔业管理理念的先驱,其有别于单一鱼类种群保护,更关注的是如何维护更广泛的由复杂种间关系构成的生态系统的和谐、稳定和物种多样性。[①] 因此,跨越行政区域、掌握科学数据、监测鱼类种群数量结构和分布动态等成为执行基于生态系统养护的渔业管理的前提。养护公约适用区域较之于《南极条约》要宽泛,从《南极条约》南纬60°以南的管辖范围拓宽到养护公约包括南极辐合带之间的区域,就是考虑到南极海洋生态系统的整体性。而且,养护公约第11条"委员会应在养护出现在毗邻海域和本公约适用区域中的任何种群或相关物种的种群方面寻求与对公约适用区域毗邻海域行使管辖权的缔约方合作,以协调对这类种群采用的养护措施"也体现了生态系统保护理念。另外,养护公约第2条第3款"防止在20或30年内在海洋生态系统中发生不可逆转的变化,或将发生

---

① United Nations. Ecosystem Approaches to the Management of Ocean-related Activities. United Nations Publication, 2010.

此变化的危害性降至最低"则体现了预防性措施在南极渔业管理中的重要性。养护公约的出台就是预防性措施的很好例证：20世纪六七十年代，南极磷虾捕捞业发展迅速，前瞻性地考虑到南极磷虾数量异动会影响到以南极磷虾为基础的南极海域食物链的稳定，国际社会呼吁在南极磷虾捕捞业未造成南极海域生态灾害之前，出台相关制度以维护生态系统的安全稳定，养护公约由此而产生。[①]

虽然北极5国在北极渔业管理方面累积了各具特色的实践经验，但囿于其地缘政治，跨越行政区域的生态系统养护的渔业管理很难得到执行。比如，2007年美国国会第17号决议(*US Senate Joint Resolution No. 17 of 2007*)呼吁北极各国携手合作，就北冰洋跨界、高度洄游鱼群的养护与开发签署相关合作协议或成立区域性组织，以更好地规范并实施渔业管理，但该建议在同年北极理事会部长级会议上被提出时，却在会议当下决定"北极理事会不涉足渔业事务"。很明显，生态系统渔业管理理念在北极海域的实施遭遇着一定的政治阻力。现行的北极渔业管理禁锢于比较严格的行政区域而仅能开展"碎片式"管理，不利于执行统一生态系统内连贯、和谐的渔业管理制度，南极养护公约倡导的基于生态系统养护的渔业管理理念可以成为北极汲取宝贵经验的来源。北极各国应本着促进渔业可持续性发展的目标，跨越行政区域，签订多边渔业协议，或者明确以《联合国海洋法公约》为法律框架，对北极渔业执行统一、协调的渔业管理。

1.4 与其他国际组织及协议的互动关系

《南极海洋生物资源养护公约》已经成为南极渔业管理的法律框架，但其并不排斥其他国际组织或国际协议在该海域的介入与

[①] Francesco Francioni & Tullio Scovazzi. International Law for Antarctica. Boston: Martinus Nijhoff Publishers, 1996.

第四章 其他海洋管理经验对北极渔业管理的启示

作用。养护公约第 23 条指出:"(南极海洋生物资源养护)委员会和科学分委员会应酌情与联合国粮食与农业组织和其他专门机构合作。"虽然南极协商国组织与联合国曾经就"南极事务管理者"角色进行角逐,但养护委员会就渔业管理事务与联合国长期保持着协作关系。《联合国海洋法公约》的诸多渔业管理理念和委员会的资源养护措施不谋而合,彼此互动明显、相得益彰。[1] 比如,《联合国海洋法公约》第 118 条倡导渔业资源养护和管理上的国际合作;第 63、64、66、67 条重申了国际合作在跨界资源、和公海渔业资源管理方面的重要性;第 61、119 条则体现了生态系统管理的理念,突出种间关系对维护生态平衡的重要性。另外,联合国制定了系列渔业管理条约,《促进公海渔船遵守国际养护和管理措施的协定》《鱼类种群协定》《负责任渔业行为守则》《关于预防、抵制和消除非法、未报告和违规捕鱼国际行动计划》等已经广泛运用于南极海域,且各条约从不同角度强调沿海国、船旗国、港口国、第三方的责任与义务及国际合作的重要性。

然而,北极海域还没有统一的区域性渔业管理组织,还未能有组织胜任制定有针对性的北极渔业管理制度。在此情况下,北极各国则应以全球视野、包容开放态度,同时遵循相关国际公约,以实现北极渔业可持续发展为终极目标,积极加强与国际组织的合作,这符合全球和平发展的大趋势。

总而言之,由于《南极海洋生物资源养护公约》出台至今已经 30 余年,在不断的渔业管理实践中积累了丰富的经验,而北极海域大规模商业捕捞尚未全面开展,因此在上述对比研究中,更多的是南极渔业管理对北极的借鉴及启示。除了上述南极渔业管理亮点对北极的借鉴与启示,南极渔业管理中对第三方缺乏约束力、缺乏

---

[1] 康文中.大国博弈下的北极治理与中国权益.中共中央党校博士学位论文,2012.

执法机构以至于打击非法、不报告、不管制渔业活动不力等劣势也同样对北极渔业有警示作用。基于北极地缘政治的现状,当前在北极海域制定一个类似于《南极海洋生物资源养护公约》的综合性、跨区域、跨行业、以生态系统养护为基础的渔业管理制度不现实,①但是,北极国家必须充分认识到这种理想化渔业管理模式的亮点,树立宽广的胸襟,以保护北极海域生态平衡为终极目标,最大限度地求同存异,实现北极渔业的有效科学管理。

2. 中白令海狭鳕养护实践对北冰洋中央公海渔业管理的启示

气候变化条件下的北极经历着诸多的环境变化。北冰洋中央公海渔业在不久的将来可能作为新兴渔业而出现,②从而引起了广泛的国际关注。北极5国从2010年起每年召开北极渔业会议,商讨北极渔业特别是北冰洋中央公海渔业事务,并于2015年7月奥斯陆会议上达成北冰洋中央公海防止不规范商业渔业的临时措施内部协议。北极5国此举引起了广泛的国际关注,特别是得到了重要远洋渔业国的重视.揣测其禁捕临时措施的真实意图,猜度北

---

① Erik J. Molenaar. Arctic Fisheries Conservation and Management: Initial Steps of Reform of the International Legal Framework. The Yearbook of Polar Law, 1 (1), 2009: 427-463; Ron Macnab. The Southern and Arctic Oceans: Polar Opposites in Many Respects. The Yearbook of Polar Law, 2(1), 2010: 245-251.

② Paul Wassmann, Carlos M. Duarte, Susana Agusti & Mikaelk Sejr. Footprints of Climate Change in the Arctic Marine Ecosystem. Global Change Biology, 17 (2), 2011:1235-1249; Margaret M. McBride, Padmini Dalpadado, Kenneth F. Drinkwater, et al. Krill, Climate, and Contrasting Future Scenarios for Arctic and Antarctic Fisheries. ICES Journal of Marine Science, 2014:1-22; Jorgen S. Christiansen, Catherine W. Mecklenburg & Olegv Karamushko. Arctic Marine Fish and Their Fisheries in Light of Global Change. Golbal Change Biology, 20(2), 2014: 352-359.

第四章 其他海洋管理经验对北极渔业管理的启示

极5国内部达成该协议后的跟进行为。

针对公海开展渔业管理是极其普遍的渔业管理实践,但迄今为止北冰洋中央公海渔业管理却展现出其非普遍性的特点:上述禁捕临时措施是由沿海国内部达成的,针对的是尚未出现商业渔业的公海海域,迄今为止作为北冰洋沿海国的北极5国也仅表示遵守该措施的愿望,临时措施不具备国际法律约束力。为了更全面、深刻地了解北冰洋中央公海渔业管理,本节将以中白令海狭鳕资源养护实践为例,通过对比研究展现两者之间的"异曲同工",同时重点探讨中白令海狭鳕资源养护实践对北冰洋中央公海渔业管理的启示作用。

2.1 中白令海狭鳕资源养护实践

2.1.1 中白令海狭鳕资源养护争端

白令海处于北太平洋最北端,通过白令海峡与北冰洋相连。严格而言,白令海并不属于北极海域,但可以看做是次北极海域。白令海面积约为227.4万平方千米,大部分海域属于美国和俄罗斯①领海和专属经济区;中白令海则是处于白令海中央的公海海域、面积约为18.1万平方千米,仅占总面积的8%左右。中白令海即白令海公海海域。

白令海是日本、韩国、波兰、中国在内的远洋渔业国的传统渔场,狭鳕是最主要的捕捞鱼种。1982年《联合国海洋法公约》出台后,沿海国纷纷划定本国专属经济区。随着公约制度下海域法律地位的确定,原来在白令海作业的远洋渔业国不得不把作业区域转移到中白令海。该海域狭鳕资源同样丰富。由于当时并没有相应的区域性渔业组织管理该海域,规范渔业行为的管理制度执行还不严格。为追逐经济利益,各国的狭鳕捕捞总量逐年上升,这从

---

① 中白令海狭鳕养护争端始于20世纪80年代末,但《中白令海狭鳕资源养护与管理公约》签订于1994年,期间的政府间磋商会议相继由前苏联及俄罗斯联邦参与;本书以美国及前苏联/俄罗斯指代相应的两个白令海沿海国。

117

历年的捕捞数据可见一斑:1980年各国狭鳕捕捞总量为1.5万吨;1985年则飙升了20多倍达到36.3万吨,仅一年之后产量又惊人地翻了近三番达到104万吨;之后的产量增速稍稍放缓,但到1989年还是达到145万吨,成为狭鳕年产量的历史最高点。① 然而,在几乎连续十年的过度捕捞之后,中白令海的狭鳕资源遭遇了重创,产量急剧下降:1991年产量下挫为29.3万吨,而1992年则仅为1万吨,资源衰竭速度之快令人猝不及防。② 虽然白令海专属经济区狭鳕产量并未剧烈动荡,但中白令海狭鳕资源衰竭已然引起美国及前苏联的重视。20世纪80年代到90年代初,白令海专属经济区与公海狭鳕产量数据见表4-1。

表4-1 白令海专属经济区与公海狭鳕资源捕捞统计
(1980～1992)③(单位:万吨)

捕捞量\海域\年份	美国白令海专属经济区	前苏联/俄罗斯④白令海专属经济区	中白令海
1980	95.8	92.8	1.5
1981	97.4	89.1	—
1982	95.6	101.9	0.4
1983	98.2	97.1	7.1
1984	109.9	75.6	18.2

---

① Lourene Miovski. Solutions in the Convention on the Law of the Sea to the Problem of Overfishing in the Central Bering Sea: Analysis of the Convention, Highlighting the Provisions Concerning Fisheries and Enclosed and Semi-Enclosed Seas. San Diego Law Review, 26, 1989: 525-574.

② 缪圣赐. 2010年白令海公海狭鳕的捕捞继续禁捕一年. 渔业信息与战略, 2010 (1): 32-33.

③ Evelyne Meltzer. Global Overview of Straddling and Highly Migratory Fish Stocks: the Nonsustainable Nature of High Seas Fisheries. Ocean Development and International Law, 25, 1992: 255-344.

④ 前苏联于1991年解体,而此表统计年份区间为1980～1992年,因此用"前苏联/俄罗斯白令海专属经济区"表示统计数据所涉及的海域。

第四章 其他海洋管理经验对北极渔业管理的启示

(续表)

捕捞量 海域 年份	美国白令海专属经济区	前苏联/俄罗斯白令海专属经济区	中白令海
1985	117.9	66.2	36.3
1986	118.9	86.7	104
1987	123.7	81.2	132.6
1988	122.8	132.7	139.7
1989	123	102.9	144.8
1990	131.5	81.4	91.8
1991	136.4	50.4	29.3
1992	135.2	60	1

针对狭鳕资源日益枯竭的窘状,1988年4月美国与前苏联两个沿海国首先进行了商谈,旨在以远洋渔业国的中白令海渔业作业严重危及其专属经济区渔业资源养护为缘由,督促远洋渔业国与沿海国进行协商。① 美、苏还策划成立某种管理机制以控制狭鳕总捕捞量,同时加强资源科学调查。但事实上,这些提议的后续工作并未得以有效实施。② 随即,1988年7月和1990年4月美、苏两次召集日本、韩国、波兰、中国举行了白令海沿海国与远洋渔业国会议,提出了中白令海狭鳕禁捕或设定年捕捞总量的管理措施;但是,上述会议并没有达成一致意见,远洋渔业国均反对沿海国的措施建议,主要原因有二:维护本国的公海渔业权益;美、苏专属经济

---

① Lorene Miovski. Solutions in the Convention on the Law of the Sea to the Problem of Overfishing in the Central Bering Sea: Analysis of the Convention Highlighting the Provisions concerning Fisheries and Enclosed and Semi-enclosed seas. San Diego Law Review, 26, 1989: 525-574.

② Lorene Miovski. Solutions in the Convention on the Law of the Sea to the Problem of Overfishing in the Central Bering Sea: Analysis of the Convention Highlighting the Provisions concerning Fisheries and Enclosed and Semi-enclosed seas. San Diego Law Review, 26, 1989: 525-574.

区内的狭鳕捕捞产量一直以来占白令海总产量的50%以上。①美、苏提出禁捕或设定年捕捞总量措施时在本国专属经济区的狭鳕捕捞作业并没有停止(捕捞数据请参考表4-1),使远洋渔业国认为不公平。② 针对收效甚微的沿海国与远洋渔业国会议,美、苏于1990年5月再次就中白令海狭鳕资源养护交换了意见,明确了中白令海狭鳕禁捕的决心。③ 从1991年年初起,沿海国与远洋渔业国就中白令海狭鳕资源养护问题举行了几乎每半年一次的政府级协调会议,但由于两大阵营之间的分歧,历次会议还是收效甚微,中白令海狭鳕资源养护争端已经涉及公海渔业权益和国家利益的维护。然而,1992年几乎触底的狭鳕产量最终使上述六个国家达成了1993年禁捕临时措施的协议,同时一致同意开展"中白令海狭鳕渔业观察员项目",就白令海专属经济区及公海的狭鳕资源生物量、捕捞努力量、捕捞产量开展科学调查。④ 之后,鉴于资源并未有恢复迹象,1994及1995年禁捕措施继续执行。为恢复狭鳕资源,六国于1994年2月达成了《中白令海狭鳕资源养护与管理公约》

---

① 周应祺.白令公海狭鳕渔业资源保护与管理公约的启示.水产科技情报,22(1),1995;35.

② Lorene Miovski. Solutions in the Convention on the Law of the Sea to the Problem of Overfishing in the Central Bering Sea: Analysis of the Convention Highlighting the Provisions concerning Fisheries and Enclosed and Semi-enclosed seas. San Diego Law Review, 26, 1989: 525-574.

③ Lorene Miovski. Solutions in the Convention on the Law of the Sea to the Problem of Overfishing in the Central Bering Sea: Analysis of the Convention Highlighting the Provisions concerning Fisheries and Enclosed and Semi-enclosed seas. San Diego Law Review, 26, 1989: 525-574.

④ Stuart B. Kaye. Legal Approaches to Polar Fisheries Regimes: A Comparative Analysis of the Convention for the Conservation of Antarctic Marine Living Resources and the Bering Sea Doughnut Hole Convention. CWSL Scholarly Commons, 1995: 1-40; Evelyne Meltzer. Global Overview of Straddling and Highly Migratory Fish Stocks: The Non-sustainable Nature of High Seas Fisheries. Ocean Development and International Law, 25, 1994: 255-344.

第四章 其他海洋管理经验对北极渔业管理的启示

(以下简称"《中白令海狭鳕公约》")。该公约于1995年12月生效,规定在恢复并维持可实现最高持续产量的白令海狭鳕资源水平之前执行临时性禁捕措施,从此开启了狭鳕资源养护的漫长道路。

2.1.2 《中白令海狭鳕资源养护与管理公约》

《中白令海狭鳕资源养护与管理公约》(简称《中白令海狭鳕公约》)是在狭鳕资源已然破坏的情形下所制定的旨在补救的渔业管理制度。该公约的亮点体现在以下方面:①公约由沿海国与远洋渔业国共同签署,通过相关的渔业合作安排机制成员国每年定期召开会议,商讨狭鳕养护与管理措施;②每年的成员国会议及时通报狭鳕资源最新情报,并成立科学委员会开展资源调查与研究,注重动态的资源状况调查;③由成员国通过协商一致的方式共同制定中白令海狭鳕年捕捞量、配额、养护措施、合作机制等,并共同制定科学委员会的工作计划;④首次在渔业条约中运用了极限参考点的概念,为了恢复并维持可实现最高持续产量的白令海狭鳕资源水平,在阿留申盆地狭鳕生物量低于167万吨时中白令海执行禁捕临时措施;⑤就中白令海渔业活动制定了具体的管理与监测措施,比如各捕捞国的渔业数据提交、观察员制度、登临与检查制度、捕捞船只的实时卫星定位等;⑥督促第三方自觉遵守本公约的相关规定,第三方违反本公约的行为将受到成员国单独或集体的抵制和制裁。① 但是,作为特定时期和条件下的妥协产物,《中白令海狭鳕公约》有其不够完善的本质特点:仅关注狭鳕资源养护,不符合以生态养护为基础的渔业管理理念;公约签署之后,中白令海公海狭鳕禁捕,但美、俄专属经济区不禁捕,养护措施事倍功半,既没有根本上解决沿海国与远洋渔业国之间的利益冲突,也未能真正富有成效地养护狭鳕资源;作为沿海国,美国与俄罗斯之间缺乏落到实处的合作与沟通,使专属经济区与公海渔业政策之间未能得以协

---

① 请参阅《中白令海狭鳕资源养护与管理公约》。

调,并且也未能利用地缘优势开展富有成效的联合监督机制制止白令海的非法、不报告、不管制渔业,使狭鳕资源养护更加任重道远。

1993年执行中白令海禁捕临时措施以来,这片昔日世界重要渔业作业海域的狭鳕资源迄今并未得以恢复。近年来,科学调查下的狭鳕资源生物量仍然远远低于开捕标准[1],禁捕措施继续执行。虽然20几年来人类在努力补救,但20世纪八九十年代不受规范的捕捞行为还在让人类付出代价,这是渔业管理历史上值得深刻反思的教训。

2.2 中白令海狭鳕资源养护实践对北冰洋中央公海渔业管理的启示

2.2.1 中白令海狭鳕养护与北冰洋中央公海渔业管理的对比研究

中白令海狭鳕资源管理和北冰洋中央公海渔业管理有一定可比性。两者均针对公海渔业资源,且沿海国与远洋渔业国之间存在潜在的利益冲突。当渔业问题出现时,均缺失区域性渔业组织制定针对性的渔业管理机制,均由沿海国之间首先达成一致然后邀请远洋渔业国加入谈判过程。做出临时性渔业管理措施时,均缺乏足够的渔业科学数据。而且,引人注目的是,美国和前苏联/俄罗斯提出禁捕措施时,极力模糊中白令海的公海性质,而是以养护出现在其专属经济区内外的重要狭鳕资源为借口,承担起相应的管理领导者身份;[2]而北极5国似乎也有相似的单边主义倾向,以预防性措施为保护伞,率先提出北冰洋中央公海禁捕临时措施,用实际行动表达管理"领导者"身份的诉求。

但是,两者之间也存在显而易见的差异性。比起中白令海18.1万平方千米的面积,北冰洋中央公海海域面积更加浩瀚,其面

---

[1] 今年中白令海狭鳕可捕量仍为零. 中国食品信息网,2006. 网站:http://www.chinafoods.cn/channel/html/2006-09/36202.htm.

[2] 黄硕琳. 中白令海的公海地位及渔业问题. 水产学报,16(3),1992:289-293.

第四章 其他海洋管理经验对北极渔业管理的启示

积约为 280 万平方千米,约占北冰洋的 19%。中白令海狭鳕禁捕措施是过度捕捞造成资源已然枯竭状态下所采取的补救措施,而北冰洋中央公海禁捕临时措施则是预防性措施下的"未雨绸缪"之举,商业渔业还并不真正存在。当资源量达到一定水平后,中白令海即可狭鳕开捕,然而北冰洋中央公海并未制定未来开捕的可能条件。中白令海狭鳕资源养护仅涉及单一物种,而北冰洋中央公海禁捕临时措施则是在未知鱼群结构、数量、分布的情况下所采取的预防性措施,缺失足够的历时性数据对未来渔业作出科学判断。中白令海狭鳕资源养护管理仅涉及有限的六个利益攸关方,而就北冰洋中央公海而言,除了北极 5 国,中国、日本、韩国、冰岛、欧盟获邀参加北极渔业会议,未来更多地涉足远洋渔业的非北极国家可能也会加入管理机制构建的谈判过程。在中白令海狭鳕养护政策制定过程中,远洋渔业国的作用明显,其意见和建议对整个谈判过程起着举足轻重的影响;然而,现阶段由于北极 5 国在北冰洋中央公海渔业管理中充分发挥沿海国的地缘优势,主导机制构建过程的意图比较明显,其他利益攸关方仅在"获邀"下才得以参与北极渔业的政府间磋商会议。综上所述,可以预见,未来北冰洋中央公海渔业管理面临的局势更加微妙,未来面临的挑战也可能更大。

2.2.2 启示与借鉴

如上文所述,《中白令海狭鳕公约》是在资源已然枯竭的状况下签订的,并不是基于预防性措施的理念,以至于在公约签署之后的 20 多年里,该海域的狭鳕资源还未得以恢复,禁捕政策仍在执行。该公约可以为世界各海域渔业管理提供一定的警示作用,表明预防性措施在渔业资源养护中的关键作用。预防性措施是由 1995 年《鱼类种群协定》正式提出的一种渔业管理理念,执行该措施的一个重要前提是加强科学研究并获取最佳科学数据,[①]以制定

---

① 请参阅《鱼类种群协定》第 6 条"预防性做法的适用"。

及时并科学的渔业管理制度。现阶段北极 5 国所达成的北冰洋中央公海防止不管制捕捞活动的临时措施则主要基于预防性措施的理念，显然未能基于最佳的科学数据。鉴于气候变化下的北冰洋渔业具有动态性特征，北极 5 国应积极协调其他非北极国家共同参与相应的科学调查，通过国际合作交换科学数据以共同制定符合渔业资源状况的管理制度。科学调查可以成为北极及非北极国家之间就北极渔业达成合作关系的原动力。

当然，国际合作的前提是协调好沿海国与远洋渔业国之间的关系。《中白令海狭鳕公约》之所以经历了几乎 5 年的艰难谈判才得以签署，最大原因是谈判之初两大阵营的利益冲突未得以妥善解决。作为沿海国的美国与前苏联/俄罗斯虽然强烈建议中白令海狭鳕禁捕，但在本国专属经济区内却未执行与之相协调的渔业制度，导致远洋渔业国为维护自身的公海渔业权益而一致反对沿海国的禁捕建议。虽然，在北极 5 国宣布北冰洋中央公海临时措施以来，其北极渔业会议已经邀请其他重要的 5 个远洋渔业国/地区参与，但是其临时措施的协商过程却缺失这些重要远洋渔业国/地区的参与。鉴于北极 5 国多次在其北冰洋中央公海渔业会议上重申仅在"合适时机"邀请利益攸关方参与渔业机制构建过程的讨论，[①]令人不免认为，北极 5 国意欲在其联盟内部达成共识并制定了相关机制之后，才象征性地邀请其他非北极国家参与"国际合作"美名下的被动谈判，并接受"既成事实"，这显然不符合公海"捕

---

① Chairman's Statement, issued by the Five Arctic Ocean Coastal States at Meeting on Arctic Fisheries held at Nuuk, Greenland, 24-26 February 2014. Available at: http://www.pewtrusts.org/~/media/Assets/2014/09/ArcticNationsAgreetoWorkonInternationalFisheries-Accord.pdf? la = en; Declaration concerning the Prevention of Unregulated High Seas Fishing in the Central Arctic Ocean, issued by the Five Arctic Ocean Coastal States at Meeting on High Seas Fisheries in the Central Arctic Ocean held at Oslo, Norway, 16 July 2015. Available at: https://www.regjeringen.no/globalassets/departementene/ud/vedlegg/folkerett/declaration-on-arctic-fisheries-16-july-2015.pdf.

第四章 其他海洋管理经验对北极渔业管理的启示

鱼自由"①下的国际合作精神。

沿海国与远洋渔业国之间开展有效国际合作的平台之一为区域性渔业组织,这为《联合国海洋法公约》和《鱼类种群协定》所认可。② 同时,上述两个重要的渔业条约均没有明确规定沿海国在公海渔业管理中享有特权;③但是,在国际渔业管理实践中,沿海国尤其关注与其专属经济区渔业资源可持续发展息息相关的公海渔业养护,地缘优势也使沿海国更容易开展公海渔业监测、管控和监管,使得他们成为相关区域性渔业组织的重要成员甚至重要决策者。然而,沿海国在这类组织中的重要作用得到广泛认可的前提是沿海国应充分发挥其协调作用,大力开展与远洋渔业国的广泛合作,为实现渔业可持续发展做出切实努力。美国与前苏联/俄罗斯作为沿海国最初发起中白令海狭鳕资源养护谈判时,与远洋渔业国之间的分歧不能得到妥善处理,且远洋渔业国质疑沿海国搭建的谈判平台不能使两大阵营处于公海渔业及渔业管理的平等地位。④ 虽然 1982 年《联合国海洋法公约》鼓励成立区域性组织协调公海渔业事务,⑤但一直到 1995 年《鱼类种群协定》才给予成立这类组织的具体实施细则。⑥ 鉴于缺乏纲领性的法律实施框架和可借鉴的实践经验,20 世纪 80 年代末开始的中白令海渔业谈判并未在区域性渔业组织的平台上开展,致使谈判前后经历了 5 年,未能

---

① 请参阅《联合国海洋法公约》第 87 条第 1 款。
② 请参阅《联合国海洋法公约》第 63、118、119 条,以及《鱼类种群协定》第 8 条。
③ 邹磊磊,黄硕琳. 试论北冰洋中央公海渔业管理中北极 5 国的"领导者"地位. 中国海洋大学学报(社会科学版),2016(3):6-13.
④ Stuart B. Kaye. Legal Approaches to Polar Fisheries Regimes: A Comparative Analysis of the Convention for the Conservation of Antarctic Marine Living Resources and the Bering Sea Doughnut Hole Conservation. California Western Internatinal Law Journal,26(1),Art. 4,1995:75-114.
⑤ 请参阅《联合国海洋法公约》第 118 条"各国在养护和管理(公海)生物资源方面的合作"。
⑥ 请参阅《鱼类种群协定》第 9 条"分区域和区域渔业管理组织和安排"。

及时实施养护措施,使狭鳕资源枯竭状况越发恶化。在1994年签订的《中白令海狭鳕公约》下,渔业合作安排机制得以建立,通过该渔业合作安排,成员国每年定期召开会议,共同制定狭鳕养护措施并监督措施的执行。渔业合作安排和分区域或区域性渔业组织均是国际渔业法承认的国际渔业合作平台。这些平台在协调公海渔业管理方面具有优势:成员国能在公正、公平的前提下拥有相同的权利和义务,也有利于其所制定的渔业管理措施的执行和实施。并且,就新兴渔业,《鱼类种群协定》不仅鼓励沿海国与远洋渔业国开展国际合作、及时成立区域性渔业组织制定渔业养护与管理措施,而且鼓励邀请对该海域渔业感兴趣的国家参加渔业管理机制构建的过程。① 纵观北极5国从内部达成临时措施到邀请中国、日本、韩国、冰岛、欧盟参加其北极渔业扩大会议,其做法并不符合《鱼类种群协定》鼓励的国际合作精神,因为与重要远洋渔业国的合作是在联盟达成临时措施后才起步的。而且,北极5国现阶段仍否认成立区域性渔业组织的必要性,也未有迹象表明将有更多的对该海域渔业感兴趣的国家受邀参加北冰洋中央公海渔业会议。② 虽然北冰洋中央公海商业渔业并未开展,但以中白令海狭鳕养护事件为警示,适时建立区域性渔业组织,协调针对北冰洋中央

---

① 请参阅《鱼类种群协定》第三部分"关于跨界鱼类种群和高度洄游鱼类种群的国际合作机制"第8条"养护和管理的合作"。

② Chairman's Statement, issued by the Five Arctic Ocean Coastal States at Meeting on Future Arctic Fisheries held at Washington, D. C. , USA, 29 April-1 May 2013. Available at: http://www. state. gov/e/oes/rls/pr/2013/209176. htm; Chairman's Statement, issued by the Five Arctic Ocean Coastal States at Meeting on Arctic Fisheries held at Nuuk, Greenland, 24-26 February 2014. Available at: http://www.pewtrusts. org/~/media/Assets/2014/09/ArcticNationsAgreetoWorkonInternationalFisheries-Accord.pdf? la = en; Declaration Concerning the Prevention of Unregulated High Seas Fishing in the Central Arctic Ocean, issued by the Five Arctic Ocean Coastal States at Meeting on High Seas Fisheries in the Central Arctic Ocean held at Oslo, 16 July 2015. Available at: https://www. regjeringen. no/globalassets/departementene/ud/vedlegg/folkerett/declaration-on-arctic-fisheries-16-july-2015. pdf.

第四章 其他海洋管理经验对北极渔业管理的启示

公海的全面科学调查活动和科学数据交流,为沿海国和远洋渔业国提供公平的"发声"和参与管理机制构建的机会,才真正符合现代渔业管理的理念。

《中白令海狭鳕公约》中关于"成员国通过协商一致原则共同制定狭鳕年捕捞量、配额、养护措施、合作机制、科学委员会工作计划"[①]的相关条款引人注目,不仅体现了上文所述的沿海国与远洋渔业国的公平原则,而且体现了渔业管理的动态性特征。中白令海狭鳕资源、北冰洋中央公海渔业资源均处于动态发展之中,根据资源状况调整养护和利用措施符合资源管理的原则。在缺乏足够科学数据的前提下,北极5国提出的北冰洋中央公海禁捕临时措施确实符合预防性渔业管理的理念,但是,其他重要远洋渔业国未参与临时措施的谈判过程,而在北极5国达成内部统一协议后邀请他们参与相关会议,旨在推广其临时措施并使之得到更广范围的认可,这样的举措有失公允。气候变化条件下的北冰洋正经历着重大的环境变化,海洋生物资源的养护与利用应该是协调互动的。北冰洋中央公海渔业管理也应该是动态发展的,以"生态环境保护"为名,以"临时措施"为抓手剥夺国际法所赋予的各国北极渔业权益的做法不符合世界和平、国际合作的大环境。相反,以临时措施为起点,适时建立渔业合作安排或区域性渔业组织,协调更广泛的利益攸关方开展更广泛的科学调查合作,了解北极渔业动态,及时调整北冰洋中央公海渔业政策,这才是大势所趋之举。

诚然,过度捕捞是造成中白令海狭鳕资源枯竭的最主要原因,然而,未及时开展资源科学调查也加速了狭鳕资源枯竭的脚步。[②] 1988年美、苏就中白令海狭鳕资源养护开展最初沟通交流的时候,也提出了科学调查资源现状的设想,以期用翔实数据证明狭鳕资

---

① 请参阅《中白令海狭鳕资源养护与管理公约》。

② Kevin M. Bailey. An Empty Donut Hole: The Great Collapse of a North American Fishery. Ecology and Sociey, 16(2), 2011: 85-99.

源已经在过度捕捞下开始衰竭,然而由于两国缺乏落到实处的合作机制,以至于科学调查并未能按期开展,错过了及时采纳禁捕临时措施的时机。就北冰洋中央公海渔业资源而言,目前既缺乏资源构成、数量、分布等方面的实时数据,也缺乏历时性数据进行对比研究,以展示该海域的渔业动态。北极 5 国历次会议也重申科学调查渔业资源的重要性,然而由于缺乏区域性渔业组织作为平台,既未能开展有利于渔业资源养护与管理政策制定的针对性资源调查,[1]也未能使更广泛的北冰洋中央公海渔业利益攸关方参与到科学调查中。《联合国海洋法公约》明确了公海科学研究的自由,[2]《鱼类种群协定》则进一步落实了科学调查的国际合作机制,鼓励广大国际社会共同参与渔业数据收集与交换,以促进有效的鱼类种群评估,为养护措施的制定提供科学依据。[3] 因此,成立北冰洋中央公海区域性渔业组织,由该组织协调渔业科学研究和调查的开展,全面深刻地了解渔业动态,才能以预防性措施和生态系统养护为基础的渔业管理理念为指导,制定科学的北冰洋中央公海渔业管理政策。

中白令海狭鳕资源养护实践为国际渔业管理带来诸多的警示及启示。在渔业资源已然破坏的情况下再采取补救措施往往需要人类付出加倍的代价,且生态环境破坏所带来的影响可能长久存在。适时成立区域性渔业组织,并发挥其渔业管理的协调和执行功能,提供公正公平的平台开展最大范围的国际合作,往往能达到最好的资源养护目标。沿海国与远洋渔业国应该以可持续渔业发展为共同目标,加强沟通和理解,以合作态度对待渔业管理所面临

---

[1] 唐建业.北冰洋中央公海生物资源养护:沿海 5 国主张的法律分析.太平洋学报,24(1),2016:93-101.

[2] 请参阅《联合国海洋法公约》第 87 条"公海自由"和第 257 条"在专属经济区以外的水体内的海洋科学研究"。

[3] 请参阅《鱼类种群协定》第 14 条"收集和提供资料及科学研究方面的合作"。

的各种挑战。中白令海狭鳕资源养护举措旨在"百废待兴",而北冰洋中央公海则代表了新兴渔业,两者面临的都是动态发展中的渔业,呼吁同样动态发展的管理制度和全面的科学调查与研究。

由于面向更加浩瀚的海域、更加多样化的鱼类种群、更加广泛的利益攸关方群体,北冰洋中央公海将面临着更加困难的渔业管理挑战。然而,不仅中白令海狭鳕资源养护实践,而且其他的国际渔业管理实践都可以为北冰洋提供可以借鉴的管理经验。另外,日益发展成熟的渔业国际法体系在提供管理所遵循的框架之外,也为管理制度的执行实施提供了具体的操作细则。我们有理由相信,渔业管理正稳步走向规范和法制化。本着国际合作的原则,以可持续发展为目标,我们更有理由相信,未来北冰洋中央公海渔业管理所面临的挑战也将随着北冰洋海冰融化而消融。

3. 北极航道管理对北极渔业管理的启示

北极事务中,北极航道的管理与利用令人关注。原因之一是气候变化条件下海冰融化,北极商业通航前景明朗;原因之二是北极航道有潜力成为重要的世界航线,影响世界海运布局,促进以北极为中心的欧、亚、美之间的贸易往来,带动依托北极航道的海上通道沿岸国家与地区的经济及产业发展。[①] 因而围绕北极航道管理的争议与讨论吸引着全球目光,针对北极航道的相关管理政策与法律制度也正在不断被制定和完善。

气候变化条件下的北极渔业具有发展潜力,近年来引起国际社会的普遍关注。根据《联合国海洋法公约》专属经济区制度,大

---

① 邹磊磊,黄硕琳,付玉. 加拿大西北航道与俄罗斯北方海航道管理的对比研究. 极地研究,26(4),2014:515-521;张侠,屠景芳,郭培清等. 北极航线的海运经济潜力评估及其对我国经济发展的战略意义. 中国软科学增刊(下),2009(S2):86-93.

部分的北极渔业处于北极5国管辖之下,但也存在理论上适用"捕鱼自由"原则①的北极公海。依据渔业管理预防性措施原则,针对性的管理机制亟待构建,以应对动态发展下的北极渔业。

本节首先介绍北极航道与渔业现状,然后分析两者管理方面的可比性,并在此基础上深入探讨北极航道管理实践经验对北极渔业管理的启示作用。该对比研究不仅能使我们更深刻地了解北极渔业管理所面临的瓶颈,同时能引发我们对其管理目标和路径的思考。

3.1 北极航道与渔业的现状

北极航道泛指所有穿过北冰洋、连接大西洋和太平洋的海上航道。② 迄今为止已经拥有商业通航记录的北极航道为俄罗斯北部沿海的东北航道以及加拿大北极群岛水域的西北航道。亚、美及亚、欧航运路程及时间的缩减是北极航道的最大优势。③ 鉴于受当下自然条件所限,上述北极航道并不能实现全年通航,但夏季的有限通航时间已经激发了逐年上升的北极航运热情。④ 然而,针对东北航道与西北航道的法律地位,国际社会存在争议。从前苏联时代起,东北航道就被视为国内交通线,然而美国、挪威和瑞典等国一直坚持该航道的国际通行权利;加拿大从未放弃对西北航道的主权诉求,但是以美国为首的大部分国际社会指认其为适用过

---

① 参见《联合国海洋法公约》第87条"公海自由"第1款e项"捕鱼自由".

② 参见百度百科"北极航道". 网址:http://baike.baidu.com/link?url=ZDC_sNxzt454LPt_DExQFxWFavx5WBk6PgMElEUTIhXmURb9DTuhVsi6c4syeLB1c Sxx-SwPB8O9pZyKWtNiu7a.

③ 张侠,屠景芳,郭培清.北极航线的海运经济潜力评估及其对我国经济发展的战略意义.中国软科学增刊(下),2009(S2):86-93.

④ 参见"俄罗斯北方海航道管理局"网站关于"东北航道通航记录"的数据.网址:http://www.arctic-lio.com/nsr_transits;邹磊磊,付玉.从有效管理向强化主权诉求的又一范例——论析加拿大西北航道主权诉求的有利因素及制约因素.太平洋学报,22(2),2014:1-7.

第四章 其他海洋管理经验对北极渔业管理的启示

境通行的国际海峡。① 虽然航道的法律地位存在争议,但作为东北航道与西北航道的实际管理者,俄罗斯与加拿大均制定了国内法加强航道管理。为了形成统一的国际北极航道管理标准,早在20世纪90年代国际海事组织就已经作为协调及组织者参与了北极航行安全管理制度的制定。经过历年的制度制定及改进,2017年1月具有法律约束力的《极地水域运作船舶安全规则》(*The International Code of Safety for Ships Operating in Polar Waters*,以下简称"《极地规则》")终于生效。该规则不仅针对性强,而且关注船舶、船员、搜救、环保等各领域,以期全方位确保北极航行安全及海洋环境保护。

大部分的北极渔业处于北极5国的专属经济区管辖之下,但各国的北极渔业政策与理念并不尽相同,因此现阶段统一协调的北极渔业政策并不存在。② 另外,北极存在公海,其中,北冰洋中央公海大部分海域常年海冰不化,迄今未开展商业渔业活动。但北极5国在历次北极渔业联盟会议中展现其北冰洋中央公海渔业管理"领导者"的强烈诉求,倡议在获取足够科学数据之前执行禁捕临时措施,同时否认现阶段成立北极区域性渔业管理组织的必要性,在一定程度上造成其与重要远洋渔业国之间潜在的渔业权益争端。③ 北极渔业发展参差不齐,且处于动态发展之中,同时北极专属经济区制度下的渔业管理各行其道,而北极公海渔业管理与复杂的政治博弈交织在一起,因此着眼于北极渔业可持续性发展

---

① 参见百度百科"北极航道". 网址:http://baike.baidu.com/link?url=ZDC_sNxzt454LPt_DExQFxWFavx5WBk6PgMElEUTIhXmURb9DTuhVsi6c4syeLB1 cSxx-SwPB8O9pZyKWtNiu7a;刘惠荣,刘秀. 西北航道的法律地位研究. 中国海洋大学学报(社会科学版),2009(5):1-4.

② 邹磊磊,张侠,邓贝西. 北极公海渔业管理制度初探. 中国海洋大学学报(社会科学版),2015(5):7-12.

③ 邹磊磊,黄硕琳. 试论北冰洋中央公海渔业管理中北极5国的"领导者"地位. 中国海洋大学学报(社会科学版),2016(3):6-13.

的管理机制构建势在必行却又举步维艰。

3.2 北极航道管理与渔业管理的可比性

无论北极航道通航,还是北极渔业发展,均是气候变化所引发的关注热点。1989 年阿拉斯加海域油轮泄漏事件使国际社会意识到北极航行安全的重要性,也促使国际海事组织开始启动北极航道管理制度的制定。2008 年北极 5 国发布"伊卢利萨特宣言",①向全世界宣告其作为沿海国在北冰洋事务中拥有特殊的管理者地位(原文表述为"a unique position")及领导者地位(原文表述为"a stewardship role"),北冰洋中央公海在内的北极渔业管理迅速成为国际关注热点。作为新生事物,北极航道与渔业管理均面临着相似的困境。

首先,北极地理及气候环境特殊,北极航道与渔业发展呼吁北极针对性管理制度。北极航道及渔业管理均有国际法框架可以遵循:《联合国海洋法公约》对海上航行以及海洋渔业均有相关条款进行规范;《国际海上人命安全公约》(*Convention on the Safety of Life at Sea*)与《国际防止船舶造成污染公约》(*the International Convention for the Prevention of Pollution from Ships*)则是全球适用的航行安全及环境保护制度;《鱼类种群协定》和《负责任渔业行为守则》等是规范渔业行为的法律制度与指南。但是,上述全球适用原则缺乏北极针对性,虽然可以提供北极管理框架制度,但仍需要通过进一步的协议或特色化的措施才能实施对北极事务的有效管理。

另外,北极航道及北极渔业管理机制构建过程中均存在冲突,这些冲突基本缘于对法律的不同解读。东北航道和西北航道的主权归属存在争议,北极 5 国强烈诉求的北冰洋中央公海渔业管理

---

① The Ilulissat Declaration, issued by the Five Arctic Ocean Coastal States at Arctic Ocean Conference held at Ilulissat, Greenland, 27-29 May 2008. Available at: http://www.oceanlaw.org/downloads/arctic/Ilulissat_Declaration.pdf.

第四章 其他海洋管理经验对北极渔业管理的启示

"领导者"地位的合法性也受到质疑。

并且,北极航道管理不仅仅关注船舶安全行驶,还关注海洋生态保护、海洋数据收集及利用等。在实践过程中,针对北极航道采纳综合的、跨行业的、基于生态系统养护为基础的管理模式被证明至关重要。①《极地规则》正是这种理念的产物,也是北极航道管理实践的经验总结,北极渔业管理也需要这种包容性的管理理念。在生态环境脆弱、渔业始终处于动态发展中的北极,这种管理模式尤显重要,但这种管理机制的建立也必定是在实践中不断完善的过程。

虽然北极航道与渔业管理分属不同领域,但两者均是气候变化下的新生事物,面临着一些共性的管理问题。鉴于针对北极航道管理的研究和实践起步较早,且在管理实践过程中积累了宝贵的经验,本书主要探讨北极航道管理对渔业管理的启示作用。由于北极特殊的地理、自然及政治环境,纵观四海,北极渔业并没有现成的、类似的管理经验可以借鉴,因而探讨北极航道管理对渔业管理的启示作用具有一定的现实意义。

3.3 北极航道管理对渔业管理的启示

与现在北极航道通航的情况不同,北极渔业发展前景并不明朗,但在预防性措施理念下,"防范于未然"是保护环境、维护生态平衡的重要策略,构建与时俱进的北极渔业管理是北极渔业可持续发展的关键。由于两者具有各异的法律构建,虽然不能提供管理制度内容上的借鉴,但可以探索北极航道管理经验对渔业管理理念和路径的启示。

---

① Erik J. Molenaar. Arctic Marine Shipping: Overview of the International Legal Framework, Gaps, and Options. Journal of Transnational Law and Policy, 2009(18): 290-326; Olav Schram Stokke. Regime Interplay in Arctic Shipping Governance: Explaining Regional Niche Selection. International Environment Agreements, 2013(13): 65-85.

3.3.1 国际合作

北极航道管理机制构建过程中体现的国际合作精神令人印象深刻。加拿大从未放弃争取西北航道主权的努力,但也从未就此排斥国际合作的机会。相反,加拿大积极参与国际海事组织协调下的北极航行规则制定;虽然西北航道对外国船只采取"强制性报告"制度,但该制度核心目标为主权诉求及航道环境保护,加拿大至今仍保持着"申请即通行"的国际合作态度;加拿大也仅收取船只接受领航等服务后的事实费用,且不收取受困船只的搜救费用。虽然,俄罗斯东北航道管理执行"经济导向性"方针,[①]向船只收取高额的破冰船领航费用,但 2013 年俄罗斯出台《北方海航道水域航行规则》(Rules of Navigation in the Northern Sea Route Water Area),规定了船舶独立航行的具体条件,意味着俄罗斯正从"经济导向性"政策转向国际合作姿态。[②] 另外,由国际海事组织作为协调及组织者参与统一的北极航行安全规则的制定,本身就是国际合作的最好诠释。同时,就北极航道污染防治,北极各国之间也进行了比较广泛的双/多边合作,加拿大-丹麦、加拿大-美国、挪威-俄罗斯、美国-俄罗斯之间分别在 20 世纪八九十年代签署了双边合作协议,丹麦、芬兰、冰岛、挪威和瑞典也在 1993 年签署多边合作协议。[③] 这些北

[①] 邹磊磊,黄硕琳,付玉.加拿大西北航道与俄罗斯北方海航道管理的对比研究.极地研究,26(4),2014:515-521.

[②] 张侠,屠景芳,郭培清等.北极航线的海运经济潜力评估及其对我国经济发展的战略意义.中国软科学增刊(下),2009(S2):86-93.

[③] 北极各国之间就北极航道防止污染所签署的部分合作协议:1983 年加拿大-丹麦双边协议,旨在防止、减少、控制海洋环境污染;1988 年加拿大-美国双边协议,规定美国破冰船需获得加拿大允许才能通行加拿大诉求为内水的海域;1992 年挪威-俄罗斯双边协议,且在该协议下成立挪威-俄罗斯环境保护联合委员会;1993 年丹麦、芬兰、冰岛、挪威和瑞典多边协议,规定各方在整治包括油污在内的海洋污染时进行广泛的国际合作;1994 年挪威-俄罗斯双边协议,就巴伦支海海洋油污进行合作整治;美国-俄罗斯联合应急计划,双方共同应对白令海及楚科奇海的海洋污染事件;加拿大-美国联合海洋应急计划,就双方毗连海域的海洋污染应对开展合作.

第四章 其他海洋管理经验对北极渔业管理的启示

极国家之间签署的合作协议明确各自所肩负的北极海域环境保护责任,也促使彼此之间加强监督,以最大限度地保障北极航道的污染防治。

北极各国争取北极权益的行为无可厚非,但是,作为地缘政治中的地理优势国,获取权益的同时必须承担相应的责任与义务。鱼类种群是"流动"的生物资源,虽然北极海域具有管辖界线,但是鱼类种群的迁移却是没有界线,北极各国也应该超越行政管辖界线,加强合作,以基于生态系统养护的渔业管理理念养护渔业资源。虽然,鉴于当下北极渔业发展参差不齐,且各国北极渔业管理理念不同,"泛北极渔业管理制度"不大可能真正达成,但是北极各国之间应秉承国际合作原则协调北极渔业管理,努力推进北极渔业的可持续发展。另外,北极5国从2010年起每年召开联盟内部的北极渔业会议,会议不仅排斥非北极国家,也排斥另外3个北极国家(瑞典、芬兰、冰岛)参与渔业管理机制的构建,且否认现阶段成立北极区域性渔业管理组织的必要性,表现出对北冰洋中央公海渔业管理"领导者"地位的强烈诉求,意欲将北极事务"地区化"。但是,国际合作是符合世界发展趋势的大潮流,除了北极各国之间的合作外,北极各国及非北极国家之间的合作也意义非凡。毕竟北极是世界的北极,非北极国家在国际法框架下也享有北极公海渔业权益,允许非北极国家参与北极公海渔业管理事务的讨论、机制的构建将保障北极公海渔业管理的合法性。并且,非北极国家中的重要渔业国积累了大量宝贵的渔业管理经验,国际合作能更加有效地开展北极渔业养护,通过更广泛的北极渔业资源调查及研究制定出符合渔业可持续发展的管理制度。

3.3.2 管理制度体系的动态发展与完善

纵观北极航道管理制度体系的发展过程,可以发现其具有三个显著特点。首先,作为气候变化条件下催生的新生事物,北极航道管理制度体系在形成之初始终处于动态的发展过程,一方面最大限度地呼应气候变化下的北极现状,另一方面则在实践中不断完善。1989 年阿拉斯加海域油轮泄漏事件使国际社会意识到通过国际海事组织制定统一标准的极地航行安全制度的重要性和紧迫性。1993 至 1997 年间,加拿大受命领衔一支专家组制定了《极地水域船舶安全规则》(the International Code of Safety for Ships in Polar Waters),但被质疑未考虑南北极自然及政治环境的不同,且用统一标准规范南北极航道管理的行为过于武断。于是,2002 年国际海事组织出台了《北极冰覆水域船舶航行指南》(Guidelines for Ships Operating in Arctic ice-covered Waters)。该指南充分考虑北极环境的特殊性,加强了航行安全及污染防治方面的规定,但又被批评缺乏关于船员培训的具体规定。2009 年《极地水域运作船舶指南》(Guidelines for Ships Operating in Polar Waters)则把适用范围又拓展到南极,除了就极地航行船员培训做了说明外,更具建设性的是对船舶冰级做了明确规定,对航道环境保护也做了更细致规定。[①] 但是,由于 2009 年指南的非强制性性质,其执行力一直令人担忧。在国际海事组织的协调组织下,基于 2009 年指南但得以全面完善的《极地规则》于 2017 年 1 月起生效,且具有了法律约束力。虽然仍被质疑在环境保护方面的措施不严格也不全面,但该规则对船舶设计、建造和设施、船员培训、搜救等方面均作了全面规定,以全方位地保障极地航行安全。《极地规则》是在总结经验和教训、展望北极航运前景的基础上最终制定的北极航行安全管理制度,集结了国际航运专家的智慧,针对性强,是北极航道管理制度体系不断发展并完善的产物,其动态性特征既反映了北极航道的快速发展,又展现北极航道管理与时俱进的科学性。其次,《极地规则》使标准统一的北极航道管理成为现实。虽然,作

---

① IMO. Guidelines for Ships Operating in Polar Waters. Available at: http://www.imo.org/en/KnowledgeCentre/IndexofIMOResolutions/Documents/A% 20-% 20Assembly/1024(26)%20Corr. 1. pdf.

第四章 其他海洋管理经验对北极渔业管理的启示

为西北航道和东北航道的实际管理者,加、俄也制定了各自的国内法以规范航道管理,但鉴于不同的管理理念和执行标准,不仅两国之间未能开展实质性的航道管理方面的合作关系,其国内法也各自为政,而且其国内法与国际法之间也存在标准的不统一,不利于实现北极航道发展为世界航道的目标。《极地规则》则统一协调了北极航道管理制度,不仅让国际社会对开展北极航行充满信心,而且有利于应对北极航道的未来发展,使航行于不同法律地位、受不同国家管辖的海域内的船舶均有章可循且章法一致。另外,北极航道管理制度体系拥有"核心精神"。仔细分析北极航道管理制度体系不难发现,航行安全、船舶设计、航行经验是北极航道管理的三个关键,预防与应对又是航道风险管控的关键。确立航道管理的关键即确立了航道管理制度的框架,北极航道法律体系也正是基于上述框架逐渐得以完善的。

北极航道管理制度制定过程的动态性、制度的统一性、对制度框架的准确把握均能给北极渔业管理带来启示。北极渔业处于动态发展之中,虽然《联合国海洋法公约》和《鱼类种群协定》等国际法可以为北极渔业管理提供法律框架,但缺乏针对性,北极渔业立法亟待进行。由于缺乏科学数据,未能准确预测北极渔业发展,前瞻性地制定因地制宜的北极渔业管理制度对渔业养护至关重要,体现渔业管理预防性措施的理念,但同时也意味着北极渔业管理机制的构建必将处于动态的探索过程。北极航道管理制度体系在大规模商业航运开始之前已经基本形成,气候变化条件下的北极渔业前景也还是令人期待,因此未雨绸缪制定合理合法的北极渔业管理制度是实现渔业可持续性发展的关键,避免"灾难已然造成再补救"的悲剧发生。由于北极海域不同的法律地位,在制定相关渔业管理制度时,必须区别对待,但也需考虑北极渔业管理的相对统一性,比如各国专属经济区渔业制度之间的协调,以及各国专属经济区与北冰洋中央公海渔业制度之间的协调。这符合《联合国海洋法公约》第 63 条第 1 款所倡导的理念,就"出现在两个或两个以上沿海国的专属经济区内"的鱼类种群,沿海国应协调并确保这些种群的养护与发展;也符合《鱼类种群协定》的理念,该协定第 7 条"养护与管理措施的互不抵触"第 2 款倡导"为公海订立的和为国家管辖地区制定的养护和管理措施应互不抵触"。与北极航道管理确立"核心精神"一致,北极渔业管理也需确立其关键所在。鉴于北极脆弱的生态环境,不仅需要制定针对性的北极渔业管理制度,而且需要采纳以生态系统养护为基础的渔业管理理念,执行预防性措施,使北极渔业实现可持续发展——这些是北极渔业管理的关键,未来北极渔业针对性法律的制定需围绕这些关键进行。

3.3.3 依托国际组织制定管理制度

对国际海事组织参与北极航道制度制定,加拿大和俄罗斯均采取欢迎并合作的态度,加拿大更是全程积极参与国际海事组织所协调组织的北极航行制度的制定。除了《联合国海洋法公约》等普遍适用性国际法律外,北极海域缺乏针对性的渔业法律制度。北极各国应该具有海纳百川的胸怀,欢迎相关国际组织参与渔业管理,或者积极筹建相应的区域性渔业管理组织,以开展相应的北极渔业管理。国际组织在召集政府间会议、提供专业支撑、制定法律制度等方面有着不可或缺、不可替代的作用,更容易借助"一揽子外交交易"协调国家间的利益关系,促成条约协议的最终签订,因而这样的组织机构具有非凡的法律创制、法律实施和解决争端的功能。① 现阶段北极各国就本国管辖范围内的北极渔业制定各自的政策与制度,在国际组织协调下,协调、统一的"泛北极渔业管理制度"才能有望实现。而且,国际组织可以提供各利益攸关方平等的机会参与制度构建,体现国际合作的原则,保证制度制定的合

---

① 帕特莎·波尼、埃伦·波义耳著.国际法与环境.那力,王彦志,王小钢译.北京:高等教育出版社,2007.

第四章　其他海洋管理经验对北极渔业管理的启示

法性。北极5国在诉求北冰洋中央公海渔业管理"领导者"地位的过程中排斥他国的参与，否认北极区域性渔业组织成立的必要性，这并不符合国际和平发展的大趋势。1982年《联合国海洋法公约》就已经提倡通过设立区域性组织开展公海渔业管理①；1995年《鱼类种群协定》是《联合国海洋法公约》的执行协定，不仅进一步倡导以区域性渔业组织为平台开展各利益攸关方均参与的、以国际合作为原则的公海渔业管理，而且对该类组织的设立提供了详细的指导建议。② 因此，适时成立北极渔业管理组织并以此为平台开展北极公海渔业管理，才符合国际法原则。

另外值得一提的是，除了国际海事组织在制定北极航道管理制度方面发挥的协调与组织作用外，作为政府间论坛的北极理事会在北极航道管理制度制定之前也积极承担起"发动者"的角色。2004年北极理事会着手开展北极航运评估项目（Arctic Marine Shipping Assessment），项目进行了5年，收集了大量海洋及航运相关的数据，为之后的制度制定、航运开展提供了翔实的科学依据，且提供了一个平台供北极国家在内的广大利益攸关者开展合作调查及研究，为国际海事组织顺利开展《极地水域运作船舶指南》及《极地规则》的制定奠定了基础。并且，基于该项目出台的北极航运评估报告提出了加强北极搜查及搜救能力的建议，在很大程度上促成北极理事会第一个具有法律约束力的协定的产生——《北极搜救协定》。该协定为未来北极航道的商业通航提供了一定的安全保障。

北极理事会虽然能协调北极事务，但现阶段不具备渔业组织

---

① 请参阅《联合国海洋法公约》第63条"出现在两个或两个以上沿海国专属经济区的种群或出现在专属经济区内而又出现在专属经济区外的邻接区域内的种群"、第64条"高度洄游鱼类种群"、第118条"各国在养护和管理生物资源方面的合作"、第119条"公海生物资源的养护"。

② 请参阅《鱼类种群协定》第7条"养护和管理措施的互不抵触"第7、8款，第8条第1款。

的专业性,因此适时并及时成立区域性渔业组织是明智之举。就北冰洋中央公海渔业,北极5国否定现阶段成立区域性渔业管理组织的必要性更多的是出于其对北冰洋中央公海渔业管理"领导者"地位的诉求,欲主导管理机制的构建,以最大限度地实现北极5国联盟的利益。在这种形势下,国际社会更应该积极呼吁成立相关区域性渔业管理组织,以提供所有利益攸关方交流的平台,同时确保制度制定的合法性。国际渔业管理实践已经证明,区域性渔业管理组织更具专业权威性,能胜任制度制定的职责,能开展并协调渔业活动、科学调查和国际合作,促进管理措施的落实和实施。因此,在北极成立相关区域性组织不仅合理且合法。

3.3.4 统一协调的管理制度

由于国际社会对北极航道管理的关注由来已久,其相关制度的构建也趋向成熟。虽然加、俄两国并未就北极航道管理形成实质性合作,两国航道管理理念及措施也相差甚远,但随着国际海事组织《极地规则》的制定及生效,统一、协调的北极航道管理制度已然形成,有助于未来北极航道发展成为世界重要海上通道。北极5国的北极渔业政策各异,不符合以生态为基础的渔业管理的理念。且就北极5国提倡的北冰洋中央公海临时措施,国际社会还存在一定的争议。这些争议不仅针对禁捕措施本身,也针对临时措施形成过程的合法性,也质疑北极5国专属经济区制度下的北极渔业制度与北冰洋中央公海渔业制度的"互不抵触性"。[①] 因此,北极航道管理逐渐走向统一协调的过程能为当下如何改善北极渔业"碎片式"管理[②]提供一定启示作用。

---

① 请参阅《鱼类种群协定》第7条"养护和管理措施的互不抵触"第2款。
② 邹磊磊. 南北极渔业管理机制的对比研究及中国极地渔业政策. 上海海洋大学, 博士论文, 2014; Jennifer Jefferson. Climate Change and the Arctic: Adapting to Changes in Fisheries Stocks and Governance Regimes. Ecology Law Quarterly, 2010(37): 917-977.

第四章 其他海洋管理经验对北极渔业管理的启示

3.4 从北极航道管理看北极渔业管理的瓶颈

前文的对比研究探讨了北极航道管理的理念和路径对北极渔业管理机制构建的启示作用，但对比研究也凸显了现阶段北极渔业管理所面临的瓶颈问题。

加、俄两国均诉求北极航道为各自内水或历史性水域，且两国均以保护环境为名加强北极航道管理，以期用有效管理强化主权诉求。① 并且，《联合国海洋法公约》第234条"冰封区域"条款的确赋予沿海国特殊的权利制定和执行相关法律，现阶段两国充当北极航道的实际管理者确实有其合法性，且两国均制定了系列的国内法以加强北极航道管理。即便在这样的情况下，加、俄两国仍然以积极的态度参与国际海事组织制定北极航道管理制度的过程，并认同该组织所制定的制度，积极推动北极航道发展成具有竞争力的世界航线。然而，就北冰洋中央公海而言，从2008年发布《伊卢利萨特宣言》伊始，北极5国在历年的北极渔业联盟会议上不断重申其北冰洋中央公海渔业管理"领导者"的地位，认为现阶段无须成立北极区域性渔业管理组织，且表示"在未来合适的时机"邀请非北极国家参加关于北极渔业的讨论，②而对该"合适时机"并没

---

① 邹磊磊，付玉.从有效管理向强化主权诉求的又一范例——论析加拿大西北航道主权诉求的有利因素及制约因素.太平洋学报，22(2)，2014：1-7.

② Chairman's Statement, issued by the Five Arctic Ocean Coastal States at Meeting on Future Arctic Fisheries held at Washington, D. C., USA, 29 April-1 May 2013. Available at: http://www. state. gov/e/oes/rls/pr/2013/209176. htm; Chairman's Statement, issued by the Five Arctic Ocean Coastal States held at Meeting on Arctic Fisheries held at Nuuk, Greenland, 24-26 February 2014. Available at: http://www. pewtrusts. org/~/media/Assets/2014/09/ArcticNationsAgreetoWorkonInternational Fisheries-Accord. pdf? la=en; Declaration concerning the Prevention of Unregulated High Seas Fishing in the Central Arctic Ocean, issued by the Five Arctic Ocean Coastal States at Meeting on High Seas Fisheries in the Central Arctic Ocean held at Oslo, Norway, 16 July 2015. Available at: https://www. regjeringen. no/globalassets/departementene/ud/vedlegg/folkerett/declaration-on-arctic-fisheries-16-july-2015. pdf.

有确定的时间界定。《联合国海洋法公约》的"公海自由"赋予所有国家以遵守国际法为前提的"捕鱼自由",并且,以区域性渔业管理组织为平台开展渔业管理及国际合作不仅符合国际法精神,也是国际渔业发展过程中总结的宝贵经验。因此,任何凌驾于国际法之上诉求权益的做法都是没有法律保障的。北极5国在北冰洋中央公海渔业管理方面表现的单边主义作风预示着北极国家与非北极国家之间潜在的渔业权益冲突,未来北极渔业管理遭遇着比航道管理更为复杂的地缘政治博弈。

西北航道与东北航道的实际管理者分别为加拿大与俄罗斯,通过行政力量易于形成本国统一的北极航道管理制度,更何况国际海事组织制定的《极地规则》也即将生效,统一、协调的"泛北极航道管理制度"已然实现。但就北极渔业而言,"碎片式"的管理格局还可能长期存在,不仅因为大部分北极渔业处于北极5国各异的专属经济区渔业管理制度之下,而且北极专属经济区与公海渔业制度之间的"互不抵触性"[①]短期内也很难达成。北极5国呼吁在北冰洋中央公海执行禁捕临时措施,且积极向其他重要远洋渔业国推销该临时措施,排斥他国染指北极渔业,然而各国却又未必能在各自专属经济区执行与禁捕"互不抵触"的制度。长远而言,"碎片式"的管理格局不利于北极渔业的可持续发展,加强北极国家之间的多边合作、北极与非北极国家之间的国际合作才是养护和管理北极渔业资源的上上之策。

北极航道管理是气候变化条件下的新生事物,在发展过程中积累了大量的实践经验。北极渔业管理也是气候变化条件下逐渐凸显重要性的国际关注点,纵观全球,并没有相似的管理经验可以借鉴,因此,从北极航道管理实践出发,探索其对北极渔业管理的启示具有一定的现实意义。北极航道管理所体现的国际合作、制

---

① 请参阅《鱼类种群协定》第7条"养护和管理措施的互不抵触"。

第四章　其他海洋管理经验对北极渔业管理的启示

度的与时俱进性、国际组织在制度制定中的主导和协调作用、制度的一体化举措可以为北极渔业提供一些管理理念和路径方面的启示。北极5国之间应积极合作，确保专属经济区制度下的北极渔业可持续发展，同时就北冰洋中央公海渔业加强与重要远洋渔业国之间的交流与合作。虽然北冰洋中央公海商业渔业活动并未开展，但区域性渔业管理组织的成立有利于及时制定与时俱进的制度，协调好作为北冰洋沿海国的北极5国专属经济区渔业制度与公海渔业制度之间的关系，用预防性措施的理念确保未来北冰洋中央公海渔业的可持续发展，同时也给非北极国家提供一个倾诉并交流的平台。

第五章　我国北极战略视角下的北极渔业政策

我国的北极渔业政策是北极战略的一部分,在一定程度上体现中国在北极事务中的自我定位。围绕我国北极战略视角下的北极渔业政策,本章将梳理国际法赋予我国等非北极国家的北极渔业相关权益,探讨我国在争取北极权益时面临的困境;以北极事务为考量基点,本章还将提出我国的北极渔业应对策略,并探讨我国维护北极渔业相关权益的切入点。

1. 北极对我国的重要战略意义

虽然我国是"非北极国家",但我国是"近北极国家"。[①] 这个概念在学术界、外交界被广泛使用,目的就是突出我国与其他非北极国家的区别。我们的"近北极国家"定义,不仅源于地缘优势,而且源于北极地区的自然过程对中国的气候、海洋、生态环境的深远影响。当然,我国也是重要的北极利益攸关方。作为世界最大资源进口国之一,我国是北极各类资源潜在的目标市场之一。另外,我国作为经济高速发展的发展中大国,不仅可以为北极治理提供技术支持,也能提供资金保障和人力资源。只有通过国际社会的同心协力,才能维护气候变化、人类活动影响下的北极环境,因此我

---

① 陆俊元.北极国家新北极政策的共同取向及对我国的启示.极地战略,2009(1);陆俊元.中国北极外交中的"近北极国家"身份构建.极地战略,2011(4).

国参与相关北极事务不仅是权利也是义务。参与北极科学研究与考察、寻求北极国际合作、参与北极相关管理机制构建是当前我国参与北极事务的重要形式。

当北极处于冰封年代时,北极的经济、科学、安全等战略价值并未得到高度认识,但是到了经济、社会、科学高速发展的21世纪,随着北极的可接近性,它的地缘战略价值凸显。作为欧洲、美洲、亚洲的交汇点,北极展现了其不可估量的潜在价值。北极海上通道使我国与北极各国、北美、北欧之间的海上贸易运输不仅便捷而且得以拓展。北极是资源的宝库,我国可以通过公平的贸易方式获取资源,且可以通过合作方式向北极输出资金、技术、人力资源等。同时,北极的独特地理和自然环境使其成为天然实验室,通过北极我们可以获知更多地球与宇宙的奥妙。另外,在和平年代,虽然北极安全价值不如经济及科学价值那么凸显,但我们必须意识到,北极贯通三大洋、连接三大洲,具有重要的军事及政治战略地位。然而,在全球化态势下,地缘政治冲突已经不是主旋律,取而代之的应该是社会、经济和科学的合作与共同繁荣,北极地区也不例外。

借助于《联合国海洋法公约》及《斯匹茨卑尔根条约》等国际条约,与其他非北极国家一样,我国也积极参与北极事务,推进北极地区的可持续发展。比如,依据《联合国海洋法公约》,我国享有北极公海海域的捕鱼自由。随着气候变暖,鱼群北迁,北冰洋有可能成为具有潜力的渔场,我国的北极渔业机会也将随之增加。2004年在斯比茨卑尔根群岛建成我国首座北极科学考察站"黄河站",这是我们开展北极科学考察的开端和契机。在北极,我们拥有合理合法的海上航行、海洋生物资源开发管理、海底区域开发开采、科学研究与考察等权利。在享受这些权利的同时,我们也承担着北极和平和可持续发展的责任,北极权利和义务是我们参与北极事务的切入口。同时,我们也认识到,北极地区缺乏系统性、针对性的法律体系。在法律体系动态发展过程中,我国应该加强对北极的认识,确立明确的北极战略,参与国际合作和对话,在北极国际机制不断完善的过程中通过话语权表达心声与诉求,维护我国在北极的各项权益。

我们在北极的国际合作可以推进我国与北极相关国家在社会、经济和科学领域的互动与交流。比如,2013年4月我国政府与冰岛政府签署自由贸易协定。作为唯一领土全部在北极地区的国家,冰岛的社会文化、经济、对外贸易、科学等与北极有着千丝万缕的联系;本着双方合作的意愿,通过技术合作、投资等方式,北极在未来也是双方合作的一个新方向。

所以,北极对我国而言具有多重的战略意义。我们应明确我国在北极的权益和义务,客观面对我国参与北极事务面临的挑战,寻找相关的法律途径,借助政府间磋商以及其他各个层面的合作实践,应对包括北极渔业在内的北极问题。

2. 美国的北极战略对我国的启示

美国既是北极国家又是世界超级大国。与其他北极国家一样,美国重视北极可持续发展,在一定程度上排斥其他非北极国家介入北极事务。作为世界超级大国,美国在北极事务中也展现其一贯的主导作用,意欲在北极治理上拔得头筹。虽然我国和美国在社会、经济、文化及北极地缘政治中的地位均有很大不同,但是美国北极战略中所表现的智慧和亮点还是对我们有启示作用。

美国政府在社会发展不同阶段不断调整着本国的北极政策。美国分别于1983年、1994年、2009年发布了《美国北极政策指令》(*National Security Decision Directive U. S. Arctic Policy*),这些政策指令的中心思想均是美国的安全利益为重中之重,强调有限的国际合作,协调资源开发与环境保护之间的关系,同时重视科学考察。2013年5月10日,美国政府又发布了《针对北极地区的国家战略》(National Strategy for the Arctic Region),该战略基于三大目标。首先,推进美国的安全利益,支持与保障商业与科学活动的安全。对比之前的政策指令,美国北极战略的核心思想并未发生变化,还是一如既往地保障美国在北极的各项活动安全,重视北极领土主权和权利。其次,美国主张实施负责任的北极管理,采用综合管理方式保护北极自然和资源环境、协调北极环境保护与资源开发之间的关系。这个战略目标也始终没有发生变化,如果有任何变化的话,那就是重视程度在不断加强。另外,在过去的政策指令中,我们可以发现美国强调的仅是有限的国际合作,但最新的北极国家战略却明确提出通过双边和多边组织积极推动北极共同利益的发展和实现。虽然,美国的北极战略未发生翻天覆地的变化,但在应对国际形势变化、北极环境变化等方面还是做出了积极回应。比如,由于北极地区变暖趋势明显,海冰覆盖面积显著减少,海洋生物生境及生存随之发生变化,为了应对北极正在发生的环境与生态变化,美国呼吁加强国际层面的合作,甚至政府作出决议,呼吁在北极成立渔业管理组织或制定渔业政策以共同应对气候变化下北极渔业资源养护与管理所面临的问题。

奥巴马政府对北极事务极为重视,将掌握北极话语权和领导地位作为战略目标的重中之重。在这样的战略定位下,美国把北极事务纳入全球战略计划中,国家安全和北极主导权被高度重视,气候变化与应对、北冰洋的安全与管理、北极社区的经济和社会发展被作为北极治理的优先领域,而北极资源开发等经济活动则似乎未被列入优先领域。为了迎合国际社会的普遍认同,美国把应对气候变化作为本国获取北极话语权和领导地位的切入口。[1] 在

---

[1] 郭培清,董利民.美国的北极战略.美国研究,2015(6):47-65.

重要的北极事务上，美国积极承担协商者、倡议者等身份，意欲主导机制构建的过程，树立北极"领导者"的地位。在北极渔业管理上，美国的这一意图特别明显。首先是在 2007 年倡导北极建立渔业合作机制，2009 年执行本国的北极禁捕政策，并游说其他北极国家执行相类似政策。在采纳了美国建议之后，北极 5 国才开始内部协商北冰洋中央公海临时措施，并最终在 2015 年就该海域防止不管制商业捕鱼临时措施达成内部协议。总而言之，美国的北极政策反映了其北极领导者地位的诉求。

美国的北极战略作为国家重要文件对外发布，而且由美国联邦政府制定。美国北极战略制定过程中注重各政府职能部门的协商与沟通，以保证极地战略的可行性。美国落实其北极战略的政府机构包括国务院、国防部、国土安全部、内政部、商务部、能源部、环保总署、国家科学基金会等，其中国务院负责协调各部门工作。美国的北极事务牵动了几乎包括立法机构、执法机构、环保部门、能源部门、财政部门、科学机构等在内的行政机关及科研机构，以期有效地实现美国在北极的国家利益。

在美国的北极战略中，科研领域的国际合作也被高度重视。但是，揭开国际合作羞答答的面纱，不难看出美国的利己倾向。比如，虽然美国鼓励北极地区的科研合作，但为实现其北极话语权和领导地位，美国在北极的各个科研领域均表现出抢占主导权的强烈意图。而且，不容忽视的是，美国等北极国家号召的北极科学研究国际合作的范围、参与者、开展过程均由他们严格控制。从本质上而言，他们所认可的国际合作更多的限于北极国家之间，虽美其名曰"国际合作"，实际上是有限的、排他性的"地区合作"，但这符合他们一贯的北极问题"地区化"态度。在国际合作中，非北极国家的"被邀请参与"往往意味着责任的承担，却未能享受实质性的权利。这从北极国家主导的北极渔业 5＋5 政府间磋商会上可见一斑。

综上所述,美国的北极战略给予我国的启示可以体现在以下几个方面:美国北极战略具有连贯性,核心目标不变,意味着这些战略更容易得到贯彻执行;有意识地让北极战略成为本国全球战略中的一部分,在区域范围实现既定目标,继而推动全球战略的实现;明确本国在世界政治、经济、文化等方面的定位,制定符合该定位的北极战略;寻找参与北极事务的切入点,充分展现本国的北极治理能力,参与北极管理机制构建的过程;北极战略的有效实施需要政府各职能部门、科研院所等的跨行业通力协作。

3. 北极"渔权"对维护北极权益的重要意义

"渔权即海权"是老一辈渔业专家在政策研究及政策制定实践中总结出来的宝贵经验。① 渔权是海权的重要组成部分和主要表现形式。② 我国的北极渔权为在北极公海从事渔业活动的权利、依据国际法在他国水域的入渔权、对悬挂其旗帜的渔船的管辖权。捍卫我国在北极的渔权,符合我国发展远洋渔业的政策方针,是利用全球海洋生物资源保障国内市场需求的战略措施。捍卫我国在北极的渔权,是我国依据国际法维护北极权益的第一步,从而向北极各国及国际社会展示我们的北极渔业立场,参与北极渔业管理机制的构建,避免在制度形成之初由北极国家左右制度的形成过程、制度的走向、制度的参与者等重要事务。一旦北极国家在北冰洋中央公海渔业机制构建中的"领导者"地位坐实,国际社会又不发出质疑声,则北极国家极有可能把这种"领导者"地位诉求巩固推广到北极事务的其他领域,使未来北极事务"地区化"倾向更为

---

① 宁波,韩兴勇.渔权即海权:张謇渔业四项的核心.中国海洋社会学研究,2014(2):3-10;袁宇飞.应加强"渔权"来维护海权.光明日报,2012年12月10日.

② 黄硕琳.渔权即是海权.中国法学,2012(12):68-77.

严重,非北极国家将无法切实参与北极治理,也无法切实维护北极权益。从《联合国海洋法公约》签署前到公约签署后的今天,通过渔权巩固或夺取海权的例子有很多。比如,20世纪中叶公约签署之前,各国纷纷提议把本国行使渔业权的海域发展成拥有更多权益的海洋专属经济区,在一定程度上促成了《联合国海洋法公约》的谈判和签署。在北极,我们须在渔业管理机制制定之前,明确声明我们的北极渔业权益,并加入机制构建的过程,以此来维护并争取我们的北极渔业权益,这是我们在维护北极权益的漫漫长路上必须踏出的关键首步。

4. 国际法赋予非北极国家的北极海洋生物资源相关的各种权益

综合我国学者曾经做过的研究,在国际海洋法下非北极国家在北极拥有的海洋相关权益可以梳理如下:海洋生物资源开发与管理权、海洋科学研究权、航行权、国际海底区域使用权、海上事故或时间调查权、海上搜寻救助权等。[①] 与我国在北极的渔业权益息息相关的应该是海洋生物资源开发与管理以及海洋科学研究权。本节就这两个方面的权益作详细阐述,内容包括具体的权益细则、享受权益同时应该承担的义务、争取这些北极权益时需要关注的问题等。

---

① 韩立新,王大鹏.中国在北极的国际海洋法律下的权利分析.中国海商法研究,23(3),2012:96-102;郭培清.中国的北极利益梳理.时事报告,2013(7):48;吴军,吴雷钊.中国北极海域权益分析——以国际海洋法为基点的考量.武汉大学学报(哲学社会科学版),67(3),2014:51-55.

4.1 北极海洋生物资源开发权

4.1.1 《联合国海洋法公约》下的北极海洋生物资源开发权

《联合国海洋法公约》制度下,非北极国家在北极享有的海洋生物资源相关权利主要涉及三个方面:公海捕鱼的权利、他国专属经济区的入渔权、对悬挂其旗帜的渔船的管辖权。因船旗国对渔船的管辖权与本书关注问题不甚有关,本节将不做讨论。

(1)关于公海的入渔权。

关于公海捕鱼的权利,《联合国海洋法公约》有如下规定。

第87条"公海自由"第1款明确指出公海对所有国家开放,且公海自由包括捕鱼自由。

第116条"公海上捕鱼的权利"规定"所有国家均有权由其国民在公海上捕鱼,……"。

公约上述两条条款很明确确认了各国的公海入渔权。虽然,为了避免"公地悲剧",各国在享有公海捕鱼自由权利的同时必须履行相应的资源养护和管理义务,但是该权利是公约赋予且得以保障的,且各国享有的是平等的公海捕鱼自由权利,这也意味着我国等广大非北极国家均享有平等的北极公海渔业权利。

(2)关于他国专属经济区的入渔权。

关于在他国专属经济区的入渔权,《联合国海洋法公约》有如下规定。

第62条"生物资源的利用"第1款:沿海国应在不妨害第61条(生物资源的养护)的情形下促进专属经济区内生物资源最适度利用的目的。

第62条第2款:沿海国应决定其捕捞专属经济区内生物资源的能力。沿海国在没有能力捕捞全部可捕量的情形下,应通过协定或其他安排,并根据第4款所指的条款、条件、法律和规章,准许其他国家捕捞可捕量的剩余部分,特别顾及第69和70条的规定,尤其是关于其中所提到的发展中国家的部分。

上述措辞中提及的第69和70条分别涉及"内陆国"和"地理不利国"。这些"特别顾及"的国家有权在公平的基础上,参与开发同一分区域或区域的沿海国专属经济区的生物资源的适当剩余部分。其中,第70条"地理不利国的权利"规定:"地理不利国应有权在公平的基础上参与开发同一分区域或区域的沿海国专属经济区的生物资源的适当剩余部分;该条款下'地理不利国'之地理条件使其依赖于发展同一分区域或区域的其他国家专属经济区内的生物资源,以供应足够的鱼类来满足其人们或部分人们的营养需要的沿海国,包括闭海或半闭海沿岸国在内,以及不能主张有自己的专属经济区的沿海国。"

公约第69和70条所述的"内陆国"和"地理不利国"有权在公平的基础上,参与开发同一分区域或区域的沿海国专属经济区的生物资源的适当剩余部分。然而,我国既不能作为同一分区域或区域的"内陆国",也不能作为"地理不利国"提出北极入渔权的诉求。但是,公约62条仍然适用于我国等广大非北极国家,意味着非北极国家入渔北极国家北极专属经济区的可能性在理论上是存在的,但在实践中很难有这样的机会,因为不仅由沿海国来确认本国是否有能力捕捞全部可捕量,而且即使可捕量有剩余部分,其他国家也须通过一定方式"竞争"入渔,这使非北极国家入渔北极专属经济区难上加难。

4.1.2 《联合国海洋法公约》下入渔权连带的义务

但是,我们必须认识到,在现代社会已经不存在纯粹的公海捕鱼自由。随着人类对海洋索取资源的步伐越来越紧迫,如若不及时养护与管理公海生物资源,过度捕捞将导致资源的衰竭。因此,在享有公海捕鱼自由的同时,各国也必须承担相应的养护与管理义务,有效杜绝公海过度捕捞。《联合国海洋法公约》第116到119条具体阐述公海捕鱼自由所连带的限制条件:与沿海国、其他捕鱼国通过分区域或区域渔业组织开展合作,不仅养护公海生物资源,也要关注跨界及高度洄游鱼类种群,以最高持续产量、生态系统为基础而非单一鱼类种群养护的渔业管理理念开展公海生物资源养护等。① 从国际公海渔业实践看,大部分的公海渔业管理由分区域或区域性渔业组织承担相应职责,远洋渔业国只有成为这些组织的成员,并遵守相应的规章制度和承担相应的义务,才能入渔公海。

与公海捕鱼自由权利连带养护义务一样,在享受他国专属经济区入渔权的同时,相关国家必须承担相应的诸多义务。《联合国海洋法公约》第62条第4款详细列举了这些义务,不仅包括遵守沿海国的法律和规章所制定的养护措施,而且还要履行诸如上交渔船情报、开展特定渔业研究计划、沿海国派驻观察员、全部或部分渔获量需在沿海国港口卸下等义务。

综上所述,作为非北极国家,我国在北极公海拥有捕鱼自由,也拥有前提条件较为苛严的北极专属经济区的入渔权。但是无论何种北极渔业权利都意味着相应义务的承担,而且该义务一般通过国际或区域性组织协调、在国际公约或条约的规定下严格遵守,公海捕鱼自由逐步演化为以义务为主导的"有限自由"。显然,与沿海国的合作、分区域或区域渔业组织的管理协调功能等是这些权利和义务中很重要的构成元素。

4.1.3 其他条约下的北极入渔权

除了《联合国海洋法公约》公海及专属经济区制度下的入渔权外,我国签署的一些北极相关条约也赋予了我们另外的北极海洋生物开发权。

我国是1920年《斯匹茨卑尔根群岛条约》的缔约国。在该条约下,挪威拥有对群岛"充分和完全的主权",但缔约国在遵守挪威法律的前提下,可以自由进出该群岛地域及周边水域,从事一切

---

① 请参阅《联合国海洋法公约》第116~119条。

"海洋、工业、矿业和商业活动",这也意味着缔约国拥有群岛周围海域的捕鱼权。虽然由于成本过高,我国不大可能开展该北极特定海域的渔业活动,但是该捕鱼权确实存在。从战略角度出发,根据未来北极渔业发展的趋势,我国并非绝无可能进入该海域开展相关渔业活动。

我国也是1995年《中白令海狭鳕资源养护与管理公约》的成员国。该公约覆盖区域为中白令海,属于本研究界定下的北极公海海域,着眼于单一鱼类种群狭鳕的养护与管理。20世纪80年代开始的过度捕捞使狭鳕资源快速衰竭,促成了上述公约的签署。养护与管理公约执行20余年以来,狭鳕资源也并未恢复到可捕水平。但是根据公约规定,一旦科学调查发现养护措施已经使该海域狭鳕资源恢复并维持可实现最高持续产量,在确定狭鳕允许捕捞量、国别配额的前提下,狭鳕渔业将重启。[①] 虽然,现在未有迹象表明狭鳕渔业将在比较近的未来得以重启,但是我国作为该公约六方成员国之一,在狭鳕资源恢复到可捕水平时有权利入渔该海域。作为该片海域的传统远洋捕鱼国,我国不仅具有捕捞经验,而且在北太平洋从事远洋捕捞的我国船队可以通过捕鱼季节差奔赴该海域,节约路途遥远所带来的额外成本。所以,未来我国也是北极这片公海的潜在入渔者。

4.1.4 我国行使北极入渔权应关注的问题

前文已经述及,和其他非北极国家一样,我国拥有相关国际公约及条约规定下的北极海洋生物资源开发权。虽然,受一定条件的限制,现阶段我国并未实质性开展北极渔业活动,但必须未雨绸缪及行使这些权利之前必须关注的一些问题。

首先,我们必须意识到在北极公海和专属经济区均存在潜在的捕鱼机会。就北极公海渔业而言,我们尤其要关注北冰洋中央

---

① 请参阅《中白令海狭鳕资源养护与管理公约》。

公海的渔业资源动态变化,以及北极5国在北冰洋中央公海临时措施之后的跟进行为,警惕北极5国单边主义地行使北冰洋中央公海渔业管理"领导者"身份;在其他北极公海海域,比如挪威海 Banana Hole,巴伦支海 Loop Hole,都存在相应的区域性渔业组织以及类似于挪威-俄罗斯渔业联合委员会、主动承担起公海渔业管理职责、双边协议下产生的渔业组织,而我国并不是这些组织的成员,我们需加强与相关国家的政府间联络,通过国际合作或政府间磋商主动架起与这些组织的关系。就北极专属经济区渔业而言,虽然我国入渔的可能性不大,但还是应该加强与北极国家的沟通和合作,为未来更广范围的合作奠定一定基础。另外,除了关注北极生物资源开发权外,我们也必须关注相应的养护与管理权,积极参与北极公海渔业管理机制构建的过程,从而在制度制定之初就表达我国的诉求,维护我国的相关北极渔业权益。

4.2 北极海洋科学研究权

4.2.1 《联合国海洋法公约》下的北极海洋科学研究权

《联合国海洋法公约》关于公海及他国专属经济区入渔权的规定比较严苛,各国在享有权利的同时必须承担相应的义务。现代社会已经没有纯粹意义上的公海捕鱼自由,而入渔他国专属经济区理论上可行,现实中还需要"天时地利人和"的前提条件才能实现。相比较而言,《联合国海洋法公约》规定下的海洋科学研究权则要自由且宽泛得多,是现阶段我国介入北极事务的重要切入口。下面对此进行详述。

《联合国海洋法公约》下的海洋科学研究权主要涉及以下几个方面:公海科学研究自由权、他国领海科学研究权、他国专属经济区和大陆架科学研究权。

(1)公海海洋科学研究自由权。

《联合国海洋法公约》第87条"公海自由"第1款指出,公海对所有国家开放,公海自由包括科学研究的自由,但该科学研究自由受第六(大陆架)和第十三部分(海洋科学研究)的限制。

《联合国海洋法公约》第 257 条"在专属经济区以外的水体内的海洋科学研究"则进一步规定:"所有国家,不论其地理位置如何,和各主管国际组织均有权依本公约在专属经济区范围以外的水体内进行海洋科学研究。"

从公约这两条规定可以看出,各国与各主管国际组织拥有公海科学研究自由权。但是,从上述规定也可以看出,在享有这些公海科学研究自由权的同时也需要承担相应的义务。然而,这些义务基本上是要求各国与各主管国际组织在开展海洋科学研究时遵守的一般原则,比如"和平目的""用适当科学方法和工具进行海洋科学研究""海洋科学研究不干扰公约的其他海洋正当用途""保护保全海洋环境"等。[①] 这也意味着,公海海洋科学研究的开展享有较宽泛的自由。

(2)他国领海海洋科学研究权。

海洋科学研究权自由且宽泛的一个重要表现就是,各国与各主管国际组织可以获取进入他国领海开展科学研究的权利。《联合国海洋法公约》第 245 条"领海内的海洋科学研究"规定:"沿海国在行使其主权时,有规定、准许和进行其领海内的海洋科学研究的专属权利。领海内的海洋科学研究,应经沿海国明示同意并在沿海国规定的条件下,才可进行。"

显而易见,比起公海科学研究自由权,进入他国领海开展科学研究条件苛刻许多,当然这也是在令人接受和令人理解的范畴之内,毕竟沿海国拥有领海、领海上空及其海床和底土的主权。

(3)他国专属经济区和大陆架海洋科学研究权。

《联合国海洋法公约》第 246 条"专属经济区内和大陆架上的

---

① 请参阅《联合国海洋法公约》第 240 条"进行海洋科学研究的一般原则"。

海洋科学研究"对进入他国这些区域进行科学研究作有非常详细的规定。

其中,第1款指出:"沿海国在行使其管辖权时,有权按照本公约的有关条款,规定、准许和进行在其专属经济区内或大陆架上的海洋科学研究。"

第2款进一步指出:"在专属经济区内和大陆架上进行海洋科学研究,应经沿海国同意。"

第3款则鼓励沿海国同意在其专属经济区和大陆架进行的、本着"增进海洋环境科学知识以谋全人类利益"为目的的海洋科学研究,并"制订规定和程序以确保不致不合理地推迟或拒绝给予同意"。

第4款则指出,即使没有外交关系,研究国也可向沿海国提出研究申请。

第5款详细罗列了呈交沿海国的研究计划中令沿海国拒不同意另一国家或主管国际组织在专属经济区内或大陆架上进行海洋科学研究计划的4种情况。

第6~8款则指出这类海洋科学研究不应干扰沿海国行使在这些海域所进行的主权权利和管辖权下的活动。

从条款内容可以看出,在保护沿海国相应主权权利和管辖权的前提下,公约鼓励沿海国同意他国进入专属经济区和大陆架开展海洋科学研究活动。当然,开展科学研究的国家和主管国际组织也必须承担相应的义务,并经沿海国同意方可开展这样的研究活动。

4.2.2 获得他国领海、专属经济区和大陆架海洋科学研究权的方式

根据《联合国海洋法公约》规定,获得他国领海、专属经济区和大陆架海洋科学研究权的方式有两种:通过各国和主管国际组织自行向沿海国提出申请,或者通过"国际组织进行或主持的海洋科学研究计划"。

《联合国海洋法公约》第247条"国际组织进行或主持的海洋

科学研究计划"指出："沿海国作为一个国际组织的成员或同该组织订有双边协定,而在该沿海国专属经济区内或大陆架上该组织有意直接或在其主持下进行一项海洋科学研究计划,如果该沿海国在该组织决定进行计划时已核准详细计划,或愿意参加该计划,并在该组织将计划通知该沿海国后四个月内没有表示任何反对意见,则应视为已准许依照同意的说明书进行该计划。"

可见,任何国家如果是某一个国际组织的成员,可以由该组织协调,并由该组织提交研究计划,在沿海国同意的前提下参加在该沿海国专属经济区和大陆架开展的海洋科学研究。

然而,各国和各主管国际组织进入他国领海、专属经济区和大陆架进行海洋科学研究的申请获得许可的方式有很大不同。

前文已经述及的公约第245条声明,"领海内的海洋科学研究,应经沿海国明示同意并在沿海国规定的条件下,才可进行"。很明显,进入他国领海进行科学研究,必须得到"沿海国明示同意"且"在沿海国规定的条件下",条件相对严格。

前文也已经述及的公约第246条第2款也表明："在专属经济区内和大陆架上进行海洋科学研究,应经沿海国同意。"该"同意"可以理解为"默示同意"。

公约第252条"默示同意"对进入他国专属经济区和大陆架进行海洋科学研究的许可方式进行了说明："各国或各主管国际组织可于依据第二四八条的规定向沿海国提供必要的情报之日起六个月后,开始进行海洋科学研究计划,除非沿海国在收到含有此项情报的通知后四个月内通知进行研究的国家或组织……"可见,相比较于在"明示同意"和"规定条件下"在他国领海开展相关科学研究,"默示同意"下在他国专属经济区和大陆架开展科学研究的程序相对要简便。

而公约第247条则明确,如若由国际组织进行或主持海洋科学研究计划时,"通知该沿海国后四个月内没有表示任何反对意见,则应视为已准许依照同意的说明书进行该计划"。因此,与自行申请进入他国专属经济区和大陆架进行海洋科学研究的区别在于,在沿海国未提出异议或疑义的前提下,在提交研究计划之后四个月可以开始研究活动,而自行申请则要六个月的期限。

4.2.3 《联合国海洋法公约》下海洋科学研究权连带的义务

在享受公海、他国领海、专属经济区和大陆架开展海洋科学研究权的同时,也必须承担相应的义务。公约中的相关条款涉及各项义务。

《联合国海洋法公约》第240条"进行海洋科学研究的一般原则"列举了开展海洋科学研究必须遵守的普遍原则,比如"和平目的"、"科学方法和工具"、不干扰"海洋其他正当用途"、"保护和保全海洋环境"等。

《联合国海洋法公约》第244条则要求各国和各主管国际组织在开展相关海洋科学研究后进行"情报和知识的公布和传播"。

《联合国海洋法公约》第248条则要求:"各国和各主管国际组织有意在一个沿海国的专属经济区内或大陆架上进行海洋科学研究,应在海洋科学研究计划预定开始日期至少六个月前,向该国提供关于下列各项的详细说明……"这意味着,获得海洋科学研究权的一个前提就是,在一定期限前向沿海国提交研究计划,并等待沿海国的回应或"默示同意"。

《联合国海洋法公约》第249条"遵守某些条件的义务"则明确了各国和各主管国际组织在沿海国的专属经济区内或大陆架上进行海洋科学研究时必须遵守的条件,其中包括沿海国可以参与该海洋科学研究计划、向沿海国提供初步报告和研究完成后的最后结果和结论、通知沿海国关于研究方案的任何重大改变等。

综上所述,海洋科学研究必须承担的义务包括开展此类活动普遍必须遵守的"和平""环境保护"等原则,与沿海国之间良好的互动关系,以及促进人类的海洋认知能力的研究结果的公布和流通。但是,与公海、他国专属经济区入渔权必须在相应的国际或区域性组织框架下开展的情形极大不同的是,海洋科学研究权的开展并没有这方面的要求,也意味着海洋科学研究的开展是以"自由"为主导,①而入渔权则更注重以义务为前提的自由。

4.2.4 《联合国海洋法公约》关于海洋科学研究的几个关键因素

为了鼓励海洋科学研究的广泛及深入开展,增长人类对海洋的认识,《联合国海洋法公约》不仅明确了各国和各主管国际组织的公海科学研究权,而且还把海洋科学研究权延伸到沿海国领海、专属经济区和大陆架,"自由"是开展这类海洋科学研究的主导。在这样的情形下,我们也注意到《联合国海洋法公约》中关于开展海洋科学研究的几个关键因素。

首先是国际组织在开展及协调海洋科学研究活动中的积极作用。公约第247条已经提及过国际组织协调下开展相关海洋科学研究活动。这意味着,以该国际组织为平台,多个国家以其成员国的身份共同参与同一海洋科学研究,有利于国际合作框架下更多国家参与的科学研究活动的开展;同时,如果沿海国是该组织成员国,则开展相关科研活动的程序将进一步简化。公约第251条"一般准则和方针"指出:"各国应通过主管国际组织设法促进一般准则和方针的制定,以协助各国确定海洋科学研究的性质和影响。"此处的"一般准则和方针"在第240条有提及,具体涉及海洋科学研究必须遵守的普遍规则(前文已经述及)。由相关国际组织制定一般准则和方针,更有利于制度的统一性,也有利于推进和规范海洋科学研究活动。

其次是国际合作在海洋科学研究活动中的重要性。就海洋科学研究活动,《联合国海洋法公约》鼓励各种形式的国际合作。公

---

① 唐建业.北冰洋中央公海生物资源养护:沿海五国主张的法律分析.太平洋学报,24(1),2016:93-101.

约第242条"国际合作的促进"鼓励开展海洋科学研究的各国和各主管国际组织之间开展国际合作,以及鼓励共享"为防止和控制对人身健康和安全以及对海洋环境的损害所必要的情报"。第243条"有利条件的创造"则鼓励各国和各主管国际组织进行合作,为海洋科学研究的进行创造有利条件。第244条"情报和知识的公布和传播"更是倡导国际合作,使海洋科学研究最大限度地造福于人类社会。第254条"邻近的内陆国和地理不利国的权利"也是国际合作的重要表现,各国和各主管国际组织也将向邻近的内陆国和地理不利国提供科学研究计划,在沿海国不反对的前提下,这些国家可以同时参加这些研究活动。第255条"便利海洋科学研究和协助研究船的措施"则要求沿海国为海洋科学研究的顺利进行提供各种协助。上述条款不仅鼓励各个层面、各个领域的国际合作,而且为国际合作提供了具体的执行框架,意在促进和协助在领海、他国专属经济区和大陆架开展海洋科学研究活动。

4.3 《鱼类种群协定》关于渔业活动和海洋科学研究中"国际合作"的规定

《鱼类种群协定》是《联合国海洋法公约》的执行协定,针对的是跨界鱼类种群和高度洄游鱼类种群,适用于国家管辖地区外,亦即公海;但其第6条"预防性做法的适用"和第7条"养护和管理措施的互不抵触"也同样适用于国家管辖地区内。与《联合国海洋法公约》一样,《鱼类种群协定》就公海渔业活动和科学研究活动也有关于"国际合作"方面的规定,而且作为执行协定,其规定更细致,且提供具体的操作方法。

《鱼类种群协定》第8条"养护和管理的合作"第1款强调,沿海国和公海捕鱼国应该"直接地或通过适当的分区域或区域渔业管理组织或安排,就跨界鱼类种群和高度洄游鱼类种群进行合作";第2款强调,"各国应毫不迟延地本着诚意进行协商,特别是在有证据表明有关的跨界鱼类种群或高度洄游鱼类种群有可能受到捕捞过度的威胁或受到一种新兴的捕捞业威胁时……";第 3 款指出,沿海国与公海捕鱼国均应成为管理这些鱼类种群的分区域或区域性渔业管理组织或安排的参与方,或同意适用这种组织或安排所订立的养护和管理措施,且对有关渔业真正感兴趣的国家也可以成为这种组织的成员或这种安排的参与方;第 4 款则进一步明确,"只有属于这种组织的成员或安排的参与方的国家,或同意适用这种组织或安排所订立的养护和管理措施的国家,才可以捕捞适用这些措施的渔业资源";第 5 款则号召沿海国和公海捕鱼国在没有渔业管理组织或安排的情形下应合作设立这种组织或达成其他适当安排,以确保对这些鱼类种群的及时养护和管理。上述这些条款规定了公海入渔必须承担的养护和管理义务,而且这些养护与管理义务的开展都必须在国际合作的前提下,通过分区域或区域性渔业管理组织或安排下的框架进行。

《鱼类种群协定》第 14 条"收集和提供资料及科学研究方面的合作"则着眼于海洋科学研究方面的国际合作,并提出了具体的合作举措。第 1 款指出:"各国应确保悬挂本国国旗的渔船提供必要的资料,以履行本协定规定的义务。"该条款从侧面反映了渔船提供的捕鱼数据对资源调查、海洋科学研究的重要性。第 2 款则要求"各国应直接地或通过分区域或区域性渔业管理组织或安排进行合作",利用渔业数据,通过上述组织或安排,以改进这些鱼类种群的养护和管理措施。第 3 款则鼓励"各国应直接地或通过主管国际组织进行合作,加强渔业领域的科学研究能力,促进有关养护和管理跨界鱼类种群和高度洄游鱼类种群的科学研究,造福大众。为此目的,在国家管辖地区外进行这种研究的国家或主管国际组织,应积极促进发表和向任何有兴趣的国家传播这种研究的成果,及有关这种研究的目标和方法的资料,并在切实可行的情况下方便这些国家的科学家参与这种研究"。上述条款不仅彰显渔业数据和海洋科学研究的重要性,而且鼓励各国通过分区域或区域性渔业管理组织或安排进行科学研究的国际合作。

4.4 对我国的启示

《联合国海洋法公约》确认了我国在北极公海及北极专属经济区具有入渔权,当然这些入渔权的获取都意味着相应义务的承担,而且北极各国北极专属经济区入渔权的获取还必须符合其他更为严苛的条件。北极公海的渔业活动一般在分区域或区域性渔业组织或安排的框架下进行,受相关法律和制度的制约。《联合国海洋法公约》也确认了我国在北极公海、北极国家领海、专属经济区和大陆架的海洋科学研究权,连带海洋科学研究权的也同样是必须承担的义务。在鼓励海洋科学研究的宗旨下,此类活动相对以"自由"为导向,无须在相应组织或安排的框架下进行。

《鱼类种群协定》则进一步规范了上述入渔行为和海洋科学研究活动的开展,强调了沿海国和公海捕鱼国之间的合作,且该合作一般通过分区域或区域性渔业管理组织或安排进行,甚至在没有这些组织或安排的情况下双方应鼎力合作成立这样的组织或安排。

这也意味着,我国在北极拥有相应的入渔权和海洋科学研究权,这是国际法赋予我国的权益。以此为前提,我国应表明态度、并采取措施进一步巩固这些权益。就北极公海渔业而言,我国应积极加入相关北极区域性渔业组织,力争参与中白令海、挪威海、巴伦支海公海在内的北极公海渔业开发与管理;同时,就北冰洋中央公海海域,我们应明确,在5+5会议达成相应协议前,北极5国提议的防止不管制捕捞活动的临时措施没有国际法律约束力,因为远洋渔业国(现阶段并不存在)、对该渔业有兴趣的国家均未参加建立临时措施协商和谈判的过程,该临时措施的出台也未在相关渔业组织或安排框架下进行。因此我国应强烈呼吁成立相关渔业组织或制定相关安排,以搭建合理合法的平台让广泛的利益攸关方共同参与渔业管理机制的构建。就海洋科学研究而言，我们现阶段针对北极海洋生物资源所做的研究不深入、不连贯也不系统，未来应该在渔业局及海洋局的共同协调下，开展有针对性的、跨学科的科学调查与研究，力求了解北极海洋生物资源动态，并以科技成果作为"敲门砖"参与相关机制的构建，并成为机制构建中获得较多"话语权"的一方。

5. 北极 5 国的北冰洋中央公海渔业管理"领导者"地位诉求的合法性分析

由于共同的地缘优势及政治经济利益目标，作为北冰洋沿岸国家，北极 5 国逐渐形成北极"联盟"，并于 2008 年首次联盟会议后发布《伊卢利萨特宣言》，向国际社会宣称其北冰洋中央公海管理"领导者"的地位。随着气候变化在北极的影响日益显著，北冰洋中央公海渔业的未来发展也备受瞩目，2010 年起北极 5 国的历次联盟会均涉及北冰洋中央公海渔业管理。2014 年北极 5 国在联盟会议内部达成北冰洋中央公海防止不管制捕捞活动临时措施协议，并俨然以北冰洋中央公海渔业管理"领导者"的姿态向国际社会发布该联盟内部协议。然而，北极 5 国在北冰洋中央公海渔业管理中自居的"领导者"地位是否合法，这也是本节将探讨的问题。

5.1 由来已久的北极 5 国北冰洋中央公海渔业管理"领导者"诉求

过去，特殊的地理及气候条件使北极不易接近，除了"冷战"中北极的军事战略地位陡升，北极远离国际社会的目光。1982 年《联合国海洋法公约》的出台明确了北极 8 国在北极海域管理中的重要地位，他们分别拥有北极大部分海域的主权、主权权利和管辖权。1996 年成立的北极理事会成为北极地区最重要的政府间论

第五章 我国北极战略视角下的北极渔业政策

坛,除北极8国外,其他组织及国家均不拥有论坛内对北极事务的表决权。另外,北极各国在社会经济、政治等领域均处于世界领先地位,积累了北极管理的丰富经验。因此,北极各国的北极管理"领导者"姿态由来已久。

与此同时,缘于共同的北冰洋沿海国身份及政治经济目标追求,北极5国形成联盟,在各类北冰洋相关事务中频频以管理"领导者"的姿态自居。2008年,北极5国撇开冰岛、瑞典和芬兰这三个北极8国成员,首次单独召开北极会议,并发布《伊卢利萨特宣言》,向国际社会公开宣称他们的北冰洋管理领导者地位:"基于北极5国在北冰洋所享有的主权、主权权利、管辖权,他们在处理北冰洋事务方面享有特殊的地位。"据此,"北极5国在保护北冰洋生态方面具有管理'领导者'地位"。同时,北极5国宣称现有海洋法适用于北冰洋各事务的管理,因而没有必要订立新的国际法管理北冰洋。① 之后,北极5国在历次北极渔业联盟会议中不断强化该论断。比如,2010年3月由北极5国外长出席的加拿大切尔西北极会议再次强调"北极5国在北极地区拥有重要的管理'领导者'地位"。②

---

① The Ilulissat Declaration, issued by the Five Arctic Ocean Coastal States at Arctic Ocean Conference held at Ilulissat, Greenland, 27-29 May 2008. Available at: http://www.oceanlaw.org/downloads/arctic/Ilulissat_Declaration.pdf.

"By virtue of their sovereignty, sovereign rights and jurisdiction in large areas of the Arctic Ocean the five coastal states are in unique position to address these possibilities and challenges."

"This framework provides a solid foundation for responsible management by the five coastal States and other users of this Ocean through national implementation and application of relevant provisions. We therefore see no need to develop a new comprehensive international legal regime to govern the Arctic Ocean."

② The Chairman's Summary, issued by the Arctic Ocean Foreign Ministers' Meeting held at Chelsea, Canada, 29 March 2010. Available at: http://www.mid.ru/brp_4.nsf/0/5E2FEF2614D7AE2BC32576F600592DE5.

"Arctic Ocean coastal states have an important stewardship role in the region."

气候变化下的北极经历着重要的生态变化,一个显著现象就是海冰融化,北冰洋部分海域无冰季节变长,意味着次北极及北极海域部分鱼类种群北迁的通道出现。因此,从 2010 年开始,北冰洋中央公海渔业成为北极 5 国联盟会议的重要关注点,且北极 5 国也开始积极主动地承担起北冰洋中央公海渔业管理机制构建者的角色。在 2010 年的切尔西会议上,北极 5 国宣称自己作为北冰洋中央公海渔业管理"领导者"的依据:"无论现在还是未来,北极 5 国在北冰洋渔业养护与管理方面拥有特殊的兴趣与作用。"①2013 年在美国华盛顿召开的北极 5 国会议再次向国际社会强化其"领导者"地位:"北极 5 国应该在北冰洋中央公海渔业管理方面承担积极主动的作用。"②

虽然,北极 5 国通过其联盟会议不断向国际社会宣称并强化其北冰洋中央公海渔业管理"领导者"地位,但是其单边主义行为既缺乏国际法理依据,也未获得过国际社会的认可。对此,下文将详述。《联合国海洋法公约》定义北冰洋中央海域为公海,一般而言,沿海国与远洋渔业国均享有养护义务前提下的公海渔业自由。虽然,北极 5 国内部达成的协议关乎的是"防止不管制捕捞活动的临时措施",但是一部分国外媒体及北极 5 国内部的一些官员在论及该事件时也频繁使用"禁捕"字眼(英语中用"ban"或"moratori-

---

① The Chairman's Summary, issued by the Arctic Ocean Foreign Ministers' Meeting held at Chelsea, Canada, 29 March 2010. Available at: http://www.mid.ru/brp_4.nsf/0/5E2FEF2614D7AE2BC32576F600592DE5.
"Arctic Ocean coastal states have a unique interest and role to play in current and future efforts for the conservation and management of fish stocks in this region."

② Chairman's Statement, issued by the Five Arctic Ocean Coastal States at Meeting on Future Arctic Fisheries held at Washington, D.C., USA, 29 April-1 May 2013. Available at http://www.state.gov/e/oes/rls/pr/2013/209176.htm. "It is appropriate for the States whose exclusive economic zones border this high seas area to take the initiative on this matter."

um")。① 从北极 5 国 2015 年 7 月奥斯陆北冰洋中央公海渔业会议后发布的该协议看,由于还未有针对性的渔业管理制度出台,起码在未来的一段时期内,北极 5 国倡议的就是北冰洋中央公海的禁捕措施。因此,北极 5 国的北冰洋中央公海禁捕协议对我国、欧盟、日本、韩国等国家及地区的潜在影响最大。就北极渔业而言,这些传统的远洋渔业国具有距离优势,因而北极 5 国的北冰洋中央公海渔业管理领导者地位诉求及其禁捕协议最可能引发这些远洋渔业国的关注和质疑。另外,冰岛、瑞典及芬兰被摒除在北极 5 国会议之外,且未被获邀参与北冰洋中央公海禁捕措施制定的过程,上述三国警惕自身在某些北极管理方面优势地位丧失的同时,也将密切观望北极 5 国在北冰洋中央公海渔业管理方面领导者地位的国际认同度,以衡量其在未来北极管理中的地位定位。

5.2 北极 5 国的北冰洋中央公海渔业管理排他倾向

在北极 5 国不断强化其北冰洋中央公海渔业管理机制"构建者"和"领导者"概念的同时,他们也在一定程度上排斥非北极国家的参与。

2013 年格陵兰努克北极 5 国联盟会议指出"北极 5 国也认识到其他国家可能对北冰洋中央公海渔业感兴趣,在未来合适的时

---

① Canada Joins Arctic Fishing Moratorium. Times Colonist, Business Page B3, February 28, 2014; Canada, Russia Expected to Unite for Moratorium on High Arctic Fishing. The Globe and Mail, July 15, 2015. Available at: http://www.theglobeandmail.com/news/politics/canada-russia-expected-to-unite-for-moratorium-on-high-arctic-fishing/article25524466; Sea Warming Leads to Ban on Fishing in the Arctic. The New York Times, July 17, 2015. Availabe at: http://www.nytimes.com/2015/07/17/world/europe/sea-warming-leads-to-ban-on-fishing-in-the-arctic.html?_r=0; No Fishing at the North Pole. The New York Times, July 22, 2015. Available at: http://www.nytimes.com/2015/07/22/opinion/no-fishing-at-the-north-pole.html?_r=0.

机也可以被邀请参与北冰洋中央公海渔业管理讨论中"。① 该言论很明显强调了北极5国在北冰洋中央公海渔业管理中的"领导者"地位,且由该联盟决定机制构建者的参与及参与时机,剥夺了广大国际社会在北冰洋中央公海渔业管理中应该承担及享有的义务与权利。

　　由于北极5国在北冰洋中央公海渔业管理方面所持有的排他倾向和单边主义,致使其在历次北极会议上就北冰洋中央公海渔业管理所宣扬的理念与其行动总存在着矛盾,根本原因在于其"合作是表象,独揽是本质"的真实动机。一方面他们认为北冰洋中央公海商业渔业在不久将来还不可能成为现实,②但是同时他们又认

---

① Chairman's Statement, issued by the Five Arctic Ocean Coastal States at Meeting on Arctic Fisheries held at Nuuk, Greenland, 24-26 February 2014. Available at: http://www.pewtrusts.org/~/media/Assets/2014/09/ArcticNationsAgreetoWorkonInternationalFisheries-Accord.pdf? la=en. "Those States also acknowledge that other States may have an interest in this topic and that they should be included in talks at some point in the future as appropriate."

② Chairman's Summary, issued by the Arctic Ocean Foreign Ministers' Meeting held at Chelsea, Canada, 29 March 2010. Available at: http://www.mid.ru/brp_4.nsf/0/5E2FEF2614D7AE2BC32576F600592DE5.

"Large-scale commercial fishing in most of the Arctic Ocean is not imminent.";
Chairman's Statement, issued by the Five Arctic Ocean Coastal States at Meeting on Future Arctic Fisheries held at Washington, U.S., 29 April-1 May 2013. Available at: http://www.state.gov/e/oes/rls/pr/2013/209176.htm.

"commercial fishing in the high seas area of the central Arctic Ocean is unlikely to occur in the near future."; Chairman's Statement, issued by the Five Arctic Ocean Coastal States at Meeting on Arctic Fisheries held at Nuuk, Greenland, 24-26 February 2014. Available at: http://www.pewtrusts.org/~/media/Assets/2014/09/ArcticNationsAgreetoWorkonInternationalFisheries-Accord.pdf? la=en.

"commercial fishing in the high seas area of the central Arctic Ocean is unlikely to occur in the near future."
Chairman's Statement, issued by the Five Arctic Ocean Coastal States at Meeting on Future Arctic Fisheries held at Washington, U.S., 29 April-1 May 2013. Available at: http://www.state.gov/e/oes/rls/pr/2013/209176.htm.

"Other States may have an interest in this topic and that they should be included in talks at some point in the future as appropriate."

第五章 我国北极战略视角下的北极渔业政策

为用预防性措施理念建立北冰洋中央公海渔业管理临时措施对维护生态平衡至关重要,且迫在眉睫。一方面他们认为现有的国际法适用于北冰洋中央公海渔业管理,无须制定新的法律或协议,但是同时他们联盟内部紧锣密鼓地制定针对北冰洋中央公海渔业的禁捕政策。一方面他们认为现阶段开展广泛国际合作、掌握科学数据对掌握北冰洋中央公海渔业发展动态及其重要,但同时他们热衷于北冰洋中央公海渔业制度构建的主动权,声明仅在合适时机邀请非极地国家参与相关制度的讨论,①动机很明确,亦即在北冰洋中央公海渔业制度尘埃落定后才象征性地邀请国际社会的参与,"国际合作"有名无实。

北极5国在北冰洋中央公海渔业管理方面的言行不一还体现在对北极区域性渔业管理组织的漠视。未来北冰洋中央公海渔业较多涉及跨界及高度洄游鱼类种群。②就这些出现在专属经济区之间及内外的鱼类种群,《联合国海洋公约》第63条规定沿海国及远洋渔业国"应直接或通过适当的分区域或区域组织,设法就必要措施达成协议,以养护在邻接区域内的这些种群"。③另外,1995年联合国出台《鱼类种群协定》,进一步强调了建立区域性渔业管理组织对公海渔业管理的重要性。显然,国际渔业相关法律及公约协定重视国际合作与区域性渔业组织在公海管理方面的协调作

---

① Chairman's Statement, issued by the Five Arctic Ocean Coastal States at Meeting on Future Arctic Fisheries held at Washington, D.C., USA, 29 April-1 May 2013. Available at: http://www.state.gov/e/oes/rls/pr/2013/209176.htm.
"Other States may have an interest in this topic and that they should be included in talks at some point in the future as appropriate."

② Anne Babcock Hollowed, Benjamin Planque & Harald Loeng. Potential Movement of Fish and Shellfish Stocks from the Sub-Arctic to the Arctic Ocean. Fisheries Oceanography, 22(5), 2013: 355-370; Lilly Weidemann. International Governance of the Arctic Marine Environment with Particular Emphasis on High Seas Fisheries. Switzerland: Springer, 2014.

③ 请参阅《联合国海洋法公约》第63条"出现在两个或两个以上沿海国专属经济区的种群或出现在专属经济区内而又出现在专属经济区外的邻接区域内的种群"。

用。而且,北极5国在历次北极会议上也肯定区域性渔业管理组织的功能,比如,2013华盛顿北极会议声明表明"如果未来北冰洋中央公海渔业成为现实,至少东北大西洋渔业委员会可以承担北冰洋部分公海的渔业管理职责";①2014年努克会议声明除了把上述措辞中的"职责"改成了"能力"外,②其他未作任何变动。

但是,自相矛盾的是,承认区域性渔业组织的管理功能,也意识到东北大西洋渔业委员会仅能承担部分北冰洋中央公海渔业管理职能,北极5国却在上述会议上连续强调现阶段无须成立区域性组织进行北冰洋中央公海渔业管理。③

---

① Chairman's Statement, issued by the Five Arctic Ocean Coastal States at Meeting on Future Arctic Fisheries held at Washington, D. C., USA, 29 April-1 May 2013. Available at:http://www.state.gov/e/oes/rls/pr/2013/209176.htm.

"At least one existing regional fisheries management organization (RFMO) - the North-East Atlantic Fisheries Commission - has a mandate to adopt fisheries conservation and management measures in a portion of this high seas area, should such fisheries ever take place there."

② Chairman's Statement, issued by the Five Arctic Ocean Coastal States at Meeting on Arctic Fisheries held at Nuuk, Greenland, 24-26 February 2014. Available at:http://www.pewtrusts.org/~/media/Assets/2014/09/ArcticNationsAgreetoWorkon-InternationalFisheries-Accord.pdf?la=en.

"At least one existing regional fisheries management organization (RFMO) - the North-East Atlantic Fisheries Commission - has the competence to adopt fisheries conservation and management measures in a portion of this high seas area, should such fisheries ever take place there."

③ Chairman's Statement, issued by the Five Arctic Ocean Coastal States at Meeting on Future Arctic Fisheries held at Washington, D. C., USA, 29 April-1 May 2013. Available at:http://www.state.gov/e/oes/rls/pr/2013/209176.htm.

"At present, there is no need to establish any additional RFMO or RFMO(s) for this area.";

Chairman's Statement, issued by the Five Arctic Ocean Coastal States at Meeting on Future Arctic Fisheries held at Washington, U. S., 29 April-1 May 2013. Available at:http://www.state.gov/e/oes/rls/pr/2013/209176.htm.

"no need at present to develop any additional regional fisheries management organization (RFMO) or arrangement for this area."

这种既承认区域性组织功能又杜绝其成立的自相矛盾的做法只能揭示北极 5 国的唯一目的：在成立胜任北冰洋中央公海渔业管理的区域性组织之前，联盟内部率先确立该海域的渔业管理制度，以充分实现其北冰洋中央公海渔业管理诉求，之后区域性组织的成立及其他利益攸关方的参与就仅仅是国际合作的"形象工程"。

5.3 国际法视角下的北极 5 国北冰洋中央公海渔业管理"领导者"地位分析

在国际层面，渔业管理遵循的重要法律及制度有《联合国海洋法公约》《鱼类种群协定》《负责任渔业行为准则》《港口国措施协定》等。鉴于北冰洋中央公海商业渔业并未真正开展，且《负责任渔业行为准则》及《港口国措施协定》均重点针对船旗国及港口国的渔业管理职责，以及渔业捕捞及渔获品相关的管理规范，本章节仅重点解析《联合国海洋法公约》及《鱼类种群协定》关于沿海国与远洋渔业国在公海渔业管理中的角色与作用。另外，虽然未来北冰洋中央公海渔业可能也会涉及溯河产卵鱼类种群及栖息于大陆架的定居种等生物资源，①但本章节重点针对跨界及高度洄游鱼类种群，不仅因为其是未来北冰洋中央公海渔业的重要渔业资源，而且便于本书围绕《联合国海洋法公约》及《鱼类种群协定》中相关条款进行针对性解析。

5.3.1 "公海自由"中的"捕鱼自由"

《联合国海洋法公约》及《鱼类种群协定》适用于所有海域，包括拥有特殊地理位置和自然环境的北冰洋。根据《联合国海洋法公约》，北极 5 国享有无可争议的北极专属经济区内的渔业管理主

---

① Erik J. Molenaar. "Climate Change and Arctic Fisheries" in Cliamte Governance in the Arctic: Introduction and Theoretical Framework Editted by Timo Koivurova, E. C. H. Keskitalo & Nigel Bankes. Springer, 2009: 145-170.

权权利,但公约第87条明确规定国际社会拥有开展国际合作前提下的"公海自由"中的"捕鱼自由",公约第116条到119条进一步明确包括沿海国及远洋捕鱼国在内的国际社会的公海海洋生物资源开发权利、养护义务,并提倡积极有效的国际合作以此制定有效的资源养护措施。① 简而言之,《联合国海洋法公约》第87条"公海自由"明确"公海对所有国家开放"并享有"捕鱼自由",但"捕鱼自由"需在"条件的限制"下享有。仔细解读公约的相关条款,可以获知该"条件的限制"大致指"采取养护公海生物资源措施的义务"、"在养护与管理生物资源方面的合作",其中很重要的就是与沿海国合作开展跨界及高度洄游鱼类种群的开发与养护。显然,根据《联合国海洋法公约》条款,沿海国在公海渔业管理中确实承担着重要且独特的作用,但这是否就意味着沿海国可以合法地承担起公海渔业管理"领导者"角色呢? 下节作详细解析。

5.3.2 沿海国在公海渔业管理中的"领导者"角色

就专属经济区与公海邻接水域内的跨界及高度洄游鱼类种群开发及养护,沿海国与远洋渔业国的矛盾由来已久且尖锐化,②原因就在于不断稀缺的渔业资源及不断增长的渔业需求,矛盾比较集中体现在沿海国试图通过扩展渔业管辖权干预远洋渔业国的公海渔业活动。本节将通过解读《联合国海洋法公约》及《鱼类种群协定》,分析沿海国是否在公海渔业管理中享有特殊的"领导者"地位。

---

① 请参阅《联合国海洋法公约》第116条"公海上捕鱼的权利";《联合国海洋法公约》第117条"各国为其国民采取养护公海生物资源措施的义务";《联合国海洋法公约》第118条"各国在养护与管理生物资源方面的合作";《联合国海洋法公约》第119条"公海生物资源的养护"。

② 赵树理. 国际海洋法法庭的创建——我的个人经历和感受. 中外法学,53(5),1997:515-521;赵文婷. 沿海国渔业管辖权的扩展. 硕士论文,中国政法大学,2009;李扬. 沿海国对海洋渔业的管辖扩张. 社会科学家,187(11),2012:16-19; Jennifer L. Bailey. States, Stocks, and Sovereignty: High Seas Fishing and the Expansion of State Sovereignty. Conflich and the Environment, NATO ASI Series, 33, 1997: 215-234.

5.3.3 《联合国海洋法公约》下沿海国在公海渔业管理中的角色

《联合国海洋法公约》规定的公海捕鱼自由受"条件的限制",但该限制不等同于授予沿海国向公海扩展其渔业管辖权而使公海捕鱼自由受"沿海国的限制",因为公约中没有任何条款表示沿海国在公海享有渔业管辖权。但是,公约对公海渔业管理确实存在语焉不详、模棱两可的问题,以至于不同的利益攸关方对同一条款的解读会截然不同。公约是在特定时期、各缔约国为缓和海洋矛盾而达成的妥协产物,决定了其缺乏执行指导、存在不同解读空间的本质。本节将从公约对沿海国、远洋渔业国、区域性渔业组织在公海渔业管理中作用的定位来解读公约是否"隐晦"赋予沿海国公海渔业管理"领导者"的地位。

本节中北冰洋中央公海渔业管理针对的是"出现在专属经济区内而又出现在专属经济区外的邻接区域内"的鱼类种群,即前文述及的跨界及高度洄游鱼类属于该种群。公约赋予沿海国专属经济区内对该鱼类种群管理的主权权利,使沿海国在管理这类同时会出现在公海的鱼群时有了一定特殊性,但也未剥夺远洋渔业国在公海对这类鱼群的养护与开发权利;同时,公约也强调区域性渔业组织在管理这类鱼群的重要作用。因此,公约的"语焉不详"与"模棱两可"造成公海渔业管理主体不明,导致利益攸关方之间复杂、纠缠的矛盾。

公约第63条第2款指出:"沿海国和在邻接区域内捕捞这种种群的国家,应直接或通过适当的分区域或区域组织,设法就必要措施达成协议,以养护在邻接区域内的这些种群。"公约第64条第1款指出:"沿海国和其国民在区域内捕捞高度洄游鱼种的其他国家应直接或通过适当国际组织进行合作,以期确保在专属经济区以内和以外的整个区域内的这种鱼种的养护和促进最适度利用这种鱼种的目标。在没有适当的国际组织存在的区域内,沿海国和其国民在区域内捕捞这些鱼种的其他国家,应合作设立这种组织并参加其工作。"

从上述条款可以得出以下结论和推断,就跨界及高度洄游鱼类种群这种特殊的公海渔业资源的管理,沿海国应主动开展与远洋渔业国的合作;合作应以区域性渔业组织为平台进行;如还未成立区域性组织,沿海国与远洋渔业国应合作设立该组织并共同参与该组织的渔业管理机制构建。

公约"公海生物资源养护与管理"条款中第 117 到 119 条也明确了沿海国、远洋渔业国、区域性组织在公海渔业管理中的义务与权利。第 117 条强调了沿海国、远洋渔业国的公海渔业养护职责。[①] 第 118 条则进一步明确以区域性渔业组织为平台开展沿海国与远洋渔业国之间的合作。[②] 值得仔细推敲的是第 119 条第 2、3 款。第 2 款"在适当情形下,应通过各主管国际组织,不论是分区域、区域或全球性的,并在所有有关国家的参加下,经常提供和交换可获得的科学情报、渔获量和渔捞努力量统计,以及其他有关养护鱼的种群的资料",再次强调通过区域性渔业组织开展所有公海渔业相关国家之间的科学研究合作。第 3 款"有关国家应确保养护措施及其实施不在形式上或事实上对任何国家的渔民有所歧视",则隐晦地表示沿海国在公海渔业中不具有特殊的管理地位。

综上所述,就公海渔业,《联合国海洋法公约》赋予沿海国与远洋渔业国平等的权利与义务,通过区域性渔业管理组织,以国际合作的方式共同养护与管理公海渔业资源。

5.3.4 《鱼类种群协定》下沿海国在公海渔业管理中的角色

但是由于《联合国海洋法公约》就高商业经济价值的跨界及高度洄游鱼类种群的养护与管理缺乏落到实处的执行意见,且就养护与管理的国际合作的开展也缺乏建设性的指导意见,1995 年联

---

① 请参阅《联合国海洋法公约》第 117 条。
② 请参阅《联合国海洋法公约》第 118 条。

第五章　我国北极战略视角下的北极渔业政策

合国通过了《鱼类种群协定》,该协定是《联合国海洋法公约》关于跨界及高度洄游鱼类种群养护与管理的执行协定。仔细解读《鱼类种群协定》,可以发现其四个重要的特点。

首先,协定确实从某种程度上赋予沿海国在这类鱼群养护与管理中的特殊性。协议第7条第1款首先声明:"在不妨害沿海国根据'公约'享有的在国家管辖地区内勘查和开发、养护和管理海洋生物资源的主权权利,及所有国家根据'公约'享有的可由其国民在公海上捕鱼的权利的情况下……"这表明协定将平衡协调"沿海国专属经济区渔业主权权利"与"远洋渔业国公海捕鱼自由权利"之间的潜在冲突。但是协定第7条第2款随之指出:"为公海订立的和为国家管辖地区制定的养护和管理措施应互不抵触,以确保整体养护和管理跨界鱼类种群和高度洄游鱼类种群。"这无形中使沿海国可以以"确保整体养护和管理跨界鱼类种群和高度洄游鱼类种群"的名义影响公海渔业管理制度的建立。当然,沿海国享有该特殊权利的前提是"为公海订立的和为国家管辖地区制定的养护和管理措施应互不抵触",意味着北极5国联盟内部制定的北冰洋中央公海禁捕政策应该与他们各自的北极专属经济区渔业制度互不抵触。但是,纵横观察北极5国各自的国内政策,禁捕并不是其北极渔业政策的主旋律,这也不禁让国际社会质疑其所倡导的北冰洋中央公海渔业禁捕政策的公正性和动机。在北极5国中,美国从2009年起就在其北极专属经济区内执行禁捕政策,并积极倡导其他北极国家执行同样的渔业政策,但是响应者寥寥。以加拿大为例,时任加拿大渔业及海洋部(Fisheries and Oceans Canada)"国际政策与一体化"部门(International Policy and Integration)主任的Ridgeway女士就曾经提出,就新兴渔业,加拿大采纳谨慎的预防性措施,通过科学证据确定新兴渔业政策;极端的禁捕政策并不是加拿大应对新兴渔业的唯一对策,相反,明智的加拿大北极渔业政策将综合考虑生态保护及社会经济效益两方面因素。① 另外,气候变化下北极海域鱼群北迁的最大受益者可能是挪威及俄罗斯,因为从次北极海域北迁的多数鱼群可能停留在上述两国适宜鱼类栖息的北极专属经济区海域内,② 以渔业为国际经济支柱产业之一的上述国家应该不乐于在渔业前景美好的本国北极海域执行禁捕政策。同时,20世纪90年代中白令海远洋渔业国与沿海国美国和俄罗斯之间的争端也发人深省。沿海国出于维持本国专属经济区渔业资源可持续性发展的目标,积极倡导在邻接公海海域执行禁捕政策,但是在本国专属经济区却未能执行相应的"互不抵触"政策,导致远洋渔业国对禁捕政策的不认同,最终白令海狭鳕资源濒临枯竭而不得不执行无限期的禁捕政策,落得"两败俱伤"的结局。白令海狭鳕资源管理警示国际社会:沿海国与远洋渔业国的国际合作、专属经济区内外的渔业政策协调对公海渔业可持续性发展至关重要。因此,就如《鱼类种群协定》所规定,沿海国享有公海渔业管理特殊地位的前提是公海内外相互协调的渔业政策。但是,就现实情况而言,北极5国并不能做到如此"协调",也就意味着其北冰洋中央公海渔业禁捕政策的制定缺乏前提条件的支撑。

其次,协定强调了预防性措施在跨界及高度洄游鱼类种群养护与管理中的重要性。协定第6条详述了"预防性措施的适用"。③ 预防性措施的理念提倡在渔业活动造成重大危害之前采取措施保

---

① Lorraine Ridgeway. "Issues in Arctic Fisheries Governance: A Canadian Perspective" In Changes in the Arctic Environment and the Law of the Sea Edited by Myron H. Nordquist, John Norton Moore, and Tomas H. Heidar. Boston: Martinus Nijhoff Publishers, 2010: 409-446.

② Anne Babcock Hollowed, Benjamin Planque & Harald Loeng. Potential Movement of Fish and Shellfish Stocks from the Sub-Arctic to the Arctic Ocean. Fisheries Oceanography, 22(5), 2013: 355-370.

③ 请参阅《鱼类种群协定》第6条"预防性措施的适用"。

第五章　我国北极战略视角下的北极渔业政策

护渔业资源,其似乎可以提供北极 5 国一定依据倡导禁捕政策。然而,不尽然,原因在于协定所体现的另一重要特点。

协定的另一重要特点要求制定预防性措施的前提为"最佳科学证据"。现阶段,北冰洋中央公海经年海冰未化,未来渔业发展前景未明,[1]不仅北极 5 国历次联盟会议,而且其他的场合均提出开展科学调查,鼓励国际合作交换科学数据对预测北极渔业发展的重要性。在非北极国家并未参与相关科学数据交换、国际社会对未来北冰洋中央公海渔业发展未知的前提下,北极 5 国提出的禁捕政策缺乏科学依据。

最后,《鱼类种群协定》高度强调了区域性渔业管理组织在协调公海渔业管理方面的重要作用,且为了弥补《联合国海洋法公约》在成立该种组织方面缺乏建设性意见的缺憾,协定制定了具体的执行建议,协定第 8 条到 14 条均与该主题相关。最引人注目的是,协定所规定的区域性渔业组织成员的标准如此之低以至于"对有关渔业真正感兴趣的国家可成为这种组织的成员或这种安排的参与方";[2]协定也规定"养护与管理措施的互不抵触",强调沿海国与远洋渔业国平等的公海渔业管理职责。[3] 当今世界各大洋公海渔业管理的职责几乎均由区域性渔业组织承担,虽然沿海国确实是这类组织的重要成员国,甚至有的时候是重要的决策者。但是,更普遍的是,沿海国与远洋渔业国在该类组织中承担着共同且相同的权利与义务。北冰洋中央公海没有理由成为世界各大洋的特

---

[1] Timo Koivurova, Erik J. Molenaar, and David L. Vanderzwaag. Canada, the EU, and Arctic Ocean Governance: a Tangled and Shifting Seascape and Future Directions. Journal of Transnatinal Law and Policy, 18(2), 2009: 248-287; Anne Babcock Hollowed, Benjamin Planque & Harald Loeng. Potential Movement of Fish and Shellfish Stocks from the Sub-Arctic to the Arctic Ocean. Fisheries Oceanography, 22(5), 2013: 355-370.

[2] 请参阅《鱼类种群协定》第 8 条"养护与管理的合作"第 3 款。

[3] 请参阅《鱼类种群协定》第 7 条"养护与管理措施的互不抵触"。

例,其渔业管理也没有理由成为特例。

沿海国的"渔业管辖权扩展"并不是新生事物:20世纪《联合国海洋法公约》的出台使沿海国拥有了扩展到其专属经济区内的渔业管辖权,这是合理合法的行为;然而,在公约出台后的渔业实践中,为了更好维护其管辖范围内的渔业资源可持续发展,沿海国逐渐试图向公海扩展其管辖权,这应该是游走在法律灰色地带的一种行为。英文文献中常用"extended fishing jurisdiction"与"creeping fishing jurisdiction"对应"渔业管辖权扩展",且交替使用,未见明显区分。根据英语措辞的内在含义,笔者更趋向于认为,extended fishing jurisdiction 是法律保障下的渔业管辖权扩展,而 creeping fishing jurisdiction 则是利用法律中的"模棱两可"与"语焉不详",试图通过单边主义实现的管辖权扩展。综上所述,迄今北极5国在北冰洋中央公海渔业管理方面表现出"creeping fishing jurisdiction"的明显特征。

因此,北极5国的北冰洋中央公海渔业管理"领导者"地位诉求是单边主义行为的表现,意欲充当北极事务的操控者,无视非北极国家在北极拥有的合理合法的权益,而国际法中并没有相关的条款对该单边主义行为提供法律保障。

6. 北冰洋中央公海临时措施的法律效力

6.1 "奥斯陆宣言"

北极5国于2015年7月奥斯陆会议之后,发布了"关于防止北冰洋中央公海不管制捕捞活动的宣言"(以下简称"奥斯陆宣言")。奥斯陆宣言主要涉及三个内容:执行临时措施的必要性、临时措施的具体举措、临时措施的未来发展。

第五章　我国北极战略视角下的北极渔业政策

就执行临时措施的必要性,宣言列出以下理由:气候变化下的北冰洋中央公海生态环境变化还是未知数;气候变化下的北冰洋渔业将得以发展;以现在掌握的科学数据,北冰洋中央公海商业渔业在不久将来没有发展的可能,因此无须成立区域性渔业组织,但应以预防性措施为原则,执行防止不管制捕捞活动的临时措施。考虑到北极生态环境的脆弱性,我们认同北极5国所倡导的预防性措施,但是其言论中明显有自相矛盾之处,既承认北冰洋渔业将得以发展,却又否认北冰洋中央公海商业渔业发展的可能性。这种自相矛盾只能说明一个问题:在北冰洋中央公海渔业管理机制构建之初,以渔业未得以发展为名排斥其他北极国家及非北极国家的介入,却同时以渔业可能得以发展为名单边主义地制定相关管理机制,以在制度上阻止非北极国家行使国际法所保障的北极权益。这种做法本身就是不合理、不合法的。

就临时措施的具体措施,宣言列举了以下几项:北极5国仅在未来可能成立的区域性渔业组织相关条款下允许本国渔船开展北冰洋中央公海渔业活动;北极5国将协调建立北冰洋中央公海渔业联合科学研究计划,以促进对该海域生态环境的认识,该计划包括但不仅仅限于与国际海洋开发委员会、北太平洋海洋科学组织之间的科学研究合作;北极5国将鼓励本国遵守临时措施;北冰洋中央海域非商业的渔业活动不应违反临时措施,而且这类渔业活动必须在科学建议及监测下才能开展,且渔业数据供分享。从临时措施的具体举措可以看出,在北冰洋中央公海,北极5国将禁止本国渔船开展商业渔业活动且期限未明,但该临时措施对北极5国不具有法律约束力(在下节将具体分析),渔业联合科学研究计划将使更多的利益攸关方有机会参与到相关的科学研究中,在临时措施下即使科学为目的的渔业活动也将受到严格限制。

就临时措施的未来发展,北极5国提及北极原住民的权益和北极知识对北冰洋中央公海渔业管理的重要性;也提及临时措施将不妨害其他国际法在北冰洋中央公海的适用，同时呼吁更多的国际社会未来能以船旗国的身份遵守临时措施。但是，实际上，临时措施的执行将极大地限制广大非北极国家在北极行使国际法所保障的公海入渔权，显然临时措施的执行妨害了相关国际法在北冰洋中央公海的适用。另外，通过北冰洋中央公海渔业5+5会议，北极5国意在向更广泛的国际社会推广其临时措施，在2017年3月雷克雅未克5+5会议之前，历次会议并未就临时措施的"有效期"进行任何言语的描述和说明。(注：雷克雅未克会议主席声明指出，在对区域性渔业组织或安排的成立条件进行谈判过程中，各方可以讨论除防止不管制捕捞活动临时措施外的其他养护与管理措施，但该会议就临时措施的期限仍未作具体说明。①)

总体而言，临时措施的实施让人不免把临时措施和禁捕紧密联系在一起；临时举措中关于科学为目的的渔业活动也须受到严格限制的倡议，让人不免担忧，北极5国通过临时措施将掌握科学研究的主动权和操纵权。因此，临时措施不仅限制了非北极国家的北极公海入渔权，也限制了非北极国家的北极公海科学研究权。

6.2 临时措施的合理性

在没有区域性渔业组织且又否认现阶段成立区域性渔业组织的必要性的前提下，北极5国单方面地提出防止不管制捕捞活动的临时措施，对临时措施的"有效期"并未做任何说明，也未能及时邀请其他利益攸关方参与临时措施具体举措和制度的协商，且临时措施不仅对商业渔业而且对科学为目的的渔业活动均有严格限制，我们有理由认为北极5国倡导的就是北冰洋中央公海禁捕政策。这点从广泛的国外媒体在报道努克会议的临时措施倡议以及

---

① Chairman's Statement, issued by 5+5 at Meeting on High Seas Fisheries in the Central Arctic Ocean held at Reykjavik, Iceland, 15-18 March 2017. Available from Chinese delegates present at this meeting.

第五章 我国北极战略视角下的北极渔业政策

"奥斯陆宣言"临时措施协议的新闻时广泛使用"禁捕"字眼也可见一斑。①

就北极渔业管理而言,禁捕并非新生事物,但禁捕措施的实行均有其前提条件及依据。前文提到的 20 世纪 90 年代中白令海狭鳕渔业禁捕是在资源几乎枯竭状态下的"不得已而为之"举措,也为公海渔业管理提供了经验教训:沿海国之间、沿海国与远洋渔业国之间的合作至关重要;及时的预防性措施可以最大限度地避免渔业资源已然枯竭状态下才采取效果甚微的补救措施。另外,2009 年美国执行其北极专属经济区禁捕决议,禁捕依据是未获得足够科学证据证明该海域渔业可以实现可持续发展。美国不仅以身作则,而且也极力鼓励其他北极国家采取类似的禁捕政策,并成立区域组织管理北极的相关渔业。

就更广泛的国际渔业管理而言,禁捕并不是普遍做法。相对而言,制定捕捞配额、实行渔业准入机制等投入及产出控制是被广泛采用的渔业管理措施。缺乏科学依据、以预防性原则作为保护伞而提出的禁捕政策并不是被广泛认可且采用的渔业养护措施,即使《粮农组织深海渔业指南》和《联合国大会关于脆弱海洋生态的 61/105 号决议》这类国际上影响深远的渔业管理准则均未鼓励这种简单且粗暴的极端管理方式。并且,随着自然资源可持续发展理念的不断演化与发展,其所具有的以人为本的社会本质也不

---

① Canada Joins Arctic Fishing Moratorium. Times Colonist, Business Page B3, February 28, 2014; Canada, Russia Expected to Unite for Moratorium on High Arctic Fishing. The Globe and Mail, July 15, 2015. Available at: http://www.theglobeandmail.com/news/politics/canada-russia-expected-to-unite-for-moratorium-on-high-arctic-fishing/article25524366; Sea Warming Leads to Ban on Fishing in the Arctic. The New York Times, July 17, 2015. Availabe at: http://www.nytimes.com/2015/07/17/world/europe/sea-warming-leads-to-ban-on-fishing-in-the-arctic.html?_r=0; No Fishing at the North Pole. The New York Times, July 22, 2015. Available at: http://www.nytimes.com/2015/07/22/opinion/no-fishing-at-the-north-pole.html?_r=0.

断受到认可与重视,因此,针对北冰洋中央公海渔业的禁捕政策不符合这种理念。

就北冰洋中央公海而言,北极5国以气候变化影响的不确定性为依据,倡导禁捕这种预防性措施,以获取国际社会认可。但是,基于气候变化的不确定性而采取禁捕政策在国际渔业管理中还无先例可循。另外,诚然,迄今为止未有足够科学依据准确预测气候变化条件下的北冰洋中央公海渔业动态,更缺乏科学依据预测未来渔业对生态的影响,但是在这种前景未明的情况下,国际合作愈发显得重要,科学研究合作、机制构建中的积极对话是制定及时且有效的北冰洋中央公海渔业管理制度的重要前提。

而且,北冰洋中央公海禁捕政策是在北极5国联盟内部达成的,并没有国际社会广泛参与其政策制定的过程,有悖于《联合国海洋法公约》与《鱼类种群协定》所倡导的公海渔业国际合作精神。相反,通过该临时措施,北极5国牢牢掌控北冰洋中央公海渔业管理、甚至渔业科学研究的主动权,由其来确定未来该海域渔业资源开放利用的可能性或进程。因此,禁捕临时措施是北极5国在"预防性措施"保护伞下构建的旨在排斥广大利益攸关方参与北冰洋中央公海渔业事务的举措。

总之,既没有政策理论支持,也没有相同的实践经验可借鉴,也不具备足够的科学证据,由少数利益攸关方在联盟内部仓促提出的禁捕政策缺乏合理、合法的依据。基于此,国际社会有理由质疑北极5国北冰洋中央公海禁捕临时措施的真实意图。

6.3 临时措施的法律约束力

6.3.1 临时措施的国际法律约束力

在北冰洋中央公海渔业5+5会上最终签署临时措施并规定其法律约束力之前,北极5国联盟内部达成的临时措施不具有国际法律约束力。本小节从国际法相关条款和国际普遍的实践经验分析该临时措施不具备国际法律约束力的原因。

(1)制定临时措施的主体。

关于制定渔业养护与管理措施的主体,《联合国海洋法公约》和《鱼类种群协定》均突出了分区域及区域性渔业组织或安排在这方面的重要作用。

《联合国海洋法公约》关于公海捕鱼自由规定了沿海国与远洋渔业国共同且相同的权利与义务,特别强调上述两个阵营通过分区域或区域性渔业管理组织或安排进行渔业资源的养护与管理。①

《鱼类种群协定》第8条"养护与管理的合作"第1款:"沿海国和在公海捕鱼的国家应根据《公约》,直接地或通过适当的分区域或区域渔业管理组织或安排,就跨界鱼类种群和高度洄游鱼类种群进行合作,同时考虑到分区域或区域的具体特性,以确保这些种群的有效养护和管理。"该条款和《联合国海洋法公约》的相关规定如出一辙,均突出分区域或区域渔业管理组织或安排在公海渔业管理方面承担的管理职责。

因此,北冰洋中央公海渔业管理制度,包括临时措施,均应该由分区域或区域渔业管理组织或安排制定。

(2)分区域或区域渔业管理组织或安排的参与方。

既然《联合国海洋法公约》和《鱼类种群协定》均规定由分区域或区域渔业管理组织或安排作为平台制定渔业管理制度,那这些组织或安排的参与方在制度的制定过程中将发挥很大作用,不仅仅在于其参与提升了制度制定过程的合法性,而且参与方可以把自己的诉求尽量体现在制定的相关制度中。《联合国海洋法公约》和《鱼类种群协定》对参与方也有相应的规定。

《联合国海洋法公约》的规定比较笼统,第117条"各国为其国民采取养护公海生物资源措施的义务"中指出,所有国家均有义务

---

① 请参阅《联合国海洋法公约》第63条、116～119条。

为该国国民采取,或与其他国家合作采取养护公海生物资源的必要措施。"所有国家"应该是非常宽泛的一个指代,任何一个国家均有义务参与公海生物资源养护和管理。

相对而言,《鱼类种群协定》对参与方的规定则要具体。协定第8条"养护与管理的合作"第3款指出:"如某一分区域或区域渔业管理组织或安排有权就某些跨界鱼类种群或高度洄游鱼类种群订立养护和管理措施,在公海捕捞这些种群的国家和有关沿海国均应履行其合作义务,成为这种组织的成员或安排的参与方,或同意适用这种组织或安排所订立的养护和管理措施。对有关渔业真正感兴趣的国家可成为这种组织的成员或这种安排的参与方。这种组织或安排的参加条件不应使这些国家无法成为成员或参加;也不应以歧视对有关渔业真正感兴趣的任何国家或一组国家的方式适用。"

《鱼类种群协定》明确规定,远洋渔业国、沿海国、对有关渔业真正感兴趣的国家均可以成为这种组织或安排的参与方。对远洋渔业国和沿海国的界定,并没有很多歧义;就"对有关渔业真正感兴趣的国家",协定并没有给出相应的定义,但是根据国际实践经验,任何远洋渔业国、沿海国、船旗国、港口国、渔业产品市场国均可被划分为"对有关渔业真正感兴趣的国家",而对该公海渔业科学研究感兴趣的国家也应该是"对有关渔业真正感兴趣的国家"。[①]

因此,根据国际法规定,北极5国在协商北冰洋中央公海临时措施之初,就应该邀请上述国家参加;而事实上,该临时措施是北极5国联盟内部"闭门造车"的协商结果。广大利益攸关方缺失临时措施的协商过程,使该临时措施的制定过程缺乏合法性。

(3)临时措施制定的时机。

---

① Erik J. Molenaar. The Concept of "Real Interest" and Other Aspect of Co-operation through Regional Fisheries Management Mechanism. International Journal of Marine and Coastal Law,15,2000:475-531.

第五章 我国北极战略视角下的北极渔业政策

在探讨临时措施制定的主体及组织或安排的参与方时,前提均是分区域或区域渔业管理组织或安排已经成立。但是,北冰洋中央公海还未有称职的区域性渔业管理组织承担相应管理职责,而北冰洋中央公海渔业却又可能作为新兴渔业出现,《鱼类种群协定》对这种情况有比较针对性的说明和规定。

《鱼类种群协定》第8条"养护与管理的合作"第2款指出:"各国应毫不迟延地本着诚意进行协商,特别是在有证据表明有关的跨界鱼类种群或高度洄游鱼类种群可能受到捕捞过度的威胁或受到一种新兴的捕鱼业捕捞时。为此目的,经任何有关国家的请求即可开始进行协商,以期订立适当安排,确保种群的养护和管理。在这种安排达成协议以前,各国应遵守本协定各项规定,本着诚意行事,并妥为顾及其他国家的权利、利益和义务。"该条款强调,当新兴渔业出现时,各国应该"毫不迟延"地开展协商,以期订立适当安排。条款中的"各国"指的是沿海国、在公海捕鱼的国家、对有关渔业真正感兴趣的任何国家。针对北冰洋中央公海渔业,作为沿海国的北极5国毫不迟延地开展了内部的联盟会议,在协商临时措施的过程中却并未有任何公海捕鱼的国家或对有关渔业真正感兴趣的任何国家参加,有违《鱼类种群协定》的规定。

《鱼类种群协定》第8条"养护与管理的合作"第5款指出:"如没有分区域或区域渔业管理组织或安排就某种跨界鱼类种群或高度洄游鱼类种群订立养护和管理措施,有关沿海国和在分区域或区域公海捕捞此一种群的国家即应合作设立这种组织或达成其他适当安排,以确保此一种群的有效养护和管理,并应参加组织或安排的工作。"该条款再次重申在没有渔业组织及安排的情况下沿海国与远洋渔业国之间协力合作成立组织或达成安排的必要性。

根据《联合国海洋法公约》《鱼类种群协定》的上述规定,以及北冰洋中央公海渔业的现状可以得出,北冰洋中央公海渔业管理机制应在沿海国、远洋捕鱼国、对有关渔业真正感兴趣的国家共同协商成立渔业组织或达成安排的过程中或者这些组织或安排设立后作出。显然，北极5国主导下的临时措施的达成不符合以上程序。

从以上论述可以得出，北极5国倡导的北冰洋中央公海临时措施的制定过程不符合相关国际法的规定，因而其不具备国际法律约束力。

6.3.2 临时措施对北极5国的法律约束力

同样，该临时措施对北极5国也没有法律约束力。从2015年7月北极5国奥斯陆宣言中可以得出上述结论，原文复述为："因此，我们计划在加拿大、丹麦（格陵兰）、挪威、俄罗斯和美国北极专属经济区包围下的北冰洋中央公海执行以下临时措施……"①英语原文中用了"intend"一词，该词意为"计划、意欲"。显然，北极5国也并未准备好马上执行该临时措施，更谈不上该临时措施对他们的法律约束力了。

6.3.3 其他临时措施相关的国际实践案例分析

南太平洋区域渔业管理组织的实践经验被较多专家采用以评述临时措施的法律效力。② 为了有效地促进南太平洋公海非高度洄游鱼类种群的养护与管理并保护该海域的生物多样性，2006年

---

① Declaration concerning the Prevention of Unregulated High Seas Fishing in the Central Arctic Ocean, issued by the Five Arctic Ocean Coastal States at Meeting on High Seas Fisheries in the Central Arctic Ocean held at Oslo, Norway, 16 July 2015. Available at: https://www.regjeringen.no/globalassets/departementene/ud/vedlegg/folkerett/declaration-on-arctic-fisheries-16-july-2015.pdf.

"We therefore intend to implement, in the single high seas portion of the central Arctic Ocean that is entirely surrounded by waters under the fisheries jurisdiction of Canada, the Kingdom of Denmark in respect of Greenland, the Kingdom of Norway, the Russian Federation and the United States of America, the following interim measures……"

② Interim Measures Adopted by Participants in Negotions to Establish South Pacific Regional Fisheries Management Organization. China Oceans Law Review，2007(1)：180-185；唐建业．北冰洋公海生物资源养护：沿海五国主张的法律分析．太平洋学报，24(1)，2016：93-101.

第五章 我国北极战略视角下的北极渔业政策

由澳大利亚、智利和新西兰发起召开了系列国际会议,协商成立南太平洋区域性渔业管理组织(South Pacific Regional Fisheries Management Organization)。参加会议者众多,除了上述三个国家外,还有中国、欧盟、美国、俄罗斯、丹麦(法罗群岛)、法国、秘鲁等。2006年开始第一次协商谈判,2009年第八次会议最终通过《南太平洋公海渔业资源养护与管理公约》(*Convention on the Conservation and Management of High Seas Fishery Resources in the South Pacific Ocean*),之后在公约下成立南太平洋区域性渔业管理组织。在该组织协商成立的过程中,八次会议达成了系列临时措施,以及时养护与管理鱼类种群。2007年第三次会议达成了首项临时措施,旨在严格限制该海域中上层渔业和深海底层渔业的捕捞能力,但在临时措施序言中明确"该临时措施是自愿的,并没有国际法律约束力",关于临时措施的适用和修改,也规定"除非有特别的规定,该临时措施将在南太平洋渔业管理组织最终成立之前适用,但在组织成立后出台最新养护与管理规定之后,该临时措施将不再适用"。在之后的历次会议上,该临时措施不断被修订,比如2011年临时措施是2007年临时措施的修订,而2012年临时措施又是2011年临时措施的修订。所有通过的临时措施均注明其自愿性质,且不具有国际法律约束力,在组织成立之后将自动失效。①

从南太平洋区域性渔业管理组织实践来看,首先,该组织是在广泛的利益攸关方共同参与的情况下共同协商成立;其次,临时措施是在协商成立区域性渔业管理组织的过程中产生,并且这些临时措施没有国际法律约束力,各国在自愿前提下通过各自国内法加以实施;另外很重要的一点,临时措施可以根据渔业资源状况、

---

① 请参阅"南太平洋区域性渔业管理组织"网站。网址:http://www.sprfmo.int/interim-measures/。

最新科学数据不断加以修订,以体现与时俱进性。

笔者又查阅了美国国内部分渔业管理政策,发现也有渔业临时措施的实践经验。在美国中大西洋地区(Mid-Atlantic Region)的大西洋专属经济区,①从2016年6月17日至同年12月14日执行一项针对商业渔业和休闲渔业的临时措施,旨在有效控制逐年上升的小眼茎方头鱼(blueline filefish)的渔业产量。中大西洋渔业管理委员会(Mid-Atlantic Fishery Management Council)负责该海域的渔业养护与管理职责。2015年6月4日至2015年11月30日,为了控制小眼茎方头鱼的商业和休闲渔业捕捞量,该委员会出台了紧急措施(Emergency Measures),随后又延长该紧急措施的时效至2016年6月3日。②当紧急措施失效时,鉴于针对方头鱼的渔业管理计划修订案并未修订完成,委员会又出台了临时措施,取代之前的紧急措施,但是在临时措施的说明中指出,该临时措施在修订案出台后将自动失效。临时措施规定了商业渔业和休闲渔业的可允许捕捞量,并规定了商业渔业的报告制度。而该可允许捕捞量是参考中大西洋渔业管理委员会下设的科学和统计委员会的科学数据分析后做出的。③

从美国国内的临时措施实践经验可以看出,首先,在出台临时措施时,相关渔业委员会就临时措施的时效已经做了明确说明;其次,临时措施中的可允许捕捞量是在委员会下设的科学技术部门

---

① 该海域渔业由中大西洋渔业管理委员会管辖;中大西洋地区包括以下各州:纽约、新泽西、宾夕法尼亚、特拉华、马里兰、弗吉尼亚和北卡罗来纳。请参阅"中大西洋渔业管理委员会"网站. 网址:http://www.mafmc.org/about/.
② 请参阅"中大西洋渔业管理委员会"网站. 网址:http://www.sprfmo.int/.
③ 请参阅"南太平洋区域性渔业管理组织"网站. 网址:http://www.sprfmo.int/interim-measures/; NOAA Fisheries Announces Interim Management Measures for Blueline Tilefish. Available at: http://www.mafmc.org/newsfeed/2016/noaa-fisheries-announces-interim-management-measures-for-blueline-tilefish-in-the-greater-atlantic-region.

经过科学调查和研究后才最终确定的,临时措施的制定具有科学依据。虽然,该临时措施并没有涉及国际法律约束力问题,但是其时效性和科学性对北冰洋中央公海临时措施具有一定的启示作用。

当然,临时措施的法律效力并不能以某个国际或国内实践作为评判标准而随意定性其是否具有法律约束力。但必须认识到,由于"临时措施"的临时性特点,国际实践普遍认可临时措施的自愿性和可被修订性。而且2015年北极5国北极渔业会议的奥斯陆宣言对该临时措施的时效性只字未提,有悖于普遍做法;另外,由于该临时措施是在缺失科学数据前提下所做出的禁捕政策,更是让国际社会对北极5国临时措施心存犹疑,且对临时措施的意图心存揣测。在北极5国制定临时措施时缺失广泛利益攸关方的参与和协商,其制定过程的合法性值得商榷。因此,根据国际上的普遍实践经验,考虑到上述情况,奥斯陆宣言所倡导的临时措施不具备法律约束力。

6.3.4 我国的应对

临时措施是北极5国主导北冰洋中央公海渔业管理的抓手。鉴于该临时措施缺乏法律约束力,我国应联合相关国家和地区,呼吁在更广泛利益攸关方参与的前提下、在获得足够且确切的科学信息之后,重新启动对临时措施的协商。在此过程中,利益攸关方应本着国际合作的宗旨,以北冰洋中央公海渔业可持续发展为目标,协商成立相关区域性渔业管理组织,通过向渔业组织委员会提交科学研究数据和信息,由渔业组织作出北冰洋中央公海渔业制度或渔业临时措施的决策。

7. 联合科学研究计划的法律性质

在北极5国奥斯陆宣言中,防止不管制捕捞活动临时措施具体举措也包括推进一项联合科学研究计划(A Joint Program of Scientific Research)。① 实际上,北极5国在2014年2月努克会议上已经提及过该计划②,随后在2015年4月北极5国主导的第三次北冰洋中央公海鱼类种群科学专家会议上就"北冰洋中央公海联合科学研究和监测计划"(A Joint Program of Scientific Research and Monitoring for the Central Arctic Ocean)的工作框架作了规定。对此,联合科学研究计划在历次北极5国部长级及科学会议中均有提及。本小节将从国际法和国际实践经验探讨该联合科学研究计划的法律性质。

7.1 联合科学研究计划是针对北极公海的科学研究

在本章第4小节中已经详细分析国际法框架下我国等非北极国家在北极公海以及北极国家领海、专属经济区和大陆架的科学研究权。这些科学研究可以由非北极国家直接或间接通过相关主管国际组织开展。在北极公海开展科学研究自由度较高,前提是遵守和平目的、科学的研究手段、不干扰其他海洋用途、保护海洋环境等一般原则③;而在北极国家领海、专属经济区和大陆架开展的海洋科学研究则需经过沿海国同意才可以进行,并且需要执行向沿海国提交海洋科学研究计划、分享科学数据等义务。而北极5国所倡导的联合科学研究计划针对的是北冰洋中央公海,这意味

---

① Declaration Concerning the Prevention of Unregulated High Seas Fishing in the Central Arctic Ocean, issued by the Five Arctic Ocean Coastal States held at Meeting on High Seas Fisheries in the Central Arctic Ocean at Oslo, Norway, 16 July 2015. Available at: https://www.regjeringen.no/globalassets/departementene/ud/vedlegg/folkerett/declaration-on-arctic-fisheries-16-july-2015.pdf.

② Chairman's Statement, issued by the Five Arctic Ocean Coastal States at Meeting on Arctic Fisheries held at Nuuk, Greenland, 24-26 February 2014. Available at: http://www.pewtrusts.org/~/media/Assets/2014/09/ArcticNationsAgreetoWorkonInternationalFisheries-Accord.pdf?la=en.

③ 请参阅《联合国海洋法公约》第240条"进行海洋科学研究的一般原则"。

着即使没有该联合科学研究计划,非北极国家也能直接或间接通过主管国际组织开展该海域的科学研究。进行公海科学研究时,虽然《联合国海洋法公约》和《鱼类种群协定》均倡导国际合作,①但各国没有义务一定通过国际或区域性管理组织开展,而是可以直接开展。当然,北极5国倡导的联合科学研究计划可以提供一个国际合作背景下的科学研究机会,我国应该积极参与。一则因为该计划是迄今设计规模最大的针对北冰洋中央公海渔业科学研究的国际合作平台,通过该计划下广泛的科学调查与科学信息交流交换,能更深刻地了解北冰洋海洋生态和生物资源发展动态;二则因为该计划是由北极5国发起,与临时措施后续的渔业制度制定有紧密联系,通过参与科学研究活动,在"体制"内呼吁相关制度的制定将更加现实可行。

7.2 联合科学研究计划开展的平台

针对海洋生物资源开展的科学研究一般有两种。一种为纯科学目的的研究,旨在了解生态环境、资源现状和未来动态等信息,认知自然世界的奥秘和发展;另一种则是与海洋生物资源开发与管理紧密相关的科学研究,旨在了解资源状态,为渔业的开展及渔业制度的制定提供可靠的科学证据。北极5国主导下的北极渔业会议主题为未来的北冰洋中央公海渔业发展问题,其所倡导的联合科学研究计划应该是针对未来渔业发展以及渔业发展对海洋生态影响的研究,以此考量未来该海域捕鱼自由的可行性;然而,在2014年努克会议主席声明及2015年会议后发布的奥斯陆宣言里,北极5国均指明其所倡导的联合科学研究计划旨在"更好地了解

---

① 请参阅《联合国海洋法公约》第242条"国际合作的促进";《鱼类种群协定》第14条"收集和提供资料及科学研究方面的合作"。

该海域生态系统",①可见北极5国试图模糊该计划的性质,使该计划与未来鱼类种群动态发展下的渔业发展不产生必然的联系。

《联合国海洋法公约》第十三部分"海洋科学研究"中针对广义的海洋科学研究有比较详细的规定。其第238条注明"所有国家,不论其地理位置如何,以及各主管国际组织,在本公约所规定的其他国家的权利和义务的限制下,均有权进行海洋科学研究"。除了公海海洋科学研究自由外,②各国和各主管国际组织还可以在沿海国领海、专属经济区和大陆架进行海洋科学研究。公约第245至255条就如何在沿海国领海、专属经济区和大陆架进行科学研究进行了详细论述,主要涉及申请、提交科学研究计划、分享科学研究成果等义务,这在本书论述"海洋科学研究权"时有详细解读(请见本章第4节)。从这些条款可以总结出,任何国家和主管国际组织均享有纯科学目的的海洋科学研究权,针对公海的科学研究自由度更高,而在承担必要义务前提下在沿海国管辖下的海域开展科学研究也可行。这就意味着,包括非北极国家在内的各个国家或主管国际组织均可以在广泛的北极海域开展科学研究活动。

《鱼类种群协定》对渔业科学研究有比较详细的规定。协定第14条"收集和提供资料及科学研究方面的合作"第1款就指出:"各

---

① Chairman's Statement, issued by the Five Arctic Ocean Coastal States at Meeting on Arctic Fisheries held at Nuuk, Greenland, 24-26 February 2014. Available at: http://www.pewtrusts.org/~/media/Assets/2014/09/ArcticNationsAgreetoWorkonInternationalFisheries-Accord.pdf?la=en; Declaration Concerning the Prevention of Unregulated High Seas Fishing in the Central Arctic Ocean, issued by the Five Arctic Ocean Coastal States at Meeting on High Seas Fisheries in the Central Arctic Ocean held at Oslo, Norway, 16 July 2015. Available at: https://www.regjeringen.no/globalassets/departementene/ud/vedlegg/folkerett/declaration-on-arctic-fisheries-16-july-2015.pdf.
"……establish a joint program of scientific research with the aim of improving understanding of the ecosystems of this area……".
② 请参阅《联合国海洋法公约》第87条"公海自由"和《联合国海洋法公约》第257条"在专属经济区以外的水体内的海洋科学研究"。

国应确保悬挂本国国旗的渔船提供必要的资料,以履行本协定规定的义务。"该条款还指出,各国应该收集和交换渔船提供的资料,以确保资料足够详细以进行有效的鱼类种群评估。显然,各国需把这类渔业数据提交区域性渔业组织,以进行广泛的数据交换、综合比对和分析,获知渔业种群状态的确切信息,并制定科学的渔业管理和养护制度。因此,《鱼类种群协定》条款下的渔业科学研究一般由相关渔船实地开展,由区域性渔业组织作为统一平台协调这类科学活动,使各国提供的科学资料能最大限度地促进对渔业资源状态的认识和相关渔业制度的制定。

然而,《鱼类种群协定》第 14 条第 3 款进一步指出,在符合《联合国海洋法公约》第十三部分"海洋科学研究"的情况下,各国应直接地或通过主管国际组织进行合作,加强科学研究能力,促进研究,因此在公海进行这类科学研究的国家应积极传播研究结果和研究资料。这就意味着,协定鼓励各国在开展纯科学目的的渔业研究时加强国际合作,但是这类科学研究并不一定通过区域性渔业组织作为平台,而是由各国之间直接进行合作或通过相关主管国际组织进行合作。另外,不同于渔船开展的渔业科学研究,这类渔业科学研究一般由科学考察船开展,比如我国一年一度的"雪龙"号北极科考行承担的就是此类科研任务。

综上所述,如果北极 5 国倡导的联合科学研究计划是针对渔业开展的科学研究,旨在为未来渔业制度的制定提供足够的、确切的科学信息,则这类活动应由相关区域性渔业组织协调开展,也就意味着,目前迫在眉睫的是成立区域性渔业管理组织,且沿海国、远洋渔业国、对该渔业真正感兴趣的所有国家均应获邀参加这类组织成立的协商会。如果北极 5 国倡导的联合科学研究计划是纯科学目的的海洋研究,则虽然并不一定以区域性渔业组织作为协调平台,但各国之间应加强合作,并与广大的国际社会积极分享研究成果和资料。

7.3 其他海洋科学研究相关的国际实践

为了更好地了解海洋生态、环境、资源状况,海洋科学研究在世界范围广泛开展。本小节通过部分国际实践经验进一步了解海洋科学研究的法律性质。

在本书第4章中,围绕《中白令海狭鳕资源养护与管理公约》签署之前及之后的狭鳕资源养护与管理,探析了其给北冰洋中央公海渔业管理带来的启示。其中,《中白令海狭鳕资源养护与管理公约》的一个亮点就是加强了资源的科学调查,以确切了解资源动态并适时调整渔业制度。在该公约下设有科学技术委员会,且每一缔约方至少派一名代表组成科学技术委员会。科学技术委员会的具体职责包括但不仅限于"对本公约所包括的区域的渔业产量、狭鳕和其他海洋生物资源的信息进行汇总、交流和分析","确立各缔约方提交渔业数据的格式和程序"。[1] 缔约国年会是决策机构,科学技术委员会向年会提出包括下一年度的允许捕捞量在内的狭鳕养护和管理方面的建议,而年会基于科学技术委员会对整个阿留申盆地的狭鳕生物量的评估,充分考虑科学技术委员会的建议,再协商一致地确立下一年度的狭鳕允许捕捞量。[2] 中白令海狭鳕养护与管理经验表明,针对狭鳕开展的渔业科学研究由公约组织协调开展,其科学研究的开展计划也由公约组织决定,科学研究数据呈交公约组织,为下一年度的狭鳕养护与管理制度的制定提供科学依据。

本书第4章中同样提及南极海洋生物资源养护委员会的渔业管理实践经验对北极渔业的启示。南极海洋生物资源委员会被广泛认可为"南极区域性渔业管理组织",其下设科学委员会,负责审

---

[1] 请参阅《中白令海狭鳕资源养护与管理公约》第7条。
[2] 请参阅《中白令海狭鳕资源养护与管理公约》第9条。

核评估各国预先提交的南极海洋科学研究计划,并对各国提交的海洋科学研究数据进行分析,同时协调国际合作下的各类科学研究活动的开展,通过对科学数据的综合分析最终向委员会提交相关的养护与管理制度建议。因此,南极经验和中白令海问题有相似之处,针对渔业开展的科学研究均由区域性组织或安排进行协调,这些组织或安排根据科学研究数据再制定渔业养护与管理制度,为可持续渔业发展提供保障。

  由于北极的自然现状,针对渔业开展的科学研究并不广泛,为了了解北极海洋生态、环境和资源状况而开展的科学研究相对比较广泛。比如,北极理事会协调下开展了主题广泛的科学研究,如北极监测与评估项目、环北极生物多样性监测项目、北极生物多样性评估计划、北极气候影响评估项目等。虽然,北极理事会并不是国际或区域性组织,但其协调下的科学研究旨在更好地了解北极生物资源状况和气候变化条件下的北极环境与生态变化,以引起国际社会对北极保护的关注,鼓励更多的科学家投入到更细致的北极研究中来。这类科学研究并不服务于政策制定者进行政策与制度的决策。各国也可以自行开展这样的科学研究,但北极理事会协调下的科学研究项目则更容易集合各国力量、从不同角度和领域对北极进行综合监测与评估,以使国际社会更好地了解北极现状、洞悉北极未来。

  从上述海洋科学研究的国际实践可以看出,一般这些研究都通过相应的区域性管理组织、安排或其他平台协调并开展,广大利益攸关方获邀参加科学研究活动,所取得的研究结果则呈交上述组织、安排或平台,供制定政策所参考。然而,北冰洋中央公海联合科学计划则由北极5国主导,由非区域性组织、安排或诸如北极理事会这样的合作平台进行协调开展,基本由北极5国确定参与的国家。虽然该联合科学研究是在北极5国北极渔业会议提议下,通过相科学专家会议开展,但研究结果并未明确表示为未来渔业制度的制定提供参考,仅笼统指出是为了获知未来该海域的渔业开发潜力①。

7.4 我国的应对

就北极5国倡导的联合科学研究计划,我们首先应该明确其法律性质,并且在不同场合指出,这样的科学研究计划旨在考察未来北冰洋中央公海渔业发展的可能性以及渔业发展对北极海洋生态环境的影响。鉴于这样的渔业科学研究应该由区域性渔业组织开展,且各国获取的科学数据应呈交渔业组织作为制度制定的科学依据。我们还应在不同场合呼吁,适时成立北冰洋中央公海渔业管理组织,以协调这类渔业科学研究的开展。另外,鉴于气候变化的不确定性,科学研究应该持续进行,以获取渔业动态的确切信息。临时措施仅是在缺乏足够且确切科学数据前提下的"不得已而为之"之举,在科学研究丰富人类对北极认知的同时,我们应该制定与时俱进的渔业养护与管理制度,这也意味着,联合科学研究计划可以为北极渔业决策提供科学依据。

我国应积极参与联合科学研究计划等国际合作背景下的各类科学研究活动。除了针对性的渔业科学研究外,我国也应该关注更广泛的北极海洋生态与环境研究,全面了解北极动态,提升北极治理的能力,为实质性参与北极事务奠定基础。同时,针对性的渔业科学研究和更广泛的海洋科学研究不仅在国际合作背景下进行,我国也应该加强自身的科学研究能力,开展相关科学研究活动。就上述两种海洋科学研究,以我国的行政机构设置特点而言,针对渔业的科学研究应该由农业部渔业局渔政部门组织开展,而

---

① Chairman's Statement on the Fourth Meeting of Scientific Experts on Fish Stocks in the Central Arctic Ocean held at Tromso, Norway, 26-28 September 2015. Available at: http://arcticjournal.com/press-releases/2009/meeting-high-seas-fisheries-central-arctic-ocean-chairmans-statement.

针对更广泛、更具科学目的的海洋科学研究,则由国家海洋局统一管理,一般在北极科学考察活动过程中开展这类研究。现阶段,我国的北极海洋研究还未真正系统化,宜在渔业局和海洋局之间进行充分的沟通和交流,进行跨部门的合作,从而相得益彰、共同进步。

8. 我国参与北极事务的瓶颈

作为非北极国家,我国在参与北极事务方面会遭遇主客观因素引发的各种瓶颈。本节将首先评析我国参与北极渔业、北极海洋科学研究所面临的实际困难,然后再从整体层面探析我国参与北极事务的瓶颈。

8.1 我国参与北极渔业面临的困难

虽然,我国在北极公海具有合法的入渔权,但纯粹意义上的公海捕鱼自由已经不存在,公海捕鱼必须在相关渔业组织或安排框架内进行。《鱼类种群协定》对此有明确的规定,其第8条第4款指出"只有属于这种组织的成员或安排的参与方的国家,或同意适用这种组织或安排所订立的养护和管理措施的国家,才可以捕捞适用这些措施的渔业资源"。然而现实情况是,我国并未广泛参与北极相关的渔业组织或安排,也不可能在北极相关海域凭一己之力成立这样的组织或安排,仅能尽力呼吁但效果渺茫。北极存在4处公海,分别是北冰洋中央公海、中白令海 Doughnut Hole、挪威海 Banana Hole、巴伦支海 Loop Hole。迄今为止,受自然条件的限制,北冰洋中央公海未能开展真正意义上的渔业活动;而在北极5国临时措施下,限制他国进入北冰洋中央公海的意图比较明显,未来即使条件成熟,但受制度条件的限制,该海域的渔业活动并不一定能真正得以开展,北极5国与其他利益攸关方的潜在渔业权益

北极渔业及渔业管理与中国应对

争端存在,并可能一定程度上限制非北极国家行使北极公海入渔权。狭鳕是中白令海 Doughnut Hole 的重要渔业资源,但现阶段还处于过度捕捞后的恢复阶段,这片海域是未来我国入渔北极的重要区域,但狭鳕资源恢复到可捕水平还遥遥不知期。挪威-俄罗斯渔业联合委员会的管理覆盖了两国巴伦支海海域,而且还把管理范围延伸到了巴伦支海 Loop Hole 及部分挪威海 Banana Hole,而我国与上述两国几乎没有开展过北极渔业方面的合作,未来通过该渔业组织开展北极渔业合作也并不现实。不过,在未来北极渔业得以发展的前提下,部分区域性渔业组织的管理范围有可能会随着管理鱼类种群的北迁而北延,也有部分渔业组织可能会把部分注意力投注到日益重要的北极渔业事务上。之前的章节对这类渔业组织已有所述及,具体为国际海洋开发委员会、西北大西洋渔业组织、东北大西洋渔业委员会、北大西洋鲑鱼养护组织、大西洋金枪鱼保护国际委员会、中西太平洋渔业委员会、北太平洋溯河鱼类委员会等。在上述组织中,我国仅是大西洋金枪鱼保护国际委员会和中西太平洋渔业委员会的成员,且后者由于地域关系,未来关注北极渔业的可能性极小,而前者仅关注有限的金枪鱼鱼类种群。然而,北极国家以及欧盟与日本等国家和地区却大都是上述区域性渔业组织的成员,这和上述国家和地区的地缘关系、对远洋渔业的重视、对海洋权益由来已久的重视、海洋战略、经济和社会发展等都有着千丝万缕的联系,也从另一个侧面反映了他们对国际渔业的重视程度和履约能力。我国加入这些北极相关的渔业组织面临着主客观的困难,就更谈不上通过加入这些组织而参与北极渔业事务了。

北极的自然环境比较极端且偏居地球一端,远离我国大陆,开展渔业活动的成本巨大且技术要求高,相关渔船设施及捕鱼设备要求也高。未来,即使在北极渔业可行的前提下,我国可能也仅把此作为构成北极战略的元素进行参与。在真正获利前提下的北极渔业,需要我们突破许多制约因素,比如,从现在开始就开展广泛的北极渔业资源调查,改进极端环境下的捕捞技术、渔获物的现场处理技术、极端环境下渔船的建造和设施的配给等。

另外,我国开展的北极相关渔业活动较少。一则由于路途遥远,实际开展有困难;二则由于迄今没有适宜的机会进入北极开展较大规模的渔业活动。一方面,北极渔业参与度不高,不能为未来可能参与的北极渔业提供经验;另一方面,也说明我国北极渔业的开展缺乏良好的国际合作基础。现阶段,我国真正开展的北极渔业活动屈指可数,比如个别中国渔船受格陵兰渔业公司租赁,通过获取劳动报酬的方式参与租赁公司的北极渔业活动。但是,我国在北太平洋、北大西洋一侧有渔船进行远洋捕捞,未来如果北极渔业得以发展,可以考虑通过季节差的机会让这些渔船进入北极海域进行渔业活动。皮尤研究中心发布的2012年北极海冰图(图2-6)显示,靠近北太平洋一侧的北极海域海冰融化面积较大,而且北太平洋一侧距离中国相对较近,未来我们可以重点关注这一侧北冰洋中央公海的渔业动态。

8.2 我国参与北极海洋科学研究面临的困难

现阶段,我国开展的北极海洋生物资源科学研究活动未有战略高度的行动指南进行指导,也未系统、深入地开展。关于这一点,笔者深有感触。笔者曾与一位国内的渔业专家沟通,该专家近年来专注于极地海洋生物资源动态研究,然而苦于国内没有很好的平台、没有足够的资金支撑其进行这方面的研究,而且国内正在开展这方面研究的科研机构之间没有开展切实的沟通与交流,以至于即使收集的有限数据也无法实现共享,他也无法置教职于一边随"雪龙"号开展一连几个月的实地取样和调查。万般无奈下,他求助于国外的一家科研机构,以自己的科研能力获得该机构的邀请,利用暑假跟随他们的科研考察船开赴极地进行现场科研活动。这位中国的自然科学家所面临的困难具有一定典型性。另外，在2016年3月韩国举行的北冰洋中央公海渔业管理为主题的圆桌会议上，笔者聆听了来自于美国、俄罗斯、加拿大等国科学家的研究报告，他们对北极海洋生物资源研究维度之"深"与"广"让人印象深刻。当我国的科学家还停留在一些表象现象研究时，其他国家已经开展了立足于整个北极海洋生态系统为考量基点的生物资源研究。这也就不难理解国内的北极战略专家感叹我国在北极研究上没有战略指导的缺憾了。① 就北极局势而言，北极研究不仅仅是探知北极奥秘的纯科学行为，也是参与北极治理的"敲门砖"。制定北极治理政策往往需要大量确切科学数据作为依据，仅仅通过一年数月"雪龙"号往返于南、北极而开展的科学研究已经远远不能满足现在的实际需求。

　　北极战略专家也曾经用"北急南重"来描述南、北两极事务的轻重缓急。② 虽然，南极领土主权要求被冻结，我国更容易介入南极事务，但是，气候变化条件下的北极正在见证各种机制的构建，我国必须以最快速度回应这些制度的创建和重组，以占得先机。气候变化条件下的北极海冰融化速度加快，包括海洋生物资源开发在内的经济活动"一触即发"，北极国家在北极治理方面表现出强烈的"领导者"地位诉求，这种诉求甚至表现在北冰洋中央公海海洋生物资源管理机制构建方面。我们亟待开展系统的、深入的、广泛的北极海洋科学研究，掌握北极环境和生态的奥秘，在北极治理方面能提供切实的科学建议，为北极"话语权"的争取增加砝码，从而为参与北极治理奠定基础。

　　中国开展北极海洋科学研究活动面临着各种困难：研究没有战略方针做行动指南，也未能和参与北极治理的战略目标紧密联

---

① 来源于笔者与极地社会科学研究们之间的交流.
② 来源于笔者与极地研究中心极地战略研究室张侠研究员的交流.

系起来,以至于现在的研究不系统、不深入和不广泛,缺乏战略性;研究条件不完善,现阶段仅能依靠"雪龙"号每年在南、北极之间连轴转的考察来开展有限的科学研究活动,基于这样的研究条件,研究队伍不可能具有很好的连续性,研究项目也不可能具有很好的传承性;加之于从事北极研究的各个科研机构之间交流不畅通,以至于有限的科研数据也不能做到共享,研究效率有待提高。

基于现实的北极科学研究情况,我国与他国开展北极合作交流就缺乏对等性,这也意味着我国很难开展北极研究的国际合作。未来,我国应加大北极研究的支持力度,使北极研究走上正轨,为未来北极研究的国际合作奠定基础。另外,我国是北太平洋海洋科学组织(North Pacific Marine Science Organization)和北太平洋金枪鱼类和类金枪鱼类临时科学委员会(Interim Scientific Committee for Tuna and Tuna-like Species in the North Pacific Ocean)的成员,未来在北极渔业发展的前提下,这两个科学研究组织与北极渔业可能会发生一定的联系。借助这些组织作为平台,我国可以开展国际合作框架下的北太平洋鱼类种群北迁方面的科学研究。我们应该放眼于拓宽未来与区域性渔业组织、北极国家等联合开展的北极研究,这不仅需要我们具备研究潜能,也需要我们依托政府间由上而下的合作框架,通过"北极外交"拓宽北极合作的途径。

8.3 我国参与北极事务的其他瓶颈

除了上述北极渔业和海洋科学研究所面临的"个性化"困难外,我国参与北极事务也面临着共性的瓶颈,这些瓶颈基本上源于政策、战略等层面的缺陷和不足。

8.3.1 我国参与北极事务的角色定位

我们曾经述及美国的北极战略对我国的启示,其中很重要的一点就是,美国在全球战略中的角色定位对其北极战略起了决定性作用。美国的"世界超级大国"定位使其在北极事务上也尽显霸主风范,掌握"话语权"、决定北极事务导向、控制北极治理节奏是其坐稳北极"领导者"的手段。

相比较而言,我国的全球角色定位稍显中庸,在很大程度上源于中国传统的"内敛韬晦"①的政策导向。由于"中国威胁论"的存在,我国在国际事务中保持低调,在北极事务中也尽量展现我们维护北极和平和北极可持续发展的愿望,尽量避免被曲解为我国的北极参与是要在北极呈现"大国博弈状态",②也尽量避免被曲解为我国的北极参与是着眼于北极丰富的资源开发与利用。源于这种全球角色和北极角色定位的隐晦性,外界对我国的北极参与揣测颇多,而我国迄今为止也未发布本国的北极战略。即使对"非北极国家""近北极国家""北极利益攸关者"的定位,国内的学者也争议颇多,既要在地缘上拉近与北极的联系,凸显中国参与北极事务的合理性,又要在某些场合用没有辨识度的"非北极国家"等称号显示与非北极国家并无二异的北极权益诉求。

我国全球和北极角色定位的隐晦性不仅使我国的北极战略未能在政策制定者、科学工作者、战略者之间达成共识,也引发了一些潜在的问题,具体表现在我国北极事务管理机构布局不完备、科研机构未能发挥潜能、北极海洋权益意识有待加强等方面。下面分别进行论述。

8.3.2 我国的北极事务管理机构

鉴于极地事务的复杂性、极地战略的重要性、极地科学研究的跨学科性和前沿性,我们缺乏分工明确、专业性强的极地事务管理"机构个体"与"机构网络"。所谓"机构个体"指从事极地某一特定

---

① 王晨光,孙凯. 域外国家参与北极事务及其对中国的启示. 国际论坛,17(1),2015:30-36.

② Mark Sibley. China Enters the Arctic Equation. Available at: http://www.nunatsiaqonline.ca/stories/article/65674china_enters_the_arctic_equation/.

领域科学研究或管理的专门机构,"机构网络"指不同研究、决策部门之间良好的互动关系。

我国现行的极地事务机构相对简单。就行政管理部门而言,外交部协调政府间的合作及磋商事宜,国家海洋局则全面协调北极海洋相关政策、国际合作、科学研究等的开展。国家海洋局极地考察办公室的基本任务是协调和管理中国极地考察与研究工作。对于管理极地事务的行政部门而言,彼此之间的协调合作至关重要。比如,就北极渔业科学研究和考察而言,农业部渔业局负责协调未来开展商业渔业为前提的相关科学调查,而海洋局则协调以科学为目的、洞悉北极自然与资源状况的科学调查,虽然看似分工明确,但是在一定程度上却造成责任不清,使科学研究与考察缺乏针对性。因此,一个高级别、权威性的北极事务管理机构的存在是必要的,它可以协调不同行政、科研等部门之间的工作,同时也能协调极地立法与执法之间的互动,从而更好地贯彻国家的极地政策与战略意图。

8.3.3 我国的北极科研机构

随着近年来北极研究的兴起,除了北极研究的专门机构外,其他研究机构也纷纷把部分精力投注于相关的北极研究。1989年成立的中国极地研究所(现更名为"中国极地研究中心")主要任务是开展极地考察研究、规划极地各学科考察长远计划并协调实施考察计划、分析并保管极地标本和样品、出版科学文献、开展国际极地学术交流及考察等。除中国极地研究中心之外,全国各有关科研机构与高等院校也先后设立了不同的极地研究室,涵盖领域比较广泛,涉及政策与战略、环境、气象、地质、测绘等。但是,由于研究领域的不同,进行极地研究的科研单位之间关联度较低;随着对极地科学研究的不断深入及对极地科学的认识不断深入,各领域的科学研究在某一层次存在着交汇点,特别表现在相依相存、互相促进的极地自然与社会科学研究之间。我国缺乏专业的极地研究队伍,特别缺乏极地人文社会科学的研究,没有独立的极地战略研究机构,制约了我国在极地事务中的话语权,限制了我国维护极地权益的行为。

另外,《中国极地考察"十二五"发展规划》发布后,国家海洋局相关负责人总结了我国开展极地科学考察的瓶颈:极地考察基础设施和保障体系规模不够大,不能全方位支撑周期长、范围广的科学考察活动的展开;同时,由于国内极地立法、极地事务管理及研究机构相对不完备,缺乏统一部署和专项研究,以至于在两极海洋开展周期长、范围广的科学考察与研究的能力偏弱;极地考察和研究队伍较为分散,专业化程度不高。① 这些因素在某种程度上制约了我国极地科学考察活动富有成效、具有规划地开展。而且,由于我国对北极研究没有长期战略和规划,没有高瞻远瞩的纲领性的指导意见,每年组织的有限次数的北极科考对我国切实开展北极海洋资源调查与研究是远远不够的。

8.3.4 我国的北极海洋权益意识

关于海洋权益,长久以来我国更注重的是既有权益和有争议权益;对于北极这种新兴的海洋权益,缺乏深入研究和政策上的关注和扶持。虽然我国是非北极国家,但也享有国际法保障下的北极权益。缺乏海洋权益意识,不利于我国合法北极海洋权益的维护与拓展,这与党的十八大"建设海洋强国"的指导方针不符。当务之急,我国应该制定相关的北极政策与战略,完善法律保障制度,明确目标,落实行动,逐步实践我国的北极权益。

《〈联合国海洋法公约〉与国家实践》一书中详细阐述了沿海国家的海洋法实践,列举了美国、加拿大、俄罗斯、欧盟及其他成员国的海洋实践。他们都有一些共同的特点:拥有综合性的国家海洋

---

① 十二五:我国极地考察进入新的发展时期. 中国经济网. 网址:http://news.hexun.com/2011-08-02/131988871.html

立法及政策,善于及时调整海洋政策与海洋战略,以最大限度地维护国家的海洋权益。① 相比较而言,我们的海洋实践则面临着一些根深蒂固的问题:长期以来海洋意识淡薄、海洋战略缺失、海洋法律体系亟待完善和健全、海洋管理理念也亟待更新。由于具有敏锐的海洋意识、完善的海洋综合立法、长远的海洋战略思想,因此,上述国家对极地海洋科学研究、调查勘探、开发开采的重视不仅由来已久而且日益深刻。我国应该借鉴这些海洋强国的实践经验,把极地作为海洋战略的一部分,全方位提升海洋意识,加强对国际海洋法的研究,以便更好地运用法律的武器参与北极事务,建立并健全极地法律体系,把极地海洋科学研究和资源的管理与开发纳入到我国的海洋法体系之中。

8.3.5 我国参与北极事务的平台

就北极渔业和北极海洋科学研究,前文已经述及过,我国缺乏区域性渔业组织作为平台进入相关管理机制的构建和开展国际合作框架下的科学研究活动。北极理事会是北极地区涉及较广泛利益攸关方的政府间论坛。虽然我国是北极理事会的正式观察员,但囿于北极理事会有限的职能以及北极各国在北极理事会压倒性的决策权,通过北极理事会争取北极权益、获得北极"话语权"的作用将十分有限。未来,我国需通过外交智慧、科研实力、技术及资金优势等拓展参与北极事务的平台。

9. 我国的北极海洋生物资源开发与管理应对

2015年10月外交部部长王毅在第三届北极圈论坛大会的致辞表明,作为北极重要利益攸关方,我国秉承三大北极应对理念:

---

① 薛桂芳.《联合国海洋法公约》与国家实践.北京:海洋出版社,2011.

尊重、合作与共赢。① "尊重"是承认法律保障下的北极权益。我国秉承一贯坚持和平的原则,我们尊重北极国家及非北极国家在北极的各种权益。"合作"是北极和平和可持续发展的必然手段。北极带给人类的祸福相随相形,只要以国际合作的宗旨,共同缔造天地人之间的和谐,北极带给人类的潜在危险必将降到最低。作为非北极国家,我国也勇于承担政治、环保、经济等责任,希望带动国际社会共同营造北极的和谐气氛。"共赢"是通过资金、技术等方面的取长补短以及科学信息等方面的共享,以最大限度地实现各自的北极利益,并最终缔造一个"和平、安全、可持续发展的北极";②利用我国快速发展的金融、技术与市场优势,寻找北极合作的切入点,实现北极与非北极国家之间的互赢。因此,"尊重、合作与共赢"也是我国应对北极海洋生物资源开发与管理事务的总纲领。而通过以下的具体行动,我国将努力实践"尊重、合作与共赢"总纲领下的中国北极应对。

9.1 加强北极参与能力的建设

作为发展中大国,我国应该站在一个世界大国的角度参与北极事务,采取政治、组织、行政、技术、司法、教育和培训、公众宣传等措施加强自身的北极参与能力建设。这是"由上而下"布局下的北极战略理念。大致而言,政治措施着眼于制定北极治理规划、北极战略等纲领性政策文件;组织措施着眼于整合、建立相关国家机构以处理北极事务;行政措施包括立法与执法等行为;技术措施可以表现在开展科学研究活动方面;司法措施则用法律手段规范北极活动;教育和培训措施主要是培养北极活动及北极研究的人才;

---

① 王毅部长在第三届北极圈论坛大会开幕式上的视频致辞. 外交部网站. 网址: http://www.fmprc.gov.cn/web/wjbzhd/t1306854.shtml.
② 王毅部长在第三届北极圈论坛大会开幕式上的视频致辞. 外交部网站. 网址: http://www.fmprc.gov.cn/web/wjbzhd/t1306854.shtml.

公众宣传措施的目的在于增长北极知识并提高全民的北极意识。通过上述措施,可以全方位提升中国参与北极事务的能力。根据现实情况,对我国而言,当务之急是加强政治措施,从纲领上指导北极政策的制定,确定科学研究活动的范围及内容等;加强组织措施,使我国管理北极事务的机构不仅机构个体分工明确,而且能在相关政策指导下形成"机构网络",以加强跨行业信息的流通,执行统一协调的北极政策;加强技术措施,使我国的北极科学研究和考察更系统、深入、广泛,在探索北极奥秘的同时能够获得足够的、确切的科学信息为政策制定提供科学意见。只有自身北极参与能力的提高,才能提升我们北极治理的能力,才能获得北极"话语权",在维护中国的北极权益的同时与其他国家一起努力缔造"和平、安全、可持续的北极"。

9.2 号召框架性法律体系在北极的普适性

《联合国海洋法公约》和《鱼类总群协定》等均是重要的海洋及渔业管理相关的公约及协定。在《联合国海洋法公约》制度下,非北极国家的北极权益才能从源头上予以保证。《鱼类种群协定》则切实执行《联合国海洋法公约》关于公海跨界和高度洄游鱼种的养护与管理的规定,切实开展沿海国、远洋渔业国以及其他感兴趣的国家之间的国际合作。这些公约和协定均是保障非北极国家北极渔业权益的重要法律框架,我们应积极呼吁其在北极的普适性。

9.2.1 成立区域性渔业组织或安排

根据这些框架性法律体系的规定,我们要呼吁成立北冰洋中央公海区域性渔业组织或安排。《鱼类种群协定》规定当新兴渔业产生时,沿海国和远洋渔业国应合作,协商订立适当安排。[①] 因此,就北冰洋中央公海海域,我们可以呼吁成立区域性渔业组织,也可

---

① 请参阅《鱼类种群协定》第 8 条"养护和管理的合作"第 2 款。

以呼吁建立相关安排,并在未来北极渔业得以全面发展的时候发展成为相关的区域性渔业组织。不管是国际海洋法或渔业法的规定,还是普遍的国际渔业实践,这些组织或安排在公海渔业养护与管理中都有着至关重要的作用:它们制订科学研究计划,根据科学研究数据制定相应养护和管理措施,认定"不规范的"捕捞行为,并保证广泛的利益攸关方加入到机制构建的谈判过程。区域性组织或安排的建立对北冰洋中央公海来说更是意义深远。在北极国家北极事务"地区化"的倾向下,这些组织或安排能提供一个公平的国际合作平台,供广大利益攸关方讨论、协商、制定预防性理念下的渔业管理举措。而广泛利益攸关方的参与对北冰洋中央公海渔业管理制度制定过程的合法性也尤其重要,并且这些制度制定的参与者未来更有可能成长为制度的遵守者、实施者和完善者。

在"存在即是权益"的海洋权益竞争中,现阶段呼吁成立北极相关区域性渔业组织或安排、参与北极海洋渔业资源调查是维护我国极地渔业权益的实质性行为。未来执行北冰洋中央公海渔业管理的主体还未可知:抑或由现存于北极边缘海或次北极的相关渔业管理组织,抑或由北极理事会,抑或由成立的全新渔业组织承担相应管理职责。我国应密切关注事态走向,在不同层面呼吁由区域性渔业管理组织承担北冰洋中央公海管理的职责,并积极要求加入相应的区域性渔业管理组织,作为"局内人"。一则可以掌握该海域渔业管理、渔业资源、捕捞作业的新动向,二则可以参与相关渔业管理机制的构建。"局内人"比"旁观者"要承担更多的养护职责,但也享受更多的渔业权益。

在当前没有区域性渔业组织的情况下,我国也应在现有北极相关区域性组织或北极理事会等重要政府间论坛上积极参与北极事务的协商及探讨,充分表达作为发展中国家的诉求,有理有据地争取并维护本国的权益。在现有的或未来可能与北极相关的区域性渔业组织中,作为成员国,我国应展现负责任渔业大国的形象,遵守国际公约和相关养护与管理制度，承担作为远洋渔业国、船旗国、港口国、贸易国等角色的责任，树立良好的渔业管理者和实践者的形象。

9.2.2 开展北极海洋科学研究和考察

《联合国海洋法公约》也保障非北极国家在北极的海洋科学研究权，《鱼类种群协定》则为海洋科学研究合作的开展提供了具体的举措。开展北极海洋科学研究不仅是国际法赋予的权利，也是加强我国"北极存在"的切实途径。

制定海洋生物资源管理政策与措施的前提是掌握充分并确切的科学信息，这已经为《联合国海洋法公约》和《鱼类总群协定》等重要公约与协定所认可。① 北极理事会下北极海洋环境保护工作组"2013年北冰洋回顾第二阶段报告"也指出，渔业资源得以有效养护的一大重要前提是科学数据。②

对我国而言，"科技先行"作用在北极尤显重要。首先，北极生态环境的脆弱性使得一切北极科学活动、资源开发活动都必须在严格的监督和管理下进行；全面且确切的科学信息才能让我们真正认识北极，制定出因地制宜、兼具动态性的监督和管理措施。其次，非北极国家参与北极治理遭遇着重重阻碍，也唯有展示本国在北极治理的科技领先性才能被接纳成为北极治理主体的一分子。现阶段，"科技先行"是非北极国家介入北极事务的"敲门砖"。

另外，北极科学研究和考察方面的国际合作对我国来说也非常重要。我国长期忽视北极权益问题，缺失对北极的历时性研究和考察，未能紧跟北极科学研究的新动态，国际合作不啻是我国提升北极科学研究能力的好方法。就北冰洋中央公海渔业而言，北

---

① 请参阅《联合国海洋法公约》第61条"生物资源的养护"；《联合国海洋法公约》第119条"公海生物资源的养护"；《鱼类总群协定》第5条"一般原则"。

② Protection of the Arctic Marine Environment. Arctic Ocean Review Phase II Report. Available at: http://pame.is/index.php/projects/the-arctic-ocean-review-aor.

极5国在2015年奥斯陆举行的北冰洋中央公海渔业会议上提出防止不管制捕鱼活动临时措施的同时,也提出渔业联合科学计划(A Joint Program of Scientific Research)①。渔业联合科学计划在之后的北极5国主导下的北极渔业科学会议上也有所提及。② 该计划应该是我国参与北冰洋中央公海海洋生物资源科学研究和考察的一个切入口。但我们也应该明确,如果北极5国协调下的渔业联合科学计划意在为未来可能出现的公海捕鱼提供科学信息,那这种计划下开展的科学研究应该是未来养护与利用渔业资源的条件性义务,且该计划应该由区域性渔业管理组织协调开展;如果该渔业联合科学计划纯粹出于科学目的,亦即一般意义上的海洋科学研究,则各国均享有《联合国海洋法公约》保障下的北极公海海洋科学研究权,也没有绝对的义务参加该计划。③ 因此,除了该渔业联合科学计划外,我们应该拓宽更多北极海洋科学研究合作的渠道,而不仅仅受制于北极5国主导下的科学研究计划。多管齐下的科学研究更能产生翔实可靠的科学信息,在和北极5国关于北冰洋中央公海渔业管理机制构建的谈判中才能获得一定"话语权"。

---

① Declaration concerning the Prevention of Unregulated High Seas Fishing in the Central Arctic Ocean, issued by the Five Arctic Ocean Coastal States at Meeting on High Seas Fisheries in the Central Arctic Ocean held at Oslo, Norway, 16 July 2015. Available at: https://www.regjeringen.no/globalassets/departementene/ud/vedlegg/folkerett/declaration-on-arctic-fisheries-16-july-2015.pdf.

② Final Report of the Third Meeting of Scientific Experts on Fish Stocks in the Central Arctic Ocean held at Seattle, USA, 14-16 April 2015. Available at: https://www.afsc.noaa.gov/Arctic_fish_stocks_third_meeting/meeting_reports/3rd_Arctic_Fish_Final_Report_10_July_2015_final.pdf; Chairman's Statement on the Fourth Meeting of Scientific Experts on Fish Stocks in the Central Arctic Ocean held at Tromso, Norway, 26-28 September 2016. Available at: http://arcticjournal.com/press-releases/2009/meeting-high-seas-fisheries-central-arctic-ocean-chairmans-statement.

③ 唐建业.北冰洋中央公海生物资源养护:沿海五国主张的法律分析.太平洋学报,24(1),2016:93-101.

9.3 警惕北极5国北冰洋中央公海"领导者"地位的诉求

北极渔业虽然并不是北极事务中最受关注的焦点,但却可以成为北极公海治理格局的"奠定者"。北极5国于2014年2月努克北极渔业会议上提出北冰洋中央公海防止不管制捕鱼活动临时措施的倡议,经过一年多的联盟内部协商,克服了内部的分歧,在"外部排外,内部协商"的指导思想下达成了政治妥协,于2015年7月奥斯陆北冰洋中央公海渔业会议上宣布内部达成的临时措施协议。北极5国北极事务"地区化"的倾向较明显。我们应在5+5北冰洋中央公海渔业政府间磋商会议上,牢牢把握底线,和其他利益攸关方一起,极力维护国际法所赋予的北极海洋权益,拒绝北极5国北冰洋中央公海渔业"领导者"地位的诉求,防止其向国际社会强化"领导者"地位的概念,更要防止其逐渐向其他北极事务推广这种"领导者"地位的概念,也更要通过北极渔业养护与管理参与表明广大非北极国家维护北极权益的决心,从而为未来更多北极公海、北极海底区域等相关的北极事务奠定北极治理的格局:我们尊重北极国家在北极的各种权益,但是我们也警惕北极国家在北极公海等领域诉求"领导者"地位的倾向,我们应在国际法框架内参与北极治理,并合理合法地捍卫权益。

9.4 开展多维度的北极渔业相关活动

我国参与北极渔业事务的实践要多维度且要实现深度与宽度的拓展,既要参与北冰洋中央公海渔业管理机制构建的过程、北极渔业活动、北极渔业科学研究和调查,也要全方位参与北极渔业国际合作,这些合作可以科学界的学术交流和实地考察、产业界的渔业开发合作,也可以是政府间渔业合作协议下的各项合作活动。

9.5 加强北极自然科学和人文科学的交叉研究

北极自然科学和社会科学研究应该并驾齐驱,研究结果应该互相交映。自然科学研究探究北极的自然奥秘,社会科学研究解读北极地缘政治、国际关系、权益等事项。自然科学的研究有助于我们制定更加与时俱进的北极治理措施,而社会科学研究结果在一定程度上可以指导自然科学研究的方向。

迄今为止,我国大多数的北极研究集中于自然科学领域。从1984年首次南极科学考察至本书截稿为止(2017年3月),我国已经开展了7次富有成效的北极科学考察行,科学研究涉及生物、海洋、大气,等等。诚然,自然科学的发现对了解北极并更好地治理北极有着至关重要的作用,但是,社会科学领域的北极研究将有助于我们制定出更动态、更科学的管理措施,也有利于我们更好地维护北极权益。鼓励自然及社会科学领域的交叉,有利于我国的北极研究向综合性、系统性方向发展。比如,国际北极社会科学协会和国际北极科学委员会就有着悠久的合作历史,目的就是整合资源,提升双方在推进科学进步和向决策制定者献言献策方面的影响力。自然科学家们也发现,极地环境的变化对极地生物多样性、极地乃至全球生态系统、人类活动等都产生了由上而下的影响。正是由于自然科学家们在气候、环境方面的不断研究和发现,促使国际社会认识到积极应对气候变化、保护北极环境的重要性,并制定相关政策应对气候变化与保护北极环境。所以,很多时候,自然科学和人文科学彼此促进,在更好地认识北极的同时也能获得政治政策领域的进步与发展。

9.6 用行动回应"中国威胁论"

随着中国政治、社会、经济、文化的全面崛起,"中国威胁论"随之产生,而且这种偏见也一定程度上影响了我国的"北极参与"和"北极存在"。我们应该用行动回应"中国威胁论",展现我们缔造"和平、安全、可持续的北极"的行动和决心。

与其他利益攸关方一样,我国关注北极海洋生态环境,意识到北极海洋生态对更广范围海洋生态的影响。我国也意识到北极作为开发处女地所具有的特殊科学研究价值、文化价值、资源开发价值，这些价值是客观存在的。我国和其他非北极国家所关注的北极权益大同小异。我国也会积极承担北极治理和保护的义务；如果与其他非北极国家有任何不同，那就是我国作为发展中大国愿意承担更多的责任与义务，发挥我们在社会经济、科学技术、人力资源等方面的优势，为北极可持续发展作贡献。

就北冰洋中央公海渔业，我国积极倡导预防性措施及生态系统为基础的渔业管理，避免渔业管理历史上出现的"伤害已然造成再补救"的悲剧。由于缺乏对北极渔业资源动态的科学认识，预防性措施是当前渔业管理的不二选择。我国也认可北极5国在推进北冰洋中央公海渔业资源养护方面所做的努力，也同意在开展商业渔业之前能"未雨绸缪"，采取预防性管理措施。

北极国家对非北极国家参与北极事务"既认可又有顾忌"：当需要广大的利益攸关方承担北极义务的时候，北极国家认可非北极国家的北极参与；当非北极国家争取国际法框架下的北极权益时，北极国家北极事务"地区化"的诉求就会强烈。同样，作为崛起中的发展中大国，我国对北极事务的关注令北极国家心存顾忌，唯恐我国强大的经济、技术支撑力使我国在北极资源开发中占得先机和主动权，也担忧我国的北极参与会增加北极"大国博弈状态"的可能性。当然，随着北极进入全球治理框架，国外也有与"中国威胁论"完全不同的观点，认为我国参与北极事务具有合法性与必要性，认可非北极国家在北极地区所拥有的合法权益，且认识到非北极国家的北极参与才能实现有效的北极治理。

我国应该用行动回应"中国威胁论"。我国确实具有合理合法的参与北极事务的权利。北极需要中国的资金、劳力、技术等方面的投入，以提升北极基础建设、科学研究、环境保护等方面的能力；我国也正努力通过科技力量展现北极治理的能力。

10. 我国参与北极事务的切入点

本节将探究我国参与北极事务的切入点,这些切入点也适用于我国参与北极海洋生物资源的养护与管理。找准切入点,有助于我们更有效、更深入地参与北极事务。

10.1 北极的国际公共价值

在"低度政治"的当今国际社会,我国参与北极事务应以生态环境保护、科学研究和考察等作为切入口。北极事务的全球性特征决定了非北极国家参与北极治理的必要性。北极生态环境保护涉及维护全人类共同利益,无论北极国家还是非北极国家均有责任、义务和权利保护北极生态环境,确保北极资源安全和经济与环境的可持续发展。北极科学研究和考察,则帮助我们探究北极奥秘,以用最有效的方式应对气候变化、人类活动频繁等外在因素引发的北极危机。这些着眼于促进北极可持续发展、认识北极的实践活动,不仅符合当今社会的价值取向,而且可以保持我国与北极的密切联系,有助于我国在北极的"形象树立"与"实质性存在",并以此为契机向其他领域拓展并纵深。

与上述论断一脉相承的是,也有专家从国际公共价值分析非北极国家参与北极事务的必要性。北极可以为人类提供国际公共价值(International Public Value),这些价值涵盖北极可持续发展、北极资源开发[包括渔业、旅游、矿产(油气)、航道等]、北极科学知识等。而且,Shibata教授认为北极环境拥有一种国际公共价值,保护北极环境不仅造福北极地区也造福全世界,不仅造福现在也造福将来;另外,Shibata教授还认为,以促进北极的国际公共价值为目的的国际合作、广大利益攸关方参与的科学研究与调查都将提升北极管理机制构建过程的合法性".① 从这个切入点出发,我国应该通过诉求北极的国际公共价值以实现人类在北极的"共同利益",并通过诉求人类的北极"共同利益"以实现本国的"国家利益"。

我们应该明确表示,我国的北极权益也仅限于国际法所赋予的北极权益;我国的北极利益也是基于上述国际公共价值,与其他非北极国家关注的北极权益大同小异。虽然,在现实中,北极利益攸关方的北极利益呈现多元化,但要在利益多元化的情况下制定统一的治理政策,各利益攸关方必须殊途同归,把北极生态保护、北极和平、北极安全、北极可持续发展作为北极治理的最终目标。基于北极国际公共价值的北极治理不啻是缔造"和平、安全、可持续北极"的最好抉择。

10.2 北极的国际公共品

有专家提出的"国际公共品理论"为北极公共治理提供了新的理论视角,也为我国的北极参与提供了具有说服力的理据。专家认为,当前北极治理所需的国际公共品主要为制度规则类、知识文化类、基础设施类以及政治安全类等;现阶段,北极国际公共品的缺失已经严重影响北极地区的环境保护和可持续发展,对北极治理产生了制约作用。② 我国参与相关北极治理的过程,不仅能提升机制构建过程的合法性,也能为制度规则的制定贡献智慧。作为渔业大国,我国的渔业资源调查和渔业管理经验可以提供北极渔业管理一定的借鉴意义;借助于金融、科学技术、产业、人力资源等方面的优势,我国可以为北极基础建设提供资金、技术和劳动力的

---

① Akiho Shibata. Japan and 100 Years of Antarctic Legal Order: Any Lessons from the Arctic? The Yearbook of Polar Law,7(1),2015:3-54.

② 丁煌,赵宁宁.北极治理与中国参与——基于国际公共品理论的分析.武汉大学学报(哲学社会科学版),67(3),2014:39-44.

支持。北极与非北极国家之间的国际合作,有助于"和谐北极"的缔造,共同尊重国际法下的北极权益,为北极和平、安全、可持续发展作贡献。

10.3 北极的国际合作

我国在北极应开展广泛的各种形式和内容的国际合作。

在北极地区,和北极国家的国际合作是我国参与极地事务的可取切入点。与相关北极国家的合作应多渠道、多层面地进行,政府机构之间自上而下的合作、科研学术机构之间的学术交流、资源互补的共赢合作、民间文化交流、企业开发合作等都应该是我国开展合作的方向。近几年,我国也确实在这方面有所收获。比如,2012年4月我国和冰岛两国总理签署了《中华人民共和国政府与冰岛共和国政府关于北极合作的框架协议》,虽然协议基本涉及研究领域的合作,但冰岛地处本研究定义下的北极地区,两国合作为我国提供了一种契机——为北极治理与资源开发贡献我们的智慧。① 同时,国家海洋局局长与冰岛外交部长签署了《中冰海洋和极地科技合作谅解备忘录》。在此合作协议框架下,2012年8月"雪龙"号船首次穿越东北航道访问冰岛,并在冰岛组织召开了中冰北极合作研讨会和"雪龙"号船公众开放日等一系列交流活动。② 并且,在合作框架下,两国建立了中冰联合极光观测台,在上海成立了中国-北欧北极合作研究中心。该中心涵盖中国与北欧几国的科研合作,并聘请了冰岛工作人员担任了该中心的秘书工作,这都是中国与冰岛甚至更广范围的北欧国家之间开展的实质性合作。③ 2013年4月,冰岛总理访华期间,两国又签署了自贸协定。访华期

---

① 中国与冰岛签署北极合作框架协议.凤凰网.网址:http://news.ifeng.com/gundong/detail_2012_04/22/14067128_0.shtml.
② 张侠.中国北极利用的前景、基础与主要挑战.极地战略,2010(3).
③ 张侠.加强北极战略的科技先行作用.极地战略,2011(5).

间,冰岛总理也访问了中国极地研究中心,见证了该中心与冰岛Marorka公司签署《共同开发提高船舶能源效率和减少废气排放技术的合作备忘录》,两国合作不仅稳步推进,而且逐渐多元化。① 与冰岛的国际合作仅是中国与北极国家开展合作往来的一个例子,无疑,这类合作可以让中国更有效地开展北极研究和北极开发。

我国与非北极国家的合作也应同步开展。一般而言,非北极国家与我国存在共同的北极权益诉求,以共同目标为纽带,加强彼此之间科学研究和考察、北极政策与战略研究等方面的合作,在让我们更好地了解北极自然奥秘的同时,增强我们的北极诉求呼声。在北极治理参与问题上,我国与非北极国家之间应互相扶持、求同存异。在北极,我国与广大非北极国家的基本利益诉求和目标是一致的,应打消彼此之间的戒备心理,以合作姿态而非"既生瑜何生亮"的不良竞争心理共同应对北极问题,以合力提升非北极国家在北极事务中的参与权与话语权。② 现阶段,我国应关注与韩国、日本等重要亚洲国家之间的北极相关合作。作为地处亚洲同一地区的国家,拥有更多一致的北极诉求,摒弃政治上的分歧、加强合作是彼此开展北极合作的起点。另外,在北极 5 国主导下的北冰洋中央公海渔业 5+5 会议上,我国应该与除北极 5 国之外的另外几个国家与地区积极开展对话和协商。我国与日本、韩国、冰岛、欧盟在北冰洋中央公海拥有一致的海洋生物资源开发与管理的权利、海洋科学研究的权利,应以集体的力量共同应对北极 5 国单边主义的"领导者"地位诉求,共同维护代表了广大利益攸关方的上述北极权益。

---

① 冰岛总理访问中国极地研究中心. 国家海洋局网站. 网址:http://www.soa.gov.cn/xw/dfdwdt/jsdw_157/201304/t20130419_25483.html.

② 王晨光,孙凯. 域外国家参与北极事务及其对中国的启示. 国际论坛,17(1),2015:30-36.

10.4　北极事务参与的多层面和全方位

我国应该多层面、全方面地参与北极事务。就北极海洋生物资源养护与管理而言,外交部、海洋局、农业部渔业局等政府部门均在不同场合用不同方式争取并维护中国的北极权益。这些部门或直接参与相关的政府间磋商会,为维护我国权益、参与制度制定等进行协商与谈判;或直接参与相关的科技会议,为交流科学成果、制订科学研究计划而进行多方商谈。比如,北冰洋中央公海海域渔业 5+5 会议,外交部参与多边协商,以期协商出台具有一定国际法律约束力的北冰洋中央公海渔业管理制度;海洋局、渔业局等部门除了参与该会议主导下的相关渔业联合科学计划,也同时开展其他形式的北极海洋科学研究和考察活动。就北极渔业事务,我国的政府部门之间需加强沟通交流,以全面解析北极形势,把握北极战略。除了中央政府部门外,也应鼓励其他的地方政府、公司企业、非政府组织、学术团体等积极参与北极事务。这种全方位、多角度、多层面的北极参与,符合北极治理"碎片化"和"分权化"的现状。[①]

10.5　北极权益的维护

实行上述我国参与北极事务切入点的前提是我国拥有合理合法的北极权益。北极除了带给人类社会的、体现在气候、生态、海洋、科学等方面的普遍国际公共价值外,还有国际法保障下的北极权益,亦即上文述及的北极公海海洋生物资源养护与开发的权利、海洋科学研究的权利。除了北极渔业相关的入渔权和科学研究权外,我国在北极还拥有国际法保障下的航行权、海底使用权、海上

---

① 孙凯.参与实践、话语互动与身份承认——理解中国参与北极事务的进程.世界经济与政治,2014(7):43-62.

事故或事件调查权、海上搜救救助权等。① 维护我国在北极合理合法的北极权益是我国北极参与的前提和保障,在外交谈判、商业合作、科学研究合作时我国应善于维护中国的北极权益。

10.6 科技先行

长期以来我国忽视新兴的北极权益,从而缺乏政策上的支持和研究上的关注。虽然,现在这种情况大有改观,但是由于起步晚,我国在政策层面和科学研究层面均有待提高。以针对北极渔业的科学研究为例,在国内,从事北极海洋生物资源养护与管理的研究者并不多。由于地缘关系,国内政策制定者及学者忽视北极渔业在内的政策和战略研究;我国在北极海域鲜少参与渔业活动,缺乏北极渔业的经验,也忽视参与北极渔业管理机制的构建对诉求中国在北极渔业权益的重要性。北极渔业管理机制与北极的政治、社会、经济环境均关系密切,也意味着渔业研究涉及诸如国际关系、地缘政治学等学科的交叉研究。这种多学科研究本身具有一定的挑战性,需要相关政府部门的牵线搭桥和经济与政策支持。

在这种形势下,我国更应该重视"科技先行"在北极参与方面的积极作用。把"科技先行"作为我国参与北极治理的"敲门砖"是现阶段我国北极应对的有效切入点。"科技先行"不仅能使我国展现对北极环境、生态、气候等普遍价值的关注、对人类北极福祉的关切,而且能赋予我国北极治理的能力。

气候变化条件下的北极渔业令人关注,北冰洋中央公海渔业管理机制的构建也正紧锣密鼓地进行。除了政策与战略方面的研究外,我们的研究还应该着眼于气候变化条件下(海冰融化等)的

---

① 韩立新,王大鹏.中国在北极的国际海洋法律下的权利分析.中国海商法研究, 23(2),2012:96-102;吴军,吴雷钊.中国北极海域权益分析——国际海洋法为基点的考量.武汉大学学报(哲学社会科学版),67(3),2014:51-55;郭培清.中国的北极利益梳理.时事报告,2013(7):48.

北极海洋生态变化,比如食物链结构变化,海洋生物物理性质变化,海洋生态与生物资源之间的动态互动,北极鱼类种群间的关联性,温度对北极及次北极鱼类种群数量、构成、分布的影响等。我国的科学家不应该仅仅埋头于实验室内的实验,社会科学工作者不应只在会议室里进行政策战略讨论,更要经常"环顾左右",以了解国外的研究动态,与其他领域的科学家和社会科学工作者联合开展跨学科的北极研究。

第六章 结 论

气候变化条件下,北极鱼类种群的构成、数量和分布都处于动态发展过程中。迄今为止没有确切的科学证据能预测未来北极渔业资源的走向,但是大部分的科学家还是对北极渔业的未来抱着乐观的态度。北极地区的渔业发展参差不齐,巴伦支海、挪威海、巴芬湾、格陵兰海等是渔产丰富的传统渔场,而北冰洋中央公海等经年海冰未化,还未有真正意义的渔业存在。现阶段,北极渔业基本由北极国家在开展,他们的北极渔获量约占全部北极渔获量的90%左右。① 对挪威、冰岛、格陵兰等国而言,北极渔业甚至是国家的支柱产业,而我国鲜有机会参与北极渔业。未来,传统渔场的发展依然令人期待,靠近太平洋及大西洋一侧的北极海域渔业发展尤其令人关注。

现阶段北极渔业的管理呈现"碎片化"的特征。在北极5国的北极专属经济区,各国开展着各自特色的渔业管理。美国的禁捕政策最令人侧目。加拿大实行着分区域的北极渔业政策,但是在加美交界的波弗特海也逐渐开始采取和美国同样的禁捕政策。而在其他北极国家,北极渔业则在有序进行,禁捕并没有成为北极国家在各自北极专属经济区的统一政策。虽然北极5国在北极专属经济区并未执行统一协调的跨越行政区域的渔业管理政策,但是他们一致倡议在北冰洋中央公海实行防止不管制捕捞活动的临时措施且临时措施执行的期限并未可知;同时,北极5国也一致认为

---

① 赵隆.从渔业问题看北极治理的困境与路径.国际问题研究,2013(7):69-82.

现阶段没有成立相关区域性组织的必要性。另外，北极5国积极开展政府间协商会议，希冀更多的重要利益攸关者能被纳入到该措施范畴，使该措施能具有国际法律约束力。可见，北极地缘政治对北极渔业的影响是潜在并深刻的。北极的其他公海海域则由一些现有的渔业组织或渔业委员会承担管理职责，然而我国均不是这些组织或委员会的成员。

  北极的渔业管理面临着一些瓶颈。渔业发展具有很多不可预测性。北极5国北冰洋中央公海渔业管理主导性倾向比较明显，北极与非北极国家之间存在潜在的权益冲突，而北极又缺乏针对性的管理制度和区域性渔业组织开展针对性的管理。但是，北极渔业管理也有亮点。预防性措施下的渔业管理理念在北极部分海域得到很好的实践，有限的北极双边协议在北极渔业管理中也起到很重要的作用。未来，北极渔业管理呼唤相关区域性渔业管理组织的成立，并以此为平台加强北极国家之间、北极与非北极国家之间的合作。

  北极具有特殊的地理和自然环境，虽然没有相似的世界渔业管理经验可以借鉴，但是其他的海洋管理经验还是能为北极渔业管理带来启示。通过探析南极海洋生物资源养护委员会的管理经验、中白令海狭鳕资源养护实践经验以及北极航道管理经验，北极渔业管理可以在以下方面加以改善和提高：北极国家间的国际合作很重要，有利于执行统一协调的北极渔业管理制度；北极与非北极国家间的合作也很重要，特别是沿海国与远洋渔业国之间的沟通交流，可以减少未来权益争端的可能性；通过国际合作建立区域性渔业组织，并通过该组织协调北冰洋中央公海渔业养护与管理事务；鉴于科学信息的缺乏，现阶段在北冰洋中央公海海域执行预防性措施是避免未来"公地悲剧"的有效方法，我们也非常认可北极5国在这方面所做的协调和推动作用，但是希望北极5国能考虑到广大利益攸关方在该海域拥有的合法权益，在制度协商之初就能使他们参与协商过程,加强制度形成过程的合法性,这也有助于未来协调更广泛的科学研究和考察活动,以制定更合理的符合渔业动态发展的制度;从某种意义上说,部分北极渔业是一种新兴渔业,科学研究和考察对新兴渔业的发展和管理尤其关键。

我国需要制定战略视角下的北极渔业政策。我国需要明确自己的全球角色定位,并以此制定本国的北极战略。为了完善战略视角下的北极渔业政策制定,我们需要提高北极海洋权益意识,在北极实践上可以得到政策层面由上而下的行动指南和相关行政机构的引导与扶持。"渔权即海权"是实践下的真知。北极渔业权益维护可以成为北极海洋权益维护的起点和切入口。我国在北极渔业问题上要有旗帜鲜明的态度,落到实处的维权行动。维护国际法所保障的北极渔权和海洋科学研究权是我们一切北极维权行动的依据。

然而,我国参与北极事务确实面临着诸多的困难。这些困难中,有些是维护北极渔权和海洋科学研究权过程中面临的共性问题:我国缺乏北极战略指导方针下的具体北极行为指南;我国没有清晰的全球、北极角色定位下的北极政策;我国的北极相关行政与科学机构个体的北极指向性还不很到位,机构个体之间没有形成对话畅通的机构网络;现阶段我国还缺乏国际合作平台参与北极渔业管理机制构建、开展广泛深入的海洋科学研究。对参与北极渔业事务而言,我国也面临着不少的困难:我国几乎均不是北极相关的区域性渔业组织的成员,而且现阶段北冰洋中央公海海域也没有这样的组织存在,现阶段通过渔业组织参与北极渔业事务的机会不大;北极5国通过率先倡议北冰洋中央公海防止不管制捕捞活动临时性措施以展现"领导者"地位的诉求,一定程度上反映出其排斥他国进入机制构建过程的倾向,我国的北极渔业维权道路会受到来自北极域内的阻力;由于没有丰富的北极渔业经验,也没有累积丰富的北极渔业科学信息,在北极渔业制度建立过程中,我国通过治理能力获得"话语权"的可能性不大。对参与北极海洋科学研究而言,我国面临的困难同样不少:迄今为止,我们通过有限的北极科学考察开展的海洋研究不系统、不深入也不广泛,未能借助科研实力与他国开展内容丰富的科学研究合作;未能在北极治理、北极战略高度下开展相关的科学研究,以至于科学研究还保持在纯科学研究的层面。这些困难制约了我国参与北极事务的深度与广度。

虽然困难重重,但是我国也需迎难而上,以积极心态应对困难,通过科学研究、行政支持等等措施加强自身的北极参与能力。我国应在各个场合积极号召国际法在北极的普适性,并在国际法框架下维护我国的北极权益。开展广泛的北极国际合作;以合理合法的北极权益为依据,应对北极5国在北冰洋中央公海所表现出来的北极事务"地区化"倾向;开展多维度的北极渔业相关活动,着眼于建立与北极相关渔业管理组织的关系、寻求北极渔业开发合作机会、开展北极渔业科学研究活动等;在开展北极海洋科学研究时,注重自然和社会科学研究的交叉,使两者交相辉映、互相促进。我国应该用行动回应"中国威胁论",表明我国的北极权益与广大非北极国家并无二异,鉴于环境、科学等对人类福祉至关重要的北极价值,我国愿意为缔造"和平、安全、可持续北极"贡献智慧和力量。

当然,为了更有效维护北极权益,我国必须抓住关键的北极事务参与的切入点。北极的国际公共价值意味着北极的环境、生态、气候、海洋等对无论北极还是非北极国家的人类带来同样的公共价值,各国都应承担维护北极和平、安全、可持续发展的义务。各国应通过为北极提供国际公共品来达到北极和平、安全、可持续发展的目的。我国可以凭借金融、技术、人力资源等方面的优势为北极作贡献。与北极国家和非北极国家之间开展的广泛的国际合作是我国参与北极事务的契机,以彼此尊重的合作姿态努力实现共

第六章 结 论

赢的目标。而国际法保障下的北极权益是我国开展北极外交、参与北极事务的最根本切入点。"科技先行"则是我国参与北极事务的最有力保障。

极地渔业管理研究是一项跨学科、动态性的研究,并且根据极地渔业管理机制提出我国的极地渔业战略具有国家战略意义,所以这是一项可以称作"事业"的研究,且代表了国家利益。北极渔业还在动态发展过程中,我国的北极维权之路也正开始,关于北极渔业的研究还应延续,未来可以关注以下几个方面。

(1)国际海洋法也适用北极海域,但鉴于北极独特的自然和政治环境,北极海域需要针对性更强的渔业管理机制,后续研究将继续关注北极专属经济区和北冰洋中央公海海域的渔业管理机制构建进程。

(2)相关主管国际组织或区域性渔业组织在北极渔业管理中具有关键的作用,后续研究可以关注现有的这些组织在北极渔业管理中的作用,也可以关注未来新的组织建立的可能性。

(3)气候变化,北极渔业成为可能,但是随着航运、矿产开采等人类活动的日益增多,北极渔业也必然受到影响。后续研究可以围绕气候变化、人类活动对北极渔业的潜在影响以及应对来进行。

(4)北极国家希望北极事务"地区化",后续研究领域可以涉及非北极国家在北极相关海域如何维护受国际法保障的北极权益。

本书图表索引

图 2-1 北极监测与评估项目发布的北极海域图 / 23
图 2-2 北极地区地图 / 25
图 2-3 美国国家冰雪数据中心公布的北冰洋海冰面积统计图（1978～2008）/ 27
图 2-4 皮尤研究中心发布的北极示意图 / 27
图 2-5 《北极生物多样性评估》报告下的北极海域图 / 30
图 2-6 粮农组织渔区图 / 43
图 2-7 皮尤研究中心发布的2012年9月北极海域覆冰范围图 / 45
图 2-8 皮尤研究中心发布的北极海域适合开展渔业（水深2000米以内海域）海域图 / 45
图 3-1 粮农组织发布的21渔区分布图 / 72
图 3-2 东北大西洋渔业委员会的管理区域图 / 86
图 3-3 皮尤研究中心发布的东北大西洋渔业管理组织的管理区域图 / 101

表 2-1 《北极生物多样性评估》报告公布的北极海域鱼类种群的统计数据 / 31
表 2-2 北极海域主要鱼类种群信息 / 33
表 2-3 粮农组织统计的北极海域渔区的渔业年产量（2005～2014）（单位：万吨）/ 44
表 2-4 联农组织27海区北极国家/地区的渔业年产量（2005～2014）（单位：万吨）/ 47

表 2-5 挪威 27 渔区渔业年产量及其海洋渔业年总产量(2005～2014)(单位:万吨) / 48

表 2-6 冰岛 27 渔区渔业年产量及其海洋渔业年总产量对比(2005～2014)(单位:万吨) / 49

表 2-7 挪威海洋渔业渔获物种类及年产量(2006～2009)(单位:万吨) / 50

表 3-1 北极 5 国历次北极渔业联盟会议 / 62

表 4-1 白令海专属经济区与公海狭鳕资源捕捞统计(1980～1992)(单位:万吨) / 118